절
요

節要

원순 스님

해인사 백련암에서 성철 스님을 은사로 모시고 출가하여
해인사·송광사·봉암사 등 제방선원에서 정진하였다.
『명추회요』를 번역한『마음을 바로 봅시다』
『禪 스승의 편지』『한글원각경』『선요』『몽산법어』『도서』『연꽃법화경』
『선가귀감』및『금강경오가해설의』를 저자별로 번역한 여섯 권의 금강경과
선가귀감을 강설한『선 수행의 길잡이』등 다수의 불서를 펴냈으며
난해한 원효 스님의『대승기신론 소·별기』를『큰 믿음을 일으키는 글』로 풀이하였다.
현재 송광사 인월암에서 안거 중.

절요
선의 종착지로 가는 길

초판 발행 | 2017년 4월 20일
펴낸이 | 열린마음
역해 | 원순
편집 | 유진영
디자인 | 안현

펴낸곳 | 도서출판 법공양
등록 | 1999년 2월 2일·제1-a2441
주소 | 03150 서울시 종로구 수송동
　　　두산위브파빌리온 836호
전화 | 02-734-9428
팩스 | 02-6008-7024
이메일 | dharmabooks@chol.com

ⓒ 원순, 2017
ISBN 978-89-89602-65-1

값 27,000원

부처님의 가르침을 올바르게 _ 도서출판 법공양

절요
節要

선의 종착지로 가는 길

보조 지눌 지음
원순 역해

도서출판 **법공양**

절요를 펴내며

선의 종착지로 가는 길

2014년 9월 미산 스님의 권유로 보조 스님의 『진심직설』 원고를 정리하고 나서, 백련암 큰스님께 죄송스러운 마음이 들었습니다. 일찍이 대학교수 불자님 몇몇이 모여 '성철 스님의 선문정로를 공부하는데 너무 어렵다'고 하소연한다는 소리를 누가 전해 주면서, 요즈음 사람들이 알아듣게 다시 정리해야 되지 않겠냐고 말한 것이 생각났기 때문입니다. 그리하여 돈오돈수 사상을 중심으로 정리한 『선문정로』를 2016년 2월 제 성의껏 풀이하여 출간하게 되었습니다.

이 과정에서 돈오점수의 선 수행을 중점으로 다루고 있는 보조 스님의 『절요』에 대해 많은 관심을 갖게 되었습니다. 참선 수행이 끝나는 자리인 돈오돈수를 내세우는 『선문정로』는 '선의 종착지가 어디인가'를 보여 준다면, 『절요』는 그 '선의 종착지로 가는 길'에 이르는 참선 수행의 올바른 과정을 후학들에게 제시하고 있기 때문입니다. 『절요』에서 강조하는 '돈오점수'는 '선의 종착지'인 부처님의 마음자리 '공적영지'를 단숨에 알고, 그 길로 한 치의 오차 없이 차근차근 나아가 마침내 깨달음을 얻는 것입니다.

목우자 지눌 스님이 이 책을 저술한 이유

고려 희종熙宗 1209년 불일보조 국사 목우자 지눌 스님께서『절요』를 저술하신 이유를 직접 다음과 같이 밝히셨습니다.

"하택신회(668-760) 선사께서는 아는 것이 많은 '눈 밝은 스승'이시다. 비록 육조혜능(638-713) 스님의 적자로 인정받지 못하셨지만 '깨달은 바가 높고 사리에 밝아 이치를 잘 분별'하셨기에, 그 내용을 규봉종밀(780-841) 스님께서『법집별행록』[1] 가운데 펼쳐 놓으시고 후학들에게 막힘없이 보게 하셨다. 지금 이 가르침으로 공부하려는 사람을 위하여, 번거로운 말은 접어두고 중요한 것만 추려 수행의 본보기로 삼고자 한다."

다시 말해 규봉 스님께서 하택종을 중심으로 북종·홍주종·우두종의 논지를『법집별행록』에 설명하셨는데, 보조 스님께서 요긴한 부분을 추리시고, 아울러 후학들을 위해 당신의 견해를 덧붙여『절요節要 병입사기幷入私記』라는 책을 쓰셨다는 것입니다.

지금은 하택종이나 홍주종, 우두종, 북종이라는 말이 낯설지만 규봉 스님 당시는 하택 스님께서 열반하신지 얼마 되지 않은 시기라 하택종이 남악회양 스님(?-775)의 법을 이은 마조도일 스님(709-788)의 홍주종과 함께 영향력 있는 종파로 자리매김 하고 있었습니다. 그리고

---

1. 규봉종밀 스님의『법집별행록』은 현재 전해지고 있지 않다.

신수(?-706) 스님의 북종과 우두법융(594-657) 스님의 우두종이 법맥을 이어가고 있었는데, 당시 가장 영향력 있던 이들의 법을 정리하여 펴낸 것이 규봉 스님의 『법집별행록』입니다.

규봉 스님께서는 여기서 하택종을 중요하게 다루셨고, 보조 스님께서도 이 견해를 따랐습니다. 그래서 『절요』에서는 하택종의, 고요한 마음자리에서 드러나는 신령스러운 '앎'인 '공적영지'를 단숨에 깨달은 뒤 이 마음자리에서 차츰차츰 닦아 나가는 수행법인 '돈오점수'를 중요한 가르침으로 삼아 공부하라고 역설하십니다. 이 돈오점수 수행법을 내세운 하택, 규봉, 보조지눌 스님 세 분을 차례대로 간단히 소개하겠습니다.

육조 스님의 법을 선양한 하택신회 선사

하택荷澤 선사께서는 일찍이 출가하시어 신수 대사 밑에 3년 동안 계시다가 열세 살 때 육조 스님을 찾아가서 공부하신 분입니다. 육조 스님께서 열반하신 뒤에는 낙양으로 가서 육조 스님의 종지를 드러내 '돈교頓敎'를 크게 펼치시고 이 세상에 알리셨습니다. 하택 스님께서는 모든 종파들이 자기만이 옳다고 서로 다투고 있는 것을 보시고는 안타까운 마음으로 이렇게 타이르셨습니다.

"도를 배우는 사람들은 좋고 나쁘다는 온갖 생각을 다 버려야만 한다.

본디 어떤 모습도 없는 마음자리에 나름대로 이름을 붙일 수야 있겠지만, 차별 없는 자신의 성품에서 드러난 이름이어야 참다운 성품을 드러낸다. 참다운 성품에서 모든 가르침을 세우고 그 자리에서 스스로 그 성품을 보아야 한다."

그 당시 사람들은 이 말을 듣고 감동을 받아 큰절을 올리며 스승으로 모시기를 청하였다고 합니다.

선교일치를 주장한 규봉종밀 스님

규봉종밀圭峰宗密 스님께서는 젊어서 유교를 배우고 28세 때 과거를 보러 가다가 도원道圓 스님을 만나서 출가를 하시게 됩니다. 그리고 뒷날 청량징관(738-839) 스님의『화엄경 소석疏釋』을 보시고 그의 제자가 되시어 중국 화엄종 5조가 되신 분입니다.

스님께서는 일찍이 선종 사람들이 자신만이 옳다고 주장하며 서로 다투는 것을 보시고,『선원제전집』100권을 저술하시어 선종과 교종의 근본이 이치로는 하나로 통한다는 선교일치禪敎一致 사상을 주장하셨습니다. 현재까지 유일하게 전해 오는 그 전집의 서문 격인『선원제전집도서』는 지금도 후학들에게 선과 교를 아우르는 안목을 열어주는 매우 소중한 책입니다.

돈오점수를 역설한 보조지눌 스님

이 책을 지으신 지눌(1158-1210) 스님께서는 고려의 고승으로 호는 목우자牧牛子, 시호는 불일보조佛日普照 국사입니다. 1190년 팔공산 거조암에서 '정혜결사문'을 선포하시고, 지리산 상무주암에서 수행하시다가 1200년에 지금의 송광사로 옮기시어 선풍을 크게 일으키신 분입니다.

스님께서는 『금강경』 『육조단경』 『신화엄경론』 『대혜어록』을 중요시하였고, '완전한 선정과 지혜를 지니는 수행문'과 '단숨에 오롯한 깨달음을 믿고 아는 수행문', '깨달음으로 들어가는 지름길조차 끊어진 수행문'을 내세워 많은 수행자를 지도하셨습니다.

특히 돈오점수를 역설하시면서 '차츰차츰 닦아 나가는 수행'의 방법으로 '선정과 지혜를 함께 닦는 수행법'을 강조하셨습니다. 저서로는 『수심결』 『진심직설』 『화엄론절요』 『원돈성불론』 『계초심학인문』 『간화결의론』 등이 있습니다.

『절요』를 읽으면서

이 책에서는 하택종의, 고요한 마음자리에서 드러나는 신령스러운 '앎'인 공적영지空寂靈知와, 이를 단숨에 깨달아 안 뒤 이 마음자리에서 차츰차츰 닦아 가는 수행법인 '돈오점수'를 중요한 가르침으로 삼고 있습니다. 그렇다고 홍주종이나 우두종 및 북종의 가르침이 잘못되었다는 것은 아닙니다. 규봉 스님께서도 다른 종파에도 훌륭한 방편들이 있는 것은 아셨습니다. 단지 공부하는 사람들이 근본 뜻을 모르고 인연에 따른 쓰임새에 걸려 거기에 집착할까봐 그런 병폐를 잘못되었다고 지적하신 것입니다. 이는 규봉 스님께서 타 종파의 근본 취지에는 아무런 문제가 없음을 잘 알고 계셨기 때문입니다.

규봉 스님께서는 부처님의 마음자리인 공적영지를 확실하게 깨닫지 못하면 공부에 진전이 없을까 걱정하셨습니다. 그래서 지금 말법시대에 마음을 닦는 사람들은 먼저 하택 스님의 가르침으로 부처님의 마음자리를 드러낸 뒤, 거기에 맞추어 홍주종과 우두종의 종지를 보아야 한다고 말씀하셨습니다. 이 마음자리에 맞아떨어진다면 어떤 종파든 공부가 되었다 안 되었다 시비할 필요가 없기 때문입니다.

부처님의 마음자리를 알아 그 자리에서 시비분별이 단박에 사라져서 '돈오돈수'가 금방 되는 사람은 아무런 장애 없이 공부를 마친 사람입니다. 반면에 부처님의 마음자리를 알았지만 중생의 업으로 시비분별이 남아 있는 사람은, 늘 부처님의 마음자리를 알고 끊임없이 그 세상으로 나아가야 합니다. 그것이 바로 '돈오점수'입니다.

그러므로 마음 닦는 사람들은 인연에 따른 방편으로 주어진 자신의 근기에 맞는 선지식의 가르침을 조금도 의심하지 말아야 합니다. 거울을 보는 사람은 거울 속에서 자신의 얼굴을 보아야만 합니다. 남의 글에 걸려 쓸데없는 논쟁으로 세월을 보내면서 자신의 얼굴은 보지도 않고 마음도 챙기지 않는다면 이는 옳지 않은 공부입니다. 부처님의 법은 배운 그대로 실천하는 것이 중요하지, 아무 때나 책임 없이 입으로만 옳고 그름을 이야기하고 있다면 자신의 공부에는 아무런 도움도 되지 못하기 때문입니다. 돈오돈수가 옳으니 돈오점수가 옳으니 시비할 일이 아니라, 이 책을 보면서 자신의 얼굴을 보고 자신의 공부를 해나갔으면 하는 것이 제 바람입니다.

    텅 빈 충만 마음의 빛 그 세상에서
    이것저것 어디에도 걸림 없는 삶
    금빛 물결 멀리멀리 퍼져 나가니
    어떤 경계 있든 없든 늘 편한 마음

    한 생각이 일어났다 사라져 가도
    그 모습을 그냥 지켜보기만 할 뿐
    흘러가는 인연 속에 거침없는 삶
    무슨 마음 일으켜서 시비하리오.

                        2017년 2월 동안거 마치는 날
                              인월행자 두 손 모음

차례

역자서문 절요를 펴내며 4
저자서문 보조 스님의 들어가는 글 17

1장 각 종파의 대의를 말하다
    1. 하택종의 대의 25
    2. 신수 북종의 대의 29
    3. 홍주종의 대의 31
    4. 우두종의 대의 39
    5. 보조스님의 평가 43

2장 종파들이 주장하는 법의 깊이와 그 득실
    1. 불변과 수연, 돈오와 점수 55
    2. 북종의 견해 63
    3. 홍주종의 견해 65
    4. 우두종의 견해 69
    5. 하택종의 견해 71
    6. 각 종파의 주장을 정리하다 75
    7. 질문에 따라 답변을 하다 77

3장 돈오와 점수

   1. 돈오의 뜻을 밝힌다 91

   2. 점수의 뜻을 밝힌다 101

   3. 조사 스님들의 돈과 점에 대한 이야기 107

   4. 무심으로 틀을 깬 격외도리 131

   5. 깨달음을 '이해'한 것과 '증득'한 것 및 돈과 점의 뜻 139

4장 돈교와 점교

   1. 부처님 가르침에서 본 축기돈과 화의돈 163

   2. 중생의 근기로 나아가 돈점을 설명 173

5장 오후점수

   1. 영명연수 스님의 돈과 점에 대하여 211

   2. 오후점수의 정당성 219

   3. 오후점수의 수행방법 233

6장 삿된 소견을 다스리다

   1. '신령스런 앎'이 '알음알이'가 아니라면 247

   2. 오백세 투쟁견고의 시절이라고 257

   3. 계행이 없는 삶을 경책한다 263

   4. 도력이 충분치 않았을 뿐 269

7장 모두 부정하거나 모두 긍정하는 수행문
　　1. 법의 성품 하나 되어 두 모습 없고 275
　　2. 참성품의 연기는 걸림 없는 것 285
　　3. 눈 밝은 스승들의 말씀 297
　　4. 예부터 본디 부처님 309
　　5. 공적영지가 바로 부처님의 마음 331

8장 지름길조차도 끊긴 방편
　　1. '앎'이란 한 글자 343
　　2. 여기에 그 무엇이 있어 345
　　3. 설사 그 무엇이라 해도 347
　　4. 사람의 마음을 가리켜 349
　　5. 모든 반연을 쉬고 헐떡거리는 마음이 없어야 353
　　6. 온갖 선병과 무자 화두 355

9장 결론 369

찾아보기 374

일러두기

1. 이 책의 한문원전은 1998년에 발행한 조계종 강원교재 편찬 자료를 저본으로 삼았다.
2. 절요 한문원전에서 단락별로 시작되는 첫 글자 앞에 기호를 붙여 이 부분이 원문인지 사기인지 구분할 수 있도록 하였다.
  『법집별행록』에서 발췌한 원문은 ●
  보조 스님의 견해로 기록한 사기는 ♛
  보조 스님의 보충설명인 주注는 ○ 기호로 표기하였는데,
  5장부터는 '사기' 중심으로 서술되므로 주注만 표기하였다.
4. 한글 풀이에서 분량이 많은 인용문은 글씨체를 달리하여 구분하였다.
5. 불일보조 국사 목우자 지눌 스님의 호칭은 목우자로 통일하고, 규봉종밀은 규봉, 하택신회는 하택 스님으로 호칭을 단순화하여 명칭에 대한 혼란이 없도록 하였다.
6. 한문원전과 한글풀이를 좌우로 편집하여 원전공부에 도움이 되도록 하였으니 참고로 볼 일이다.

절요

節要

序文

牧牛子曰. 荷澤神會 是知解宗師.[1] 雖未爲曹溪嫡子[2]
목우자왈 하택신회 시지해종사 수미위조계적자

然 悟解高明 決擇了然 密師 宗承其旨故
연 오해고명 결택요연 밀사 종승기지고

於此錄中 伸而明之 豁然可見.
어차록중 신이명지 활연가견

今爲因敎悟心之者 除去繁詞 鈔出綱要 以爲觀行龜鑑.
금위인교오심지자 제거번사 초출강요 이위관행귀감

予觀 今時 修心人 不依文字指歸 直以密意相傳處 爲道則
여관 금시 수심인 불의문자지귀 직이밀의상전처 위도즉

溟涬然[3] 徒勞坐睡 或於觀行 失心錯亂.
명제연 도로좌수 혹어관행 실심착란

---

1. 역자는 2016년에 펴낸 『선문정로』에서 이 문장을 "『절요節要』 첫머리에서 '하택 스님은 알음알이 스승이니 조계의 적자가 아니다.'라고 잘라 말하였다."라고 번역하였다. '지해종사'라는 표현을 이처럼 달리 번역하게 된 이유는 보조 스님과 달리 『선문정로』에서는 하택 스님을 폄하하는 입장을 취하고 있기 때문이다.
2. 여기서 조계는 육조 스님을 말하는데, 달마 대사를 1조로 삼는 중국 선종의 6조 혜능이다. 오조 스님에게 법을 받은 그는 시기하는 무리를 피하여 남쪽으로 가서 16년간 은둔하던 중 인종 법사를 만나 삭발하고 구족계를 받았다. 조계산에서 법을 크게 일으켜 그의 법을 이은 제자만 40여 명이나 된다. 하택 스님도 그의 유명한 제자이다.
3. 명제연溟涬然은 해 뜨기 전 바다의 컴컴한 모습인데 '혼침'에 비유한 것이다.

보조 스님의 들어가는 글

이 글을 쓰는 이유

목우자는 말한다. 하택신회(668-760) 선사께서는 아는 것이 많은 '눈 밝은 스승'이시다. 비록 육조혜능(638-713) 스님의 적자로 인정받지 못하셨지만 '깨달은 바가 높고 사리에 밝아 이치를 잘 분별'하셨기에, 그 내용을 규봉종밀(780-841) 스님께서 『법집별행록』가운데 펼쳐 놓으시고 후학들에게 막힘없이 보게 하셨다. 지금 이 가르침으로 공부하려는 사람을 위하여, 번거로운 말은 접어두고 중요한 것만 추려 수행의 본보기로 삼고자 한다.

내가 요즘 보니, 마음 닦는 사람들이 문자의 뜻에 의지하지 않고 '바로 비밀스런 뜻을 전하는 곳'을 도道로 삼는다면서 캄캄한 곳에서 부질없이 힘들게 앉아 졸고만 있거나, 혹은 수행을 한다면서 참마음을 잊고 혼란스러워하고 있다.

故須依如實言教決擇悟修之本末以鏡自心卽於時中觀照
고 수의여실언교 결택오수지본말 이경자심 즉어시중관조

不枉用功爾.
불왕용공이

又錄中所載神秀等諸宗¹在前者
우 녹중소재 신수등 제종 재전자

辨明得失 從淺至深故也.
변명득실 종천지심고야

今鈔 荷澤宗 在初者 要令觀行人 先悟自心 任迷任悟 靈知
금초 하택종 재초자 요령관행인 선오자심 임미임오 영지

不昧 性無更改 然後 歷覽諸宗 知其旨趣 皆於爲人門中 深
불매 성무갱개 연후 역람제종 지기지취 개어위인문중 심

有善巧故也.²
유선교고야

若未先得其源則
약미선득기원즉

於諸宗旨 隨其言跡 妄生取捨之心 何能融會 歸就自心耶.
어제종지 수기언적 망생취사지심 하능융회 귀취자심야

---

1. 달마 스님에 의해 성립된 선종은 2조 혜가, 3조 승찬을 거쳐 4조 도신 스님으로 이어진다. 도신 스님의 제자인 법융 스님이 공空 도리를 깨달아 우두산에서 법을 전파하며 우두종牛頭宗이 생긴다. 그리고 5조 홍인 스님 문하에서 북종과 남종으로 갈라져 신수 계통은 북종선이 되고 6조 혜능의 계통은 남종선이 된다. 6조 스님의 제자 하택신회 스님은 남종선에 속했지만 영향력이 커지자 달리 '하택종'이라 하였다. 그리고 6조 문하 남악회양 스님의 법을 이은 마조 스님 계통을 '홍주종'이라 하고, 그 뒤를 이은 백장, 황벽, 임제 스님에 의해 중국 선종의 주류가 된다.
2. 선교善巧는 중생의 근기에 맞추어 쓰는 훌륭한 수단과 방법을 말한다.

그러므로 모름지기 참다운 가르침에 의지하여, 참 이치를 깨닫고 닦아 나가는 근본과 곁가지를 잘 추려, 이것으로 자신의 마음을 비추어 보면서 언제나 마음을 챙겨 이를 잘못 쓰지 않아야 한다.

하택종을 먼저 말하는 까닭

또 규봉 스님이 『법집별행록』에서 신수의 북종北宗 등 다른 종파들을 먼저 설명하는 까닭은, 법의 득실을 가려 중생의 근기에 맞추어 수준이 낮은 곳에서 높은 쪽으로 점차 설명하려 했기 때문이다.

그런데 지금 이 책에서 하택종을 앞에 두는 까닭은, 자신의 마음을 깨달았든 아니든 간에 수행하는 사람들로 하여금 먼저 '신령스런 앎'이 밝아 그 성품이 다시 바뀌지 않는다는 사실을 깨닫게 한 뒤에, 다른 종파를 살펴 공부의 방향을 알게 하려는 것이다. 왜냐하면 그 종파들 모두 다 사람들의 근기에 맞춘 깊이 있는 좋은 방편을 갖고 있기 때문이다.

먼저 공부의 근원을 알지 못하면 제각각 종파의 종지에서 말자취만 따라 헛되이 취사분별하는 마음만 내게 될 것이니, 어찌 모든 종파의 종지를 하나로 모아 자기 마음으로 돌아가게 할 수 있겠는가.

又 恐 觀行者 未能忘懷虛朗 滯於義理故 末後 略引本分宗
우 공 관행자 미능망회허랑 체어의리고 말후 약인본분종

師 徑截門言句 要令滌除知見之病 知有出身活路爾.
사 경절문언구 요령척제지견지병 지유출신활로이

今時 弘禪弘敎之者
금시 홍선홍교지자

但以文字學解爲業 而於觀行出世 終不掛懷.
단 이문자학해위업 이어관행출세 종불괘회

雖佛法流行時運所至 然人人日用 了了能知之心 煩惱性空
수불법유행 시운소지 연인인일용 요료능지지심 번뇌성공

妙用自在 法爾如然 何關時運.
묘용자재 법이여연 하관시운

馬鳴祖師云¹ 所言法者 謂衆生心² 豈欺人哉.
마명조사운 소언법자 위중생심 기기인재

但信心堅固 專精觀照 積於淨業
단신심견고 전정관조 적어정업

此生 雖未得徹悟 不失成佛之正因也.
차생 수미득철오 불실성불지정인야

---

1. 마명 스님은 부처님 법을 이어받은 12대 조사이다. 불교 논서의 백미로 꼽히는 그의 저서 『대승기신론』은 부처님의 가르침을 체계 있게 논리화하여 모든 경과 논을 회통시킨 책이다. 부처님의 가르침을 모르는 사람에게 대승의 참뜻을 알려 '참마음에 대한 큰 믿음을 일으켜 주고자 하는 뜻'에서 쓴 글이다.

2. 마명보살, 『대승기신론』.

눈 밝은 스승의 말을 인용하는 까닭

그리고 또 수행하는 사람들이 텅 빈 마음의 밝은 빛에만 집착하여 이치만 따지는 데 마음이 걸려 있을까 걱정이 되어, 이 책의 뒷부분에는 근본을 아는 눈 밝은 스승의 마음자리에서 나오는 말을 인용하여, 알음알이 병을 씻고 중생의 생사를 벗어날 활로가 있음을 알게 하고자 한다.

요즈음 선과 교를 펼치는 사람들

요즈음 선禪과 교教를 펼치는 사람들은 문자만 배워 아는 것으로써 일을 삼고, 생사를 벗어나는 수행에는 조금도 마음을 두지 않는다.

부처님 법의 시절인연이 그렇다 쳐도, 사람들이 일상생활에서 '분명히 알고 쓰는 마음'은 '번뇌의 성품이 공이어서 오묘한 작용이 자재하여' 법 그대로 그런 것인데, 이것이 어찌 시절인연에 걸린다고 말할 수 있단 말인가.

마명 스님께서 "법이란 중생의 마음을 말한다."라고 하였으니, 이 말이 어찌 사람들을 속이는 말이 되겠는가. 다만 견고한 믿음으로 오로지 내 마음만 챙기다 보면, 금생에 깨치지 못할지라도 부처님이 될 인연은 잃지 않을 것이다.

自念 無始劫來 沈淪生死 受無量苦
자념 무시겁래 침륜생사 수무량고

今幸得人身 幸逢佛法 幸免世間拘繫之事
금행득인신 행봉불법 행면세간구계지사

若自生退屈 或生懈怠 不修觀行
약자생퇴굴 혹생해태 불수관행

虛消白日 須臾失命 退墮惡趣[1]
허소백일 수유실명 퇴타악취

然後 雖欲願聞一句佛法 正念觀照 豈可復得乎.
연후 수욕원문일구불법 정념관조 기가부득호

故 每勸 同住道伴 隨分觀行 願續佛祖壽命爾.
고 매권 동주도반 수분관행 원속불조수명이

冀諸達者 同垂證明.
기제달자 동수증명

---

1. 악취惡趣는 보통 '삼악도'를 말하는데 지옥·아귀·축생계를 말한다. 몸과 입과 뜻으로 업을 지어 나쁜 삶을 산 중생들이 태어나는 곳이다.

힘이 닿는 대로 마음 챙기는 수행을 해야

세세생생 생사 속의 한량없는 고통을 받다가 지금 다행히 사람 몸을 받고 부처님 법을 만나 세간의 얽매임에서 벗어난 일을 생각해 보니, 스스로 공부에서 물러나거나 게으름을 피워 마음을 챙기지 않는다면, 부질없이 허송세월하다가 잠깐사이 목숨을 잃고 삼악도에 떨어지게 될 것이니, 그런 뒤에 부처님 법문을 한 구절이라도 듣고자 아무리 바른 생각으로 마음 챙기고자 한들 어찌 과연 그리 할 수 있겠는가.

그러므로 매번 함께 공부하는 도반들에게 힘이 닿는 대로 마음 챙기는 수행을 하도록 권하며, 부처님과 조사 스님의 생명인 지혜를 잇기 바라는 것이다. 그러니 깨달은 사람들은 모두 함께 이 법을 증명하여 주기를 바란다.

● 錄曰. 禪門之旨 在乎內照 非筆可述 非言可宣. 言雖不及
녹 왈 선문지지 재호내조 비필가술 비언가선 언수불급

猶可强言 筆不可及 尤難下筆 今不得已 而書之望照之於
유가강언 필불가급 우난하필 금부득이 이서지망조지어

心 無滯於文矣.
심 무체어문의

荷澤意者
하택의자

謂諸法如夢 諸聖同說. 故 妄念本寂 塵境本空 空寂之心
위 제법여몽 제성동설 고 망념본적 진경본공 공적지심

靈知不昧. 卽此空寂之心 是前達摩[1] 所傳淸淨心也.
영지불매 즉차공적지심 시전달마 소전청정심야

---

1. 달마(?-528) 스님은 선종의 서천西天 제28조로서 중국 남북조 시대 스님이다. 중국 선종의 초조로서 양무제를 만난 뒤에 북위北魏의 숭산 소림사에서 9년 면벽을 하였다. 어록으로 『이입사행론二入四行論』이 전해진다. '이입二入'이란 '이입理入'과 '행입行入'을 말하고, '사행四行'이란 행입을 세분한 보원행報怨行·수연행隨緣行·무소구행無所求行·칭법행稱法行을 말한다. 달마 스님은 중국에 와서 불교의 혁신을 일으켜 경전이나 글에 집착하는 것은 다 소용없다 하여 '불립문자不立文字'를 내세웠고, 계율·염불·다라니 이 모든 것에 집착하는 것도 부정하였다. 달마 스님은 오로지 "마음을 살피는 한 가지 일에 모든 수행이 들어 있다." 또 "바로 사람의 마음을 가리켜서 그 성품을 보면 부처님이 된다."라고 하였다.

1장 각 종파의 대의를 말하다

원문 『법집별행록』에서 말한다.

선종의 요지는 안으로 마음을 챙기는 데 있으니 글이나 말로 표현할 수 있는 것이 아니다. 말로 설명할 수 없을지라도 중생들을 위하여 마지못해 말을 해야 하고, 문자로 드러낼 수 없어 글쓰기조차 어렵지만, 지금 부득이 이 글을 쓰면서 후학들이 이 글을 보고 마음을 챙기되 글에 걸리지 않기를 바랄 뿐이다.

1. 하택종의 대의

하택종荷澤宗의 대의는 '모든 법이 꿈같다'고 하는 것인데, 이는 모든 성인이 한결같이 말씀하신 것이다. 그러므로 망념이 본디 고요하고 번뇌가 본래 공空이지만 '번뇌가 텅 빈 고요한 부처님 마음'에서 드러나는 '신령스러운 앎'은 항상 밝다. 곧 이 '텅 빈 고요한 마음'이 달마 스님께서 전하신 '맑고 깨끗한 마음'이다.

任迷任悟 心本自知¹ 不藉緣生 不因境起.
임미임오 심본자지 부자연생 불인경기

迷時煩惱 知非煩惱 悟時神變 知非神變.
미시번뇌 지비번뇌 오시신변 지비신변

然 知之一字 是衆妙之源.
연 지지일자 시중묘지원

由迷此知 卽起我相 計我我所 愛惡自生.
유미차지 즉기아상 계아아소 애오자생

隨愛惡情 卽爲善惡 善惡之報
수애오정 즉위선악 선악지보

受六道形 世世生生 循環不絶.
수육도형 세세생생 순환부절

若得善友開示 頓悟空寂之知
약득선우개시 돈오공적지지

寂知無念無形 誰爲我相人相.
적지 무념무형 수위아상인상

覺諸相空 心自無念
각제상공 심자무념

念起卽覺 覺之卽無 修行妙門 唯在此也.
염기즉각 각지즉무 수행묘문 유재차야

---

1. 이 '知'는 '고요한 마음자리에 드러나 빛나는 지혜인 앎'이다. 이것은 공적영지空寂 靈知를 뜻하는데 공적영지란 모든 번뇌가 사라진 '고요한 마음[空寂]'에서 부처님의 광명이 드러나 모든 것을 다 아는 '신령스런 앎[靈知]'이다.

깨달았든 아니든 간에 이 마음이 본디 스스로 아는 '앎'이며, 이 '앎'은 인연으로 생겨나는 것도 아니요, 경계로 인연하여 일어나는 것도 아니다. 어리석을 때는 번뇌이나 '신령스러운 앎'은 번뇌가 아니요, 깨달았을 때에는 신통변화이지만¹ '신령스러운 앎'은 신통변화가 아니다.

그러므로 '앎'이란 한 글자는 온갖 오묘한 도리의 근원이다. 이 '앎'을 모르기 때문에 나에 대한 집착을 일으키고, 나와 내 것으로 만들어 좋아하고 미워하는 마음이 저절로 일어난다. 좋아하고 미워하는 마음에서 선과 악이 갈라지고, 그 과보로 중생의 몸을 받아 세세생생 윤회를 끊지 못한다.

그러나 선지식을 만나 그 가르침을 받아 '텅 빈 고요의 앎'을 몰록 깨친다면, '고요한 마음자리에서 드러나는 앎'은 망념도 없고 어떠한 형태도 없는 것이니 무엇이 '나에 대한 집착'이 되고 '남에 대한 집착'이 되겠는가.

온갖 모습이 공空임을 깨달으면 마음 자체에 어떤 망념도 없기에, 망념이 일어나면 곧 깨닫고, 깨달으면 곧 망념이 사라지니, 수행의 오묘한 문이 오직 여기에 있을 뿐이다.

---

1. '깨달음'이라는 어떤 경계가 내 앞에 펼쳐지고 있다면 '나'라고 하는 이를 내세워 아직까지 시비분별을 하고 있는 것이니 공부가 완성된 상태가 아니다. 그러므로 신통변화라고 한 것이다.

故 雖備修萬行唯以無念 爲宗.
고 수비수만행 유이무념 위종

但得無念則 愛惡自然淡薄
단득무념즉 애오자연담박

悲智自然增明 罪業 自然斷除 功行 自然增進.
비지자연증명 죄업 자연단제 공행 자연증진

於解 卽見諸相非相 於行 卽名無修之修.
어해 즉견제상비상 어행 즉명무수지수

煩惱盡時 生死卽絶
번뇌진시 생사즉절

生滅滅已 寂照現前 應用無窮 名之爲佛.
생멸멸기 적조현전 응용무궁 명지위불

北宗意者
북종의자

衆生本有覺性 如鏡有明性 煩惱覆之不現 如鏡有塵暗.
중생본유각성 여경유명성 번뇌부지불현 여경유진암

若依言敎 息滅妄念 念盡則
약의언교 식멸망념 염진즉

心性覺悟 無所不知
심성각오 무소부지

如磨拂昏塵 塵盡則 鏡體明淨 無所不照.
여마불혼진 진진즉 경체명정 무소부조

그러므로 온갖 보살행을 갖추어 닦더라도, 오직 '망념이 없는 것[無念]'으로써 최고의 수행을 삼을 뿐이다. 망념만 없다면 좋아하거나 싫어하는 마음이 자연스럽게 담박해지고, 자비와 지혜가 자연스레 늘어나고 밝아지면서 죄업은 저절로 끊어지고, 공덕과 행실이 자연스럽게 반듯해진다.

신령스런 앎 그 자리에서 곧 온갖 모습에서 '어떠한 모습도 아닌 참모습'을 보고, '수행하는 자리에서 수행을 하려 하지 않아도 저절로 수행'이 된다. 번뇌가 다할 때에 생사가 끊어지고, 마음의 생멸이 다 없어질 때 고요한 마음에서 비추는 빛이 눈앞에 드러나 끝없이 인연에 따라 쓰이는 것, 이를 일러 부처님이라 한다.

2. 신수 북종의 대의

신수 북종北宗의 대의는, 거울에 밝은 성품이 있듯 중생에게 본디 깨달음의 성품이 있으며, 밝은 거울에 거뭇한 먼지가 덮여 있듯 깨달음의 성품이 번뇌에 덮여 있어 나타나지 못한다는 것이다.

만약 가르침에 따라 망념을 없애 망념이 다 사라진다면, 마음의 성품이 어떤 곳이라도 알지 못할 것이 없음을 깨달으니, 이는 거울에서 거무튀튀한 먼지를 다 닦아내면, 밝은 거울의 바탕이 깨끗해 어떤 곳이라도 다 비추는 것과 같다.

💬 評曰.
평왈

此 但染淨緣起之相 反流背習之門
차 단염정연기지상 반류배습지문

而不覺 妄念本無 心性本淨 悟旣未徹 修豈稱眞哉.
이불각 망념본무 심성본정 오기미철 수기칭진재

● 洪州意者[1]
홍주의자

起心動念 彈指動目 所作所爲 皆是佛性
기심동념 탄지동목 소작소위 개시불성

全體之用 更無別用.
전체지용 갱무별용

全體貪嗔癡 造善造惡 受苦受樂 皆是佛性
전체탐진치 조선조악 수고수락 개시불성

如麵作種種飯食 一一皆麵.
여면작종종반사 일일개면

---

1. '홍주종'이라는 명칭은 당시 화엄불교의 대가이며 하택종의 계승자임을 자처한 규봉 스님의 『중화中華 전심지선문傳心地禪門 사자승습도師資承襲圖』라는 책에서 유래한다. 이 책에서 규봉 스님은 이 종파가 혜능의 법맥을 잇기는 했지만 정통은 아니라고 지적한다. 마조 스님은 남악에서 회양懷讓 스님을 만난 뒤 육조 혜능의 법을 잇고, 강서성 홍주 개원사開元寺에서 회양의 가르침을 전파하니 당시 사람들이 '홍주종'이라 하였다.

사기 규봉 스님도 이 내용을 다음과 같이 평하여 말하였다.

"이것은 다만 오염되거나 깨끗한 법을 따라가는 연기법의 모습이며 생사의 흐름을 되돌리는 수행문이니, 망념이 본디 없고 마음의 성품이 본래 깨끗함을 깨닫지 못하고 있기에 깨달음이 미진한데 그 수행이 어찌 진짜라고 할 수 있겠느냐."

3. 홍주종의 대의

원문 홍주종의 대의는, 마음을 일으켜 한 생각을 움직이고, 손가락을 퉁기고 눈을 껌벅거리는 이 모든 게 다 불성 전체가 쓰이는 것으로 다시 별다른 쓰임새가 없다는 것이다.

그러므로 탐진치로 선과 악을 지어 괴로움과 즐거움을 받는 전체가 다 불성이 되니, 이는 마치 밀가루로 온갖 음식을 만듦에 그 음식 하나하나가 다 밀가루인 것과 같다.

意以推求 此身四大骨肉 喉舌牙齒 眼耳手足 並不能自語
의이추구 차신사대골육 후설아치 안이수족 병불능자어

言見聞動作 假如一念命終 全身都未變壞 卽便口不能語
언견문동작 가여일념명종 전신도미변괴 즉변구불능어

眼不能見 耳不能聞 脚不能行 手不能作.
안불능견 이불능문 각불능행 수불능작

故知 能語言動作者 必是佛性. 且四大骨肉 一一細推 都
고지 능어언동작자 필시불성 차 사대골육 일일세추 도

不解貪嗔癡 故 貪嗔煩惱 並是佛性.
불해탐진치 고 탐진번뇌 병시불성

佛性體非一切差別種種 而能造作一切差別種種.
불성 체비일체차별종종 이능조작일체차별종종

體非種種者 謂 此性 非凡非聖 非因非果 非善非惡 無色
체비종종자 위 차성 비범비성 비인비과 비선비악 무색

無相 無去無往 乃至 無佛無衆生也.
무상 무거무왕 내지 무불무중생야

能作種種者 謂 此性 卽體之用. 故 能凡能聖 能因能果 能
능작종종자 위 차성 즉체지용 고 능범능성 능인능과 능

善能惡 現色現相 能佛能衆生 乃至 能貪嗔癡等.
선능악 현색현상 능불능중생 내지 능탐진치등

이 뜻으로 추론해 보면, 지수화풍으로 이루어진 이 몸의 뼈와 살·목·혀·이빨·눈·귀·손·발은 어느 것 하나 스스로 말하거나 보고 듣고 움직이지 못하니, 가령 금방 죽어 몸이 조금도 손상되지 않았어도, 눈과 귀와 입은 보고 듣고 말하지 못하며, 다리와 손은 걷지도 잡지도 못하는 것이다.

그러므로 말하고 움직이는 모든 것이 다 이 불성인 줄 반드시 알아야 한다. 또 지수화풍으로 이루어진 이 몸의 뼈와 살을 낱낱이 자세히 살펴보아도 이들이 조금도 탐진치를 이해 못하니, 그러므로 탐진치 이 모든 번뇌도 다 불성인 줄 알아야 한다.

불성의 바탕은 어떤 차별로 드러나는 종자가 아닌데도 온갖 차별로 드러나는 종자를 만들 수 있다.

그 바탕이 어떤 차별로 드러나는 종자가 아니란 것은, 이 성품이 범부도 성인도 아니며 인因이나 과果도 아니고, 선도 악도 아니며 색이나 모습도 없고, 오고감도 없으며 나아가 부처님이나 중생도 없다는 것을 말한다.
온갖 차별로 드러나는 종자를 만들 수 있다는 것은 '이 성품 바탕 자체가 쓰임새'라는 것을 말한다. 그러므로 범부나 성인도 되고 인因이나 과果도 되며, 선이나 악도 되고 색이나 모습으로 나타나며 부처님이나 중생도 되니 나아가 탐욕과 성냄, 어리석음 등 온갖 것이 될 수 있다.

若覈其體性 則畢竟 不可見不可證 如眼不自見等.
약핵기체성 즉필경 불가견불가증 여안부자견등

若就其應用
약취기응용

則擧動運爲 一切皆是佛性 更無別法 而爲能證所證.
즉거동운위 일체개시불성 갱무별법 이위능증소증

彼意 準楞伽經 云 如來藏[1] 是善不善因 能遍興造一切
피의 준능가경 운 여래장 시선불선인 능변흥조일체

趣生 受苦樂 與因俱 又云 佛語心爲宗
취생 수고락 여인구 우 운 불어심위종

又云 或有佛刹 揚眉動目 笑欠警欬 或動搖等 皆是佛事.
우 운 혹유불찰 양미동목 소흠경해 혹동요등 개시불사

旣悟解之理 一切天眞自然
기오해지리 일체천진자연

故所修行理宜順此而乃 不起心斷惡修善 亦不起心修道.
고 소수행이의순차이내 불기심단악수선 역불기심수도

道卽是心 不可將心 還修於心
도즉시심 불가장심 환수어심

惡亦是心 不可將心 還斷於心.
악역시심 불가장심 환단어심

---

1. '여래장'은 세상의 온갖 현상계에 여래 성품이 갖추어져 있다는 뜻으로서 세상의 실상은 여래 그 자체라는 뜻이다. 또한 여래의 한량없는 공덕을 지니고 있기에 여래장이라고 한다.

만약 그 바탕의 성품을 찾아보면 눈이 스스로 눈을 보지 못하듯 끝내 볼 수도 없고 증명할 수도 없다.

그러나 인연에 따른 쓰임새를 보면 움직임 하나하나가 모두 불성이니, 다시 별다른 법을 증득할 주체도 증득할 법도 없다.

그 뜻은 『능가경』에서
"여래장이 선善과 불선不善의 원인이기에 모든 중생계를 두루 만들고 괴로움과 즐거움을 받는 원인으로서 함께 한다."라고 하였고,
"부처님의 말씀과 마음이 근본이 된다."라고 하였으며,
또, "부처님의 국토에서 눈썹을 올리고 눈을 치켜뜨는 것, 웃고 하품하며 놀라 기침하는 것 또는 움직이는 모든 것들이 모두 부처님의 일로서 불사佛事다."라고 말한 것과 같다.

이미 깨달은 이치 모두가 천진하고 자연스러워, 수행하는 이치도 이 도리에 따라 악을 끊고자 하는 마음을 일으켜 선을 닦는 것이 아니며, 또한 도를 닦고자 하는 마음도 일으키지 않는다.

도道 자체가 이 마음이니, 이 마음을 가지고 도를 닦을 수 있는 것이 아니며, 악 또한 이 마음이니, 이 마음을 가지고 악을 끊을 수 있는 것도 아니다.

不斷不修 任運自在 名爲解脫人.
부단불수 임운자재 명위해탈인

無法可拘 無佛可作 猶如虛空 不增不減 何假添補.
무법가구 무불가작 유여허공 부증불감 하가첨보

何以故 心性之外 無一法可得故 但任心 卽爲修也.
하이고 심성지외 무일법가득고 단임심 즉위수야

評曰.
평왈

此與前宗 敵體相反
차여전종 적체상반

前則朝暮分別動作 一切是妄
전즉조모분별동작 일체시망

此則朝暮分別動作 一切是眞.
차즉조모분별동작 일체시진

이 마음을 끊지도 않고 닦지도 않으면서 인연의 흐름에 맡겨 자유자재한 것 이를 일러 해탈한 사람이라 한다.

어떤 법도 구속할 수 있는 게 없고, 어떤 부처님도 만들 수 있는 게 없어서, 마치 허공 같아 더 늘어나거나 줄어들 것이 없는데, 여기에 어찌 더 보탤 것이 있겠는가.

무슨 까닭인가? 마음의 성품 말고는 한 법도 얻을 수 있는 것이 없기 때문이니, 다만 이 마음에 맡길 뿐 곧 이것이 도를 닦는 수행이 된다.

사기 규봉 스님도 이 내용을 다음과 같이 평하여 말하였다.

"홍주종은 북종과 완전히 반대 내용이다. 북종에서는 아침저녁으로 분별하여 벌이는 일들이 모두 망념인데, 홍주종에서는 아침저녁으로 분별하여 벌이는 일들이 모두 진실이라고 한다."

● **牛頭宗意者**
　우두종의자

諸法如夢 本來無事 心境本寂 非今始空.
제법여몽 본래무사 심경본적 비금시공

迷之謂有 卽見榮枯貴賤等事.
미지위유 즉견영고귀천등사

事旣有相違相順故 生愛惡等情. 情生則 諸苦所繫
사기유상위상순고 생애오등정 정생즉 제고소계

夢作夢受 何損何益. 此能了之智 亦是夢心
몽작몽수 하손하익 차능료지지 역시몽심

乃至 設有一法 過於涅槃 亦如夢幻.
내지 설유일법 과어열반 역여몽환

旣達本來無事 理宜喪己忘情 情忘則 絶苦因 方度一切苦
기달본래무사 이의상기망정 정망즉 절고인 방도일체고

厄. 此以忘情 爲修行也.
액　차이망정 위수행야

❤評曰. 前 以念念全眞 爲悟 任心爲修.
　평왈　전 이염념전진 위오 임심위수

　　　　此 以本來無事 爲悟 忘情爲修.
　　　　차 이본래무사 위오 망정위수

4. 우두종의 대의

원문 우두종의 대의는, 모든 법이 꿈같아서 본래 일이 없고, 마음과 경계가 본디 고요한 것이지 지금 비로소 공空한 것이 아니라고 한다. 그런데도 사람들은 어리석어 무엇이 있다고 착각하여 세상의 부귀영화와 귀하고 천한 일들을 차별하여 본다.

이렇듯 차별하는 마음에는 이미 멀리하거나 가까이하는 대상이 있기에 좋아하거나 싫어하는 알음알이를 낸다. 알음알이가 생기면 온갖 괴로움에 얽매이나, 꿈속에서 짓고 받는 일이니 여기에 무슨 손익이 있겠는가. 이런 것을 아는 지혜도 꿈같은 마음이며, 설사 어떤 한 법이 열반보다 뛰어나다 하더라도 이조차 꿈이나 허깨비와도 같다.

이미 본래 일 없음을 통달하였다면 이치로는 자신의 알음알이를 여의고, 알음알이가 없어지면 괴로움을 가져오는 원인을 끊기에 비로소 온갖 고통과 액난이 사라진다. 이것이 알음알이를 여의는 것으로써 도를 닦는 수행이 된다.

사기 규봉 스님도 이 내용을 다음과 같이 평하여 말하였다.
"홍주종은 생각 생각이 모두 온전한 진여의 마음을 깨달음으로 삼고, 그 마음에 모든 것을 맡김을 도 닦는 수행으로 삼는다. 우두종은 본디 일 없는 것으로써 깨달음을 삼고, 알음알이 여의는 것으로써 도 닦는 수행으로 삼는다."

又 上三家見解異者
우 상삼가견해이자

初一切皆妄(北宗) 次一切皆眞(洪州) 後一切皆無(牛頭).
초일체개망 북종 차일체개진 홍주 후일체개무 우두

若就行說者 初 伏心滅妄(北宗)
약취행설자 초 복심멸망 북종

次 信任情性(洪州) 後 休心不起(牛頭).
차 신임정성 홍주 후 휴심불기 우두

且宗密性好勘會一一曾參搜得旨趣如是若將此語問彼
차종밀성호감회 일일증참 수득지취여시 약장차어문피

學人卽皆且不招承.
학인 즉개차불초승

問有答空徵空指有或言俱非或言皆不可得修不修等皆
문유답공 징공지유 혹언구비 혹언개불가득 수불수등 개

類此也.
류차야

彼意者 常恐墮於文字 常怕滯於所得故 隨言拂也.
피의자 상공타어문자 상파체어소득고 수언불야

有歸心師學 方委細敎授 令多時觀照 熟其行解矣.
유귀심사학 방위세교수 영다시관조 숙기행해의

또 신수의 북종과 홍주종, 우두종의 견해에서 다른 것이 무엇인가? 북종은 '모든 것이 다 망념'이라 주장하고, 홍주종에서는 '모두가 다 진여의 마음'이라 하며, 우두종에서는 '모든 것이 다 본래 일이 없는 것'이라고 주장하였다. 만약 수행에서 말한다면 북종은 마음을 다스려 망념을 없애는 것이요, 홍주종은 알음알이 성품을 믿고 모든 것을 거기에 다 맡기는 것이며, 우두종은 마음을 쉬어 그 마음을 일으키지 않는 것이다.

또 규봉 스님은 이치를 밝혀 가리기를 좋아해서, 일찍이 그 공부를 하나하나 참구하여 올바른 뜻을 찾아내었지만, 이 내용으로 공부하는 학인에게 물어보면 학인들이 조금도 이 말뜻을 이해하지 못하였다. 그러므로 '유有'를 물으면 '공空'으로 답하여 주기도 하고, '공空'을 따진다면 '유有'를 가리키기도 하며, 혹 '모두 잘못된 것'이라 말하여 주고, 혹 '조금도 얻을 수 있는 것이 아니다'라고 말하며, '도를 닦되 닦는 것이 아니다'라는 등 집착을 없애 주기 위하여 전부 이런 식으로 가르침을 주었다.

그 의도는 항상 공부하는 학인들이 문자에 떨어질까 걱정하고, 늘 어떤 경계를 얻은 것에 걸릴까 염려하였기에, 말하는 것을 보아 그 집착을 털어 버리게 한 것이다. 마음을 스승 삼아 배우는 사람들이 있어 비로소 자세한 가르침을 주니, 많은 시간 마음을 챙겨서 수행하고 그 수행의 이치를 깊이 익히도록 해야 할 것이다.

私曰
사 왈

下文 云 洪州 常云 貪嗔慈善 皆是佛性 有何別者
하문 운 홍주 상운 탐진자선 개시불성 유하별자

如人 但觀濕性 始終無異 不知濟舟覆舟功過懸殊.
여인 단관습성 시종무이 부지제주복주공과현수

故 彼宗 於頓悟門[1] 雖近而未的 於漸修門而全乖[2].
고 피종 어돈오문 수근이미적 어점수문이전괴

牛頭 已達空故 於頓悟門而半了
우두 이달공고 어돈오문이반료

以忘情故 於漸修門而無虧.
이망정고 어점수문이무휴

北宗 但是漸修 全無頓悟故 修亦非眞.
북종 단시점수 전무돈오고 수역비진

荷澤則 必先頓悟 依悟而修.
하택즉 필선돈오 의오이수

---

1. 돈오문頓悟門은 '단숨에 깨달아 들어가는 수행문'을 말한다.
2. 점수문漸修門은 '차츰차츰 깨달아 들어가는 수행문'을 말한다.

5. 보조 스님의 평가

목우자는 말한다. 홍주종에서 항상 "탐욕, 성냄, 어리석음과 자비, 선악의 마음이 모두 불성인데 무슨 다를 것이 있겠는가."라고 말을 한다. 그런데 이는 사람이 물의 쓰임새에서 다만 젖은 성품이 '처음부터 끝까지 다르지 않다는 것'을 볼 뿐이고, '바다를 건너는 배'와 '난파되는 배'의 공덕과 허물이 현격히 다른 줄 알지 못하고 있는 것과 같다.

그러므로 홍주종이 '단숨에 깨달아 들어가는 수행문[頓悟門]'에는 가깝더라도 아직 확실히 들어맞지는 않고, '차츰차츰 깨달아 들어가는 수행문[漸修門]'에서는 완전히 어긋나 있다.

우두종은 이미 공空에 통달해 있으므로 '단숨에 깨달아 들어가는 수행문'에서 절반은 알고, 알음알이를 잊는 것이기 때문에 '차츰차츰 깨달아 들어가는 수행문'의 수행과 다를 게 없다.

북종은 다만 점수일 따름이요, 조금도 돈오의 이치가 없으므로 닦는 수행 또한 진여의 마음이 아니다.

그러나 하택종은 반드시 먼저 돈오하고 이것에 의지하여 도를 닦아 나간다.

據此文義 洪州 於頓悟門 近而未的 牛頭半了.
거차문의 홍주 어돈오문 근이미적 우두반료

如是則 凡修心人 唯取信於荷澤 不取信於餘宗 必矣.
여시즉 범수심인 유취신어하택 불취신어여종 필의

然 觀其敍洪州牛頭 二宗之意
연 관기서홍주우두 이종지의

能深能廣 窮極秘隱 使修心人 豁然自見 於語言動用中
능심능광 궁극비은 사수심인 활연자견 어어언동용중

何其妙密旨趣如斯.
하기묘밀지취여사

未詳 密師之意 於二宗旨 毁耶 讚耶.
미상 밀사지의 어이종지 훼야 찬야

然 但破後學 如言之執 使其圓悟如來知見
연 단파후학 여언지집 사기원오여래지견

而於二宗 無毁讚心 何以知之.
이어이종 무훼찬심 하이지지

이 글 뜻으로 보면 홍주종은 '단숨에 깨달아 들어가는 수행문'에 가깝되 아직 확실히 들어맞지 않고, 우두종은 이미 공空에 통달해 있으므로 '단숨에 깨달아 들어가는 수행문'의 절반만 안다.

이렇다면 무릇 마음을 닦는 사람은 오직 하택종만 취하여 믿고, 절대로 나머지 종파는 취하여 믿을 것이 아니다.

그러나 홍주종과 우두종의 뜻을 살피면, 그 이치가 깊고 넓어 깊숙이 숨어 있는 뜻이 있어, 마음 닦는 사람으로 하여금 마음이 툭 트여 스스로 일상생활의 말과 행동 속에서 그 이치를 보게 하니, 어찌 오묘하고 비밀스런 뜻이 이와 같은고?

규봉 스님의 뜻이 홍주종과 우두종의 두 종지를 비방하고 있는 것인지 아니면 찬탄하고 있는 것인지 아직 상세히 잘 알지는 못하겠다.

그러나 규봉 스님의 뜻은 오로지 후학들이 배운 그대로 말에만 집착하는 것을 타파하여 여래의 지견을 오롯이 깨닫게 할 뿐, 홍주종과 우두종을 비방하거나 찬탄하는 마음이 없었음을 어찌 알 수 있겠느냐?

且如禪源諸詮集都序 分判三宗.
차여선원제전집도서 분판삼종

其略曰 一 息妄修心宗(北宗)[1]
기략왈 일 식망수심종 북종

二 泯絶無寄宗(牛頭)[2].
이 민절무기종 우두

說凡聖等法 皆如夢幻 汎參禪理者 皆說此言 便爲臻極
설범성등법 개여몽환 범참선리자 개설차언 변위진극

不知此宗 不但以此言 爲法.
부지차종 부단이차언 위법

以此而推 密師 豈不知牛頭之道 圓滿成就耶.
이차이추 밀사 기부지우두지도 원만성취야

而云 半了者 爲但認空寂之理 爲極者
이운 반요자 위단인공적지리 위극자

欲令知 自性本用靈知之心 方爲圓了耳.
욕령지 자성본용영지지심 방위원요이

---

1. 식망수심종息妄修心宗은 '망념을 쉬어가며 마음을 닦는 종파[북종]'이다.
2. 민절무기종泯絶無寄宗은 '모든 자취가 사라져 의지할 곳이 없는 종파[우두종]'이다.

규봉 스님은 『선원제전집도서』에서 선종을 세 종파로 나누어 판단한다. 대강 말하자면 첫 번째는 '망념을 쉬어가며 마음을 닦는 종파 [북종]'이고, 두 번째는 '모든 자취가 사라져 의지할 곳이 없는 종파 [우두종]'이다. '모든 자취가 사라져 의지할 곳이 없는 종파'에서 범부와 성인들 온갖 법이 다 꿈이나 허깨비 같은 것이라고 말하자, 무릇 선의 이치를 참구하는 사람들이 모두 이 말을 바로 최고의 도로 삼으면서, '모든 자취가 사라져 의지할 곳이 없는 종파'가 다만 이 말로만 법을 삼는 것이 아니라는 사실을 모르고 있다.

이로 추론하면 규봉 스님이 우두종의 도가 부족함이 없이 오롯이 성취된 것을 어찌 몰랐겠느냐.

그런데도 절반만 알았다고 말한 것은, 다만 공적한 이치를 최고의 도로 삼는 사람들로 하여금 '자신의 성품에서 본디 쓰이는 신령스런 앎' 그 자체의 마음을 알게 해야 바야흐로 오롯이 아는 것이기 때문이다.

第三 直顯心性宗(洪州荷澤)[1]
제삼 직현심성종 홍주하택

說一切法 若有若空 皆唯眞性 於中 指示心性 有二類.
설일체법 약유약공 개유진성 어중 지시심성 유이류

一云 卽今能 語言動作 貪嗔慈忍等 卽汝佛性.
일 운 즉금능 어언동작 탐진자인등 즉여불성

但隨時隨處 息業養神 聖胎增長[2] 現發自然神妙 此卽
단수시수처 식업양신 성태증장 현발자연신묘 차즉

是爲眞悟眞修眞證也.
시위진오진수진증야

二云 諸法 如夢 諸聖同說.
이운 제법 여몽 제성동설

故 妄念本寂 塵境本空 空寂之心 靈知不昧 是汝眞性.
고 망념본적 진경본공 공적지심 영지불매 시여진성

然此兩家 皆會相歸性故 同一宗.
연 차양가 개회상귀성고 동일종

---

1. 직현심성종直顯心性宗은 '바로 마음의 성품을 드러내는 종파'이니 홍주종과 하택종이 여기에 해당된다.
2. 성스런 태아 '성태聖胎'는 십주十住·십행十行·십회향十廻向의 삼현위三賢位를 말한다. 삼현위에 있으면서 선지식을 반연하고 정법을 길러, 초지初地에 도달해 견도見道하여 불가佛家에 태어나는 과정 속에 있기 때문에 성태聖胎라고 한다.

세 번째는 '바로 마음의 성품을 드러내는 종파'이니 홍주종과 하택종이 여기에 해당된다.

이들 종파에서는 온갖 법이 있는 것이든 없는 것이든 모두 참성품일 따름이니, 그 가운데 마음의 성품을 가리켜 두 부류로 나눈다.

먼저 홍주종에서는 지금 말하고 움직이며 일으키는 탐욕, 성냄, 어리석음, 자비와 인욕 같은 마음들이 모두 그대의 불성이라고 말한다. 다만 때와 장소에 따라 분별하는 중생의 업을 쉬고 올곧은 정신을 기르는 것만으로 성스런 태아가 길러지며, 자연스럽게 신비하고 오묘한 세상이 드러나니, 이것이 참 깨달음이며, 도를 닦아 나가는 참된 수행이며, 도를 진짜 증득하는 것이라고 한다.

그리고 하택종에서는 '온갖 법이 꿈과 같다'고 모든 성인이 똑같이 설하였다고 말한다. 그러므로 망념이 본래 고요하고 번뇌가 본디 공空이어서, '공적한 마음에서 신령스런 밝은 앎'이 그대의 참성품이라고 한다.

그러나 이 두 종파는 모두 온갖 모습을 모아 참성품으로 돌아가는 것이니 똑같은 종지이다.

然 上三宗 種種不同
연 상삼종 종종부동

皆是二利行門 各隨其便 亦無所失
개시이리행문 각수기편 역무소실

但所宗之理 不合有二.(文繁不具載)
단소종지리 불합유이 문번불구재

以是 當知 密師 非不知馬祖說法[1] 直顯心性 於二利行
이시 당지 밀사 비부지마조설법 직현심성 어이리행

門深有善巧 而云 雖近而未的者 蓋恐學者 認能語言 滯
문 심유선교 이운 수근이미적자 개공학자 인능어언 체

在隨緣之用 而未的悟寂知耳.
재수연지용 이미적오적지이

是故 而今末法 修心之人 先以荷澤 所示言教 決擇自心
시고 이금말법 수심지인 선이하택 소시언교 결택자심

性相體用 不墮空寂 不滯隨緣 開發眞正之解 然後 歷覽
성상체용 불타공적 불체수연 개발진정지해 연후 역람

洪州牛頭二宗之旨. 若合符節 豈可妄生取捨之心耶.
홍주우두이종지지 약합부절 기가망생취사지심야

---

[1] 마조(709-788) 스님은 성이 마馬씨로서 이름은 도일道一이고 자字는 강서江西이며 마조는 호이다. 그는 법문을 할 때마다 '평상시 쓰는 마음이 도다'와 '마음 그 자체가 부처다'라는 말로써 크게 선풍을 일으켰다. 강서 마조산에서 법당을 세우고 종풍을 선양하여 당시 사람들이 '강서의 마조'와 '호남의 석두'를 선계禪界의 쌍벽이라 일컬었다. 백장회해百丈懷海, 서당지장西堂智藏, 남전보원南泉普願, 대매법상大梅法常 등 139인이나 되는 많은 제자들을 두었다.

'망념을 쉬어가며 마음을 닦는 종파'와 '모든 자취가 사라져 의지할 곳이 없는 종파'와 '마음의 성품을 바로 드러내는 종파'에서 말하는 내용들이 여러모로 달라도, 모두 자리이타의 수행문에서 저마다 그 형편에 따라 또한 잃을 것이 없건마는, 다만 종지로 삼는 이치가 자리이타의 수행문과 하나가 되지 못할 뿐이다.(글이 많아 다 옮겨 싣지 않겠다)

이로써 마땅히 알아야 한다. 규봉 스님이 마조 스님의 설법에서 바로 마음의 참성품을 드러내며 자리이타의 수행문에 깊이 쓰이는 훌륭한 방편이 있는 줄 알았지만, "단숨에 깨달아 들어가는 수행문에 가깝더라도 아직 확실히 들어맞지는 않다."라고 평한 것은, 대개 공부하는 사람들이 말하는 것만 알고 인연에 따른 쓰임새에 걸려, 공적영지를 확실하게 깨닫지 못할까 걱정하고 있었기 때문이다.

이 때문에 지금 말법시대에 마음을 닦는 사람들이, 먼저 하택 스님의 가르침으로 자기 마음의 성性과 상相, 체體와 용用을 잘 가려 공적의 경계에 떨어지지 않고 인연을 따르는 법에 걸리지 않는 진정한 앎을 드러낸 뒤에, 홍주종과 우두종의 종지를 보아야 한다.

여기에 맞아떨어진다면 어찌 취하고 버리는 마음을 헛되이 낼 수 있겠느냐.

故 云 三點各別 旣不成伊[1] 三宗若乖 焉能作佛 此之謂
고 운 삼점각별 기불성이 삼종약괴 언능작불 차지위

也.
야

前云 洪州 於漸修門 全乖 又云 眞修眞證 語似相違.
전운 홍주 어점수문 전괴 우운 진수진증 어사상위

然 且約悟解之理 天眞自然 無可修治 故 云 全乖 或約隨
연 차약오해지리 천진자연 무가수치 고 운 전괴 혹약수

處養神 現發神妙之行故 云 眞修 皆有旨趣故 不相違.
처양신 현발신묘지행고 운 진수 개유지취고 불상위

修心者 勿生疑念. 須知覽鏡者 要在辨 自面之姸醜耳.
수심자 물생의념 수지남경자 요재변 자면지연추이

豈可滯於他文 諍論過日而不辨自心 不修正觀耶.
기가체어타문 쟁론과일이불변자심 불수정관야

古人云 佛法 貴在行持 不取一期口辨.
고인 운 불법 귀재행지 불취일기구판

切須在意 切須在意.
절 수재의 절수재의

---

1. ∴는 범어의 '伊'자를 나타내는 표기인데 그 위치가 동그라미 안에 걸쳐 있는 모습이어야 완전한 글자가 된다. 그러므로 이 글자를 '원이삼점'으로 만들어 상징적으로 완전한 법에 비유한다. 이 문자를 이루고 있는 점 세 개는 같은 것도 아니요, 다른 것도 아니면서 서로 떨어질 수 없기 때문이다. 법신·반야·해탈의 삼덕三德에 비유하기도 한다.

그러므로 "글자를 만드는 세 점이 제각각 떨어져 있다면 범어 '이(伊)' 자를 만들 수 없듯, 세 종파의 근본 뜻이 어긋난다면 어찌 부처님이 될 수 있겠는가."라고 말하는 것이다.

앞에서 "홍주종은 '차츰차츰 깨달아 들어가는 수행문[漸修門]'에서 완전히 어긋난다."라고 하면서, 또 말하기를 "참된 수행이요 진짜 증득한 것"이라고 하여 앞뒤 말이 안 맞는 것 같기도 하다.

그러나 깨달은 이치가 천진하고 자연스러워 닦아 다스릴 것이 없음을 기준으로 말할 때 '완전히 어긋난다'는 것이고, 혹 때와 장소에 따라 올곧은 정신을 길러 신비하고 오묘한 수행을 드러내므로 '진짜 수행'이라 말한 것이니, 모두 뜻한 바가 있으므로 서로 어긋나지 않는다.

그러므로 마음을 닦는 사람은 선지식의 가르침을 의심하지 말아야 한다. 모름지기 거울을 보는 사람은 그 목적이 자신의 얼굴이 고운지 추한지를 가리는 데 있음을 알아야 한다. 그런데 어찌 남의 글에 걸려 쓸데없는 논쟁으로 날을 보내면서 자신의 마음을 바로 챙기지 않을 수 있단 말인가.

옛 스님께서 "불법은 지니고 실천하는 것이 소중하지, 아무 때나 입으로만 이야기하는 것은 취하지 않는다."라고 말씀하였다. 부디 이 말을 마음에 새겨 두고 새겨 둘지어다.

● 上已各敍一宗 今辨明深淺得失.
　상이각서일종 금변명심천득실

然 心貫萬法 義味無邊 諸敎開張 禪宗撮略.
연 심관만법 의미무변 제교개장 선종촬략

撮略者 就法 有不變隨緣二義
촬략자 취법 유불변수연이의

就人 有頓悟漸修兩門.
취인 유돈오점수양문

二義現 卽知一藏經論之指歸
이의현 즉지일장경론지지귀

兩門開 卽見一切賢聖之軌轍 達摩深旨 意在斯焉.
양문개 즉견일체현성지궤철 달마심지 의재사언

2장 종파들이 주장하는 법의 깊이와 그 득실

1. 불변과 수연, 돈오와 점수

원문 위에서 이미 제각기 한 종파씩 설명하였기에 이제 법의 깊이와 득실을 가리겠다. 분명히 마음은 모든 법을 관통하여 그 뜻이 끝없기에 여기에서 온갖 가르침이 펼쳐지고, 선종에서는 그 가르침을 마음에 중점을 두고 간추린다.

가르침을 마음에 집중해 간추린다는 것은, 법에는 불변不變과 수연隨緣의 두 가지 뜻이 있고, 사람한테는 돈오頓悟와 점수漸修의 두 수행문이 있다는 것이다.

두 가지 뜻이 드러나면 온갖 경전과 논서의 뜻을 알고, 두 수행문을 열면 모든 성현의 수행 본보기를 보니, 달마 스님의 깊은 뜻이 여기에 있다.

初 法有不變隨緣者 然 象外之理 直說難證 今 以喩爲衡
초 법유불변수연자 연 상외지리 직설난증 금 이유위형

鏡 定諸宗之得失 辨自心之眞妄. 然 初覽時 但且一向讀
경 정제종지득실 변자심지진망 연 초람시 단차일향독

喩 辨本末了 然後 卻以注文 對詳其理也.
유 변본말료 연후 각이주문 대상기리야

如摩尼珠[1] 唯圓淨明 都無一切差別色相
여마니주 유원정명 도무일체차별색상

❦ 一靈心性 空寂常知 本無一切分別 亦無一切善惡也.
일령심성 공적상지 본무일체분별 역무일체선악야

◉ 以體明故 對外物時 能現一切差別色相.
이체명고 대외물시 능현일체차별색상

❦ 以體知故 對諸緣時 能分別一切是非好惡[2]
이체지고 대제연시 능분별일체시비호오

乃至 經營造作 世間出世間 種種事數 此是隨緣義也.
내지 경영조작 세간출세간 종종사수 차시수연의야

---

1. '마니주'는 여의주라고도 하며 맑고 깨끗한 마음에 비유한다.
2. 여기서 분별은 '무분별지'로 주객을 떠나 대상을 있는 그대로 판단하는 것을 말한다.

앞서 법에 불변과 수연의 뜻이 있다고 하였지만, 형상 밖의 이치는 바로 설하고 증득하기가 어렵기에, 지금 비유에 치우치지 않고 분명하게 모든 종파의 득실을 살펴 자신의 마음에 있는 참마음과 망념을 가리고자 한다. 그러나 처음 볼 때에는 다만 비유만 읽고 근본과 곁가지를 추린 뒤에 그것을 부연 설명한 내용을 가지고 그 이치를 상세히 살펴야 한다.

투명한 마니주는 오직 오롯하게 맑고 밝을 뿐 조금도 어떤 색깔이 없듯,

사기 신령스런 마음의 성품은 '텅 빈 고요로서 늘 모든 것을 아는 앎'이지만, 본디 어떤 분별도 없고 또한 어떤 선이나 악도 없다.

원문 그 바탕이 밝기 때문에 바깥의 사물을 대할 때 모든 색깔을 드러낼 수 있다.

사기 그 바탕이 '앎'이기 때문에 모든 인연을 대할 때에 온갖 시비와 좋고 나쁨을 분별하며, 세간과 출세간의 온갖 일들을 꾸려나가니 이것이 인연에 따르는 '수연'의 뜻이다.

◉ 色相 自有差別 明珠 不曾變易.
색상 자유차별 명주 부증변역

♡ 愚智善惡 自有差別 憂喜憎愛 自有起滅
우지선악 자유차별 우희증애 자유기멸

能知之心 不曾間斷 此是不變義也.
능지지심 부증간단 차시불변의야

◉ 然珠所現色雖百千般 今且取與明珠相違之黑色 以況靈
연 주소현색 수백천반 금차취여명주상위지흑색 이황영

明知見 與黑暗無明 雖相違 而是一體.(法喩已具)
명지견 여흑암무명 수상위 이시일체 법유이구

謂如珠現黑色時 徹體全黑 都不見明 癡孩子或村野人見
위여주현흑색시 철체전흑 도불견명 치해자혹촌야인견

之 直是黑珠.
지 직시흑주

♡ 靈知之心 在凡夫時 全是愚迷貪愛 故 迷人 但見定是凡
영지지심 재범부시 전시우미탐애 고 미인 단견정시범

夫 上 都喩六道衆生也.
부 상 도유육도중생야

원문 바깥 사물의 색깔에 본디 차별이 있어 여러 색깔이 나타나더라도 투명하고 밝은 마니주 자체는 언제나 변한 적이 없다.

사기 어리석음과 지혜로움, 선과 악에는 본디 차별이 있고 근심과 즐거움, 미움과 사랑에도 본래 생멸이 있지만, '앎'은 일찍이 끊어진 적이 없으니 이것이 불변의 뜻이다.
그러나 투명한 마니주에 온갖 색이 드러나더라도 하필 지금 밝은 구슬과 상반되는 검은 색을 취한 것은, '신령스럽고 밝은 지견'이 어두운 '무명'과 서로 어긋나더라도 같은 한 몸이 된 것을 비유한 것이다.(법과 비유를 이미 갖춤)

원문 이는 투명한 마니주에 검은 색깔이 나타나 마니주가 온통 새까매서 조금도 밝은 빛이 보이지 않으면, 어리석은 사람들이 바로 검은 구슬이라 말하는 것과 같다.

사기 신령스럽게 아는 마음이 범부에게 있을 때는 어리석고 사리에 어두워 온통 탐욕과 애욕으로 드러나니, 그러므로 어리석은 사람들은 이를 보고 단정지어 자신을 범부라고 보게 된다. 이는 모든 육도의 중생에게 해당된다.

● 有人語云 此是明珠 灼然不信 卻嗔前人 謂言欺誑. 任說
　유인 어운 차시명주 작연불신 각진전인 위언기광 임설

　種種道理 終不聽覽.
　종종도리 종불청람

❦ 宗密 頻遇如此之類 向道 汝今了了能知 現是佛心 灼然
　종밀 빈우여차지류 향도 여금요료능지 현시불심 작연

　不信. 直不肯照察 但言某乙 鈍根 實不能入 此是大小乘
　불신 직불긍조찰 단언모을 둔근 실불능입 차시대소승

　法相及人天敎中¹ 著相之人 意所見如此也.
　법상 급인천교중 착상지인 의소견여차야

　私曰.
　사 왈

　於此 不生怯弱 的信自心 略借迴光 親嘗法味者 是謂修
　어차 불생겁약 적신자심 약차회광 친상법미자 시위수

　心人 解悟處也. 若無親切返照之功 徒自點頭道 現今了
　심인 해오처야 약무친절반조지공 도자점두도 현금요

　了能知 是佛心者 甚非得意者也.
　료능지 시불심자 심비득의자야

---

1. '인천교人天敎'란 사람들에게 나쁜 짓을 하지 말고 부처님의 계율을 지키면서 좋은 일만 하라고 일러주는 가르침이다. 이 가르침을 따르면 다음 세상에 복이 많은 인간이 나 하늘에 사는 하느님으로 태어날 수 있다고 한다. 세상에서 가르치는 도덕적인 가르침과 거의 같은 내용이라고 보아도 좋다. 지혜롭지 못한 사람들을 위하여 부처님이 쓰신 자비로운 방편이다.

원문 어떤 사람이 "이 마니주는 밝은 구슬이다."라고 말해주어도, 어리석은 사람들은 전혀 믿지 않고 도리어 화를 내며 사기꾼이라 말한다. 이들은 온갖 도리를 자기 멋대로 말하면서 끝내 말도 듣지 않고 알려고도 하지 않는다.

사기 규봉 스님이 자주 이와 같은 사람들을 만나 '그대가 지금 분명하게 아는 것이 부처님의 마음을 드러낸 것'이라고 말해 주어도 그들은 전혀 믿지 않았다. 자신의 마음을 바로 살피지 않고 다만 '누구는 근기가 아둔하여 도에 들어갈 수 없다'라고만 하니, 대승과 소승의 법에 대해 집착하는 사람과 인천교 가운데 상相에 집착한 사람의 견해가 이런 것이었다.

목우자는 말한다.

여기에서 겁을 내지 말고 자신의 마음을 확실히 믿고 그 마음의 빛을 돌이켜 몸소 법의 맛을 보는 것, 이를 '마음 닦는 사람이 알고 깨닫는 곳'이라고 한다.

만약 몸소 간절히 마음을 돌이켜 비추어 보는 공부가 없이, 부질없이 머리만 끄덕이며 "지금 이 자리에서 분명히 아는 것이 부처님의 마음이다."라고 말한다면, 정말 부처님의 참뜻을 아는 사람이 아니다.

● 縱有肯信所說 是明珠者 緣目睹其黑 亦謂被黑色 纏裡覆
종유긍신소설 시명주자 연목도기흑 역위피흑색 전리부

障擬待磨拭揩洗 去卻黑闇 方得出明相現 始名親見明珠.
장 의대마식개세 거각흑암 방득출명상현 시명친견명주

▽北宗見解如此也 私曰.
북종견해여차야 사왈

冀修心人 切須審詳 不墮此見.
기수심인 절수심상 불타차견

不可離妄求眞 亦不可認妄爲眞.
불가이망구진 역불가인망위진

若了妄念 從性而起 起卽無起 當處便寂 豈有眞妄二見
약요망념 종성이기 기즉무기 당처변적 기유진망이견

乎.
호

2. 북종의 견해

원문 설사 '투명한 밝은 구슬'이라 말한 것을 믿더라도, 검은 구슬을 본 인연으로 검은 색이 덮여 있다고 생각하며, 이 구슬을 갈고 닦고 문질러 검은 색깔을 없애고 투명한 밝은 구슬의 모습이 드러나야 비로소 '밝은 구슬을 몸소 본 것'이라고 한다.

사기 북종의 견해가 이렇기에 목우자는 말한다.

마음 닦는 사람에게 바라노니 모름지기 잘 살펴서 이런 견해에 떨어지지 않아야 한다.

망념을 떠나 진여를 찾을 수 있는 것이 아니며, 또한 망념을 진여로 삼을 수 있는 것도 아니다.

만약 망념이 자신의 성품에서 일어난 줄 알면, 망념이 일어나도 일어난 것이 없기에, 바로 그 자리에서 마음이 고요해지리니 어찌 진여와 망념이란 두 가지 견해가 있겠는가.

● 復有一人 指示云 卽此黑暗 便是明珠 明珠之體 永不可
　 부유일인 지시운 즉차흑암 변시명주 명주지체 영불가

得 欲得識者 卽黑便是 乃至 卽種種靑黃 皆是
득 욕득식자 즉흑변시 내지 즉종종청황 개시

致令愚者 的信此言 專記黑相 或認種種相 以爲明珠.
치령우자 적신차언 전기흑상 혹인종종상 이위명주

或於異時 見黑橞子 米吹靑珠 乃至 赤琥珀 白石映等珠
혹어이시 견흑환자 미취청주 내지 적호박 백석영등주

皆云 是摩尼珠.
개운 시마니주

或於異時
혹어이시

見摩尼珠 都不對色時 但有明淨之相 卻不認之.
견마니주 도부대색시 단유명정지상 각불인지

以不見有 諸色可識認故 疑恐局一明相故.
이불견유 제색가식인고 의공국일명상고

3. 홍주종의 견해

원문 또 어떤 사람이 "이 검은 색깔이 바로 밝은 구슬이다. 밝은 구슬의 그 바탕은 영원히 얻을 수 있는 것이 아니니, 그 바탕을 알고자 하면 검은 색깔이 바로 이것이며 나아가 온갖 푸르고 누른 모든 것이 다 이것이다."라고 말하니,

이 영향으로 어리석은 사람들은 이 말을 확신하고 오로지 검은 모습만 기억하거나, 혹은 어떤 모습을 인식하고 있는 것만을 밝은 구슬이라고 한다.

어쩌다 다른 때 검고 둥근 열매, 비취 빛 푸른 구슬, 붉은 호박과 하얀 석영石映 등 갖가지 구슬을 보게 되어도 모두 밝은 구슬인 마니주라고 한다.

그러다 어느 날 어떠한 색깔도 비추지 않은 맑고 밝은 마니주만 보면 도리어 진실한 그 모습을 알지 못한다.

이는 인식할 수 있는 어떤 색깔이 있음을 보지 못했기 때문에, 의심하고 두려워하면서 인식할 수 있는 하나의 밝은 모습만 마니주라고 고수하는 것이다.

💬 洪州 見解如此也. 言愚者 彼宗後學也.
홍주 견해여차야 언우자 피종후학야

異時 乃至 黑櫄子等者 心涉世間 分別麤境時 見貪愛瞋
이시 내지 흑환자등자 심섭세간 분별추경시 견탐애진

慢之念也.
만지념야

琥珀白石映等者 如慈善謙敬之念也.
호박백석영등자 여자선겸경지념야

不對色時者 無所念也.
부대색시자 무소념야

但有明淨者 了了自知無念也.
단유명정자 요료자지무념야

疑局者 彼云 惟認知 是偏局也.
의국자 피운 유인지 시편국야

私曰. 修心人 若了善惡性空 都無所得
사왈 수심인 약요선악성공 도무소득

雖終日運用 恒自無心 不墮愚者之見.
수종일운용 항자무심 불타우자지견

又若無緣對 了了自知無念之時
우 약무연대 요료자지무념지시

復生識認 卽見網 轉彌矣.
부생식인 즉견망 전미의

사기 홍주종의 견해가 이렇다. 여기서 어리석은 사람은 홍주종의 후학들을 말한 것이다.

이 문장에서, '검고 둥근 열매와 비취 빛 푸른 구슬'은 세간에서 거친 경계를 분별할 때 탐욕, 애욕, 성냄, 아만을 보는 마음에 비유한 것이다.

'붉은 호박과 하얀 석영'은 자비롭고 착하며 겸손하고 공경하는 마음에 비유한 것이다.
'어떠한 색깔도 비추지 않은 마니주'란 것은 어떤 것도 생각한 바가 없음을 비유한 것이다.
'맑고 밝은 모습만 있는 것'은 분명하게 스스로 알아 망념이 없는 것에 비유한 것이다.

'의심하고 두려워하면서 인식할 수 있는 하나의 밝은 모습만 고수하는 것'은, 오로지 인식이 치우쳐 집착하는 것에 비유한 것이다.

목우자는 말한다.
마음 닦는 사람이 선과 악의 성품이 공空이어서 조금도 얻을 바가 없음을 안다면, 종일토록 그 마음을 쓰더라도 항상 저절로 헛된 마음이 없기에 어리석은 견해에 떨어지지 않는다. 또 인연을 마주하는 주체가 없이 분명하게 저절로 알아 망념이 없을 때, 다시 여기서 미세한 알음알이를 내면 헛튼 생각들만 더 많아진다.

● 復有一類人 聞說此種種色 皆是虛妄 徹體全空
　부유일류인 문설차종종색 개시허망 철체전공

　卽計一顆珠 都是其空
　즉계일과주 도시기공

　便云 都不執定 方是達人 認有一法 便是未了
　변운 도부집정 방시달인 인유일법 변시미료

　不悟 色相皆空之處 乃是不空明瑩之珠.
　불오 색상개공지처 내시불공명영지주

♥ 牛頭見解如此也. 聞般若經 說空 計本覺性 亦空無所有.
　우두견해여차야 문반야경 설공 계본각성 역공무소유

　今則 明 眞心之中 無分別貪嗔等念 名爲心空 非謂無心.
　금즉 명 진심지중 무분별탐진등념 명위심공 비위무심

　言無心者 但遣心中煩惱也.
　언무심자 단견심중번뇌야

　故知 牛頭 但遣其非 未顯其是.
　고지 우두 단견기비 미현기시

4. 우두종의 견해

원문 또 어떤 사람이 "온갖 색깔이 다 허망하여 그 바탕 전체가 공이다."라는 말을 듣자, 곧 이 밝은 구슬도 모두 공이라고 생각하여 바로 "조금도 집착하는 것이 없어야 법을 통달한 사람이지, 한 법이라도 있다고 인정하면 깨닫지 못한 것이다."라고 하니,

이 사람은 색상이 모두 공인 곳에서 드러나는 '불공不空의 밝고 투명한 구슬'을 깨닫지 못하고 있다.

사기 우두종의 견해가 이렇다. 반야경에서 공을 설하는 것을 듣고 '본디 깨달음의 성품' 또한 공이어서 있을 바가 없다고 생각하는 것이다.

지금 참마음 가운데 분별하는 탐진치 등의 망념이 없는 것, 이를 일러 '마음이 텅 빈 공'이라고 한 것이지, 아무 마음도 없다고 말한 것이 아니다. '헛된 마음이 없는 무심'이라 말한 것은, 다만 마음 가운데 번뇌만 다 내보낸 것이다.

그러므로 알아야 한다. 우두종에서는 잘못된 마음만 다 내보냈을 뿐, 아직 참다운 마음을 드러낸 것은 아니다.

私曰若使修心人不落空亡雖如是說若對隨言轉執者刮
사왈 약사수심인 불락공망 수여시설 약대수언전집자 괄

除心目之病 則說本覺性 亦無所有 有何過哉. 此下 喩荷
제심목지병 즉설본각성 역무소유 유하과재 차하 유하

澤意也.
택의야

● 何如 直云 惟瑩淨圓明 方是珠體
하여 직운 유영정원명 방시주체

♥ 唯空寂知也. 若但說空寂 而不顯知 則何異虛空.
유공적지야 약단설공적 이불현지 즉하이허공

亦如圓顆瑩淨之瓷團 雖淨而無明性 何名摩尼 何能顯
역여원과영정지자단 수정이무명성 하명마니 하능현

影.
영

● 其黑色 乃至 一切青黄色等 悉是虛妄 正見黑時 黑元不
기흑색 내지 일체청황색등 실시허망 정견흑시 흑원불

黑 但是其明. 青元不青 但是其明 乃至 赤白黄等 一切皆
흑 단시기명 청원불청 단시기명 내지 적백황등 일체개

然但是其明 卽於諸色相處 一一但見瑩淨圓明 卽於珠不
연 단시기명 즉어제색상처 일일단견영정원명 즉어주불

惑.
혹

목우자는 말한다. 만약 마음 닦는 사람으로 하여금 공空에 떨어지지 않게 하려 이렇게 말하더라도, 말에 대한 집착을 내는 사람을 마주하여 마음을 보는 안목을 가리는 눈병을 없애 주려면, '본디 깨달음의 성품이 없다' 한들 무슨 허물이 있겠는가. 이 아래는 하택 스님의 뜻을 비유한다.

5. 하택종의 견해

원문 어찌 바로 "오직 맑고 투명하고 오롯한 밝음이라야 구슬의 바탕이다."라고 말하는가?

사기 오직 '텅 빈 고요의 앎'일 따름이다. 다만 '텅 빈 고요'만 말하고 '앎'을 드러내지 않는다면 어찌 허공과 다르겠느냐. 또한 둥글고 맑고 투명한 도자기 자체가 맑더라도 밝은 성품이 없으니, 이를 어찌 마니주라 하며 이것이 온갖 그림자를 나타낼 수 있겠느냐.

원문 구슬 속에 나타나는 검은 색깔과 푸르고 누른 모든 색깔이 다 허망하지만, 검은 색깔을 바로 볼 때 검은 색깔은 원래 검은 색깔이 아니고 오직 밝음일 따름이다. 푸른 것이 원래 푸른 것이 아니라 오직 밝음일 따름이요, 나아가 빨갛고 하얗고 누른 색깔들이 모두 다 그러하여 오직 밝음일 따름이니, 곧 모든 색깔이 있는 곳에서 하나하나 맑고 투명한 오롯한 밝음만을 본다면, 구슬의 실체에 대하여 현혹되지 않을 것이다.

❦ 一切皆空 唯心不變.
일체개공 유심불변

迷時亦知 知元不迷.
미시역지 지원불미

念起亦知 知元無念
염기역지 지원무념

乃至 哀樂喜怒愛惡 一一皆知 知元空寂.
내지 애락희노애오 일일개지 지원공적

空寂而知 卽於心性 了然不惑.
공적이지 즉어심성 요연불혹

此上 皆逈異諸宗也.
차상 개형이제종야

사기 모든 것이 다 공이라도 오직 참마음만은 변하지 않는다.

어리석을 때도 '앎'일 따름이니, '앎'은 원래 어리석은 것이 아니다.

생각이 일어날 때에도 '앎'일 따름이니, '앎'은 원래 어떠한 생각도 없다. 나아가 슬픔과 즐거움, 기쁨과 성냄, 좋아하고 싫어하는 모든 것이 다 '앎'일 따름이니, '앎'은 원래 텅 빈 고요이다.

'텅 빈 고요의 앎'이라야 마음의 성품에서 분명히 알되 절대로 현혹되지 않는다.

여기서 말하는 내용은 다른 종파와 크게 다르다.

● 但於珠不惑則 黑則無黑 黑卽是珠
　단어주불혹즉 흑즉무흑 흑즉시주

　諸色皆爾卽是 有無 自在 明黑融通 復何礙哉.
　제색개이 즉시 유무 자재 명흑융통 부하애재

　黑卽無黑 同牛頭 黑卽是珠 同洪州.
　흑즉무흑 동우두 흑즉시주 동홍주

　若親見明珠 深必該淺故也.
　약친견명주 심필해천고야

　若不認得明 是能現之體 永無變易
　약불인득명 시능현지체 영무변역

　但云 黑等 是珠.
　단운 흑등 시주

　或擬離黑覓珠 或明黑都無者 皆是未見珠也.
　혹의이흑멱주 혹명흑도무자 개시미견주야

♥私曰 向來 所謂 悟解高明 決擇了然 正謂是也.
　사왈 향래 소위 오해고명 결택요연 정위시야

6. 각 종파의 주장을 정리하다

원문 다만 구슬의 실체에 대하여 현혹되지 않는다면, 검다 해도 검을 것이 없이 검은 것이 곧 밝은 구슬이며, 모든 색깔이 다 그러하여 어떤 색깔이 있든 없든 자재하여 밝음과 어두움이 하나로 통하니 여기에 다시 무슨 장애가 있겠는가.

검다 해도 검을 것이 없다 하는 것은 우두종과 같고, 검은 것이 곧 밝은 구슬이라는 것은 홍주종과 같다. 만약 몸소 밝은 구슬을 보았다면 깊은 도리가 반드시 얕은 이치를 감싸고 있다.

만약 투명하고 밝은 구슬이 모든 색깔을 나타낼 수 있는 바탕으로서 영원히 바뀌는 일이 없다는 것을 알지 못한다면, 다만 검은 색깔만을 구슬이라 한다.

혹은 검은 색깔을 떠나 밝은 구슬을 찾으려고 생각하거나, 혹은 밝은 구슬과 검은 구슬 모두 없는 것이라고 하는 것은 아직 모두 진짜 구슬을 보지 못한 것이다.

사기 목우자는 말한다.
지난번 하택 스님이 "깨달아 아는 바가 높고 사리에 밝아 이치를 잘 분별하였다."라고 말한 것이 바로 이것이다.

● 問 據諸大乘經 及古今諸宗禪門 乃至荷澤 所說理性 皆
　문 거제대승경 급고금제종선문 내지하택 소설이성 개

　同云 無生無滅 無爲無相 無凡無聖 無是無非 不可說不
　동운 무생무멸 무위무상 무범무성 무시무비 불가설불

　可證 今但依此卽是 何必要須說靈知耶.
　가증 금 단의차즉시 하필요수설영지야

　答 此並是遮過之辭 未爲現示心體. 若不指示現今 了了
　답 차병시차과지사 미위현시심체 약불지시현금 요료

　常知 不斷不昧 是自心者 說何無爲無相等耶.
　상지 부단불매 시자심자 설하무위무상등야

　是知 諸敎 只說此知無生無滅等. 故 荷澤 於空無相處 指
　시지 제교 지설차지무생무멸등 고 하택 어공무상처 지

　示知見 令人認得 便覺自心 經生越世 永無間斷 乃至成
　시지견 영인인득 변각자심 경생월세 영무간단 내지성

　佛也.
　불야

7. 질문에 따라 답변을 하다

'신령스런 앎'을 반드시 설해야만 하는가

원문 문 : 온갖 대승의 경전, 옛날과 지금 모든 종파의 선문, 하택 스님이 설한 이치의 성품을 살펴 보건대, 모두 한결같이 "생과 멸이 없고 어떤 주체나 집착할 모습도 없으며, 범부나 성인도 없고 옳거나 그른 것도 없으며, 설할 수 있거나 증득할 수 있는 것도 아니다." 라고 말하고 있으니, 이제 다만 이것에 의지하여 공부하면 될 것인데, 어찌하여 '신령스런 앎'을 반드시 설해야 할 필요가 있는가?

답 : 이들은 모두 허물을 막기 위한 말이지, 아직 마음의 본바탕을 드러낸 것은 아니다. 만약 지금 분명하게 늘 알면서도 그 '앎'이 끊어지지 않고 어둡지도 않은 것이 자신의 마음인 줄 보여 주지 않았다면, 무엇을 무위無爲, 무상無相이라 말할 수 있겠느냐.

이것으로 모든 가르침은 다만 이 '생멸이 없는 앎'만을 설했음을 알 것이다. 그러므로 하택 스님이 '어떤 모습도 없는 공空'에서 공적영지의 지견知見을 보여, 사람들이 이를 알고 바로 자신의 마음이 영원토록 끊어짐이 없음을 깨닫게 하여 성불케 하는 것이다.

又 荷澤 收束無爲無住
우 하택 수속무위무주

乃至 不可說等 種種之言 但云 空寂知 一切攝盡.
내지 불가설등 종종지언 단운 공적지 일체섭진

空者 空卻諸相 猶是遮遣之言.
공자 공각제상 유시차견지언

寂是實性 不變動義 不同空無也.
적시실성 불변동의 부동공무야

知是當體表現義 不同分別也.
지시당체표현의 부동분별야

唯此 方爲眞心本體 故 始自發心 乃至 成佛唯寂唯知 不
유차 방위진심본체 고 시자발심 내지 성불 유적유지 불
變不斷 但隨地位 名義稍殊.(云云 已載社文故 此不錄焉也)
변부단 단수지위 명의초수   운운 이재사문고 차불록언야

---

1. 정혜결사문은 고려 보조국사 지눌스님께서 1190년에 지은 첫 작품인데 원래 명칭은 『권수정혜결사문勸修定慧結社文』이다. 지눌 스님은 당시의 불교계가 불자로서의 본분을 지키지 못하고 오히려 자신의 명리를 탐구하며, 각파의 이익만 도모하여 항상 다투는 것을 개탄하였다.

또 하택 스님이 무위無爲, 무주無住 나아가 불가설不可說 등의 온갖 말을 거두어, 다만 '텅 빈 고요의 앎[空寂知]'이라고 말하여 여기에 모든 뜻을 빠짐없이 다 거두어들였다.

텅 빈 '공空'이란 분별하는 온갖 모습이 다 사라졌다는 뜻이니, 잘못된 망념을 다 막아 냈다는 말과 같다.

고요인 '적寂'은 참다운 성품이 변하거나 움직이지 않는다는 뜻이니, '텅 비어 아무것도 없다는 뜻'과는 다르다.

'앎'인 '지知'는 바탕 자체를 표현한 뜻이니 중생의 분별심과는 다르다.

오직 이것이라야 참마음의 본바탕이 되니, 그러므로 처음 발심하여 성불할 때까지 오직 '텅 빈 고요의 앎[空寂知]'으로서 변하지도 끊어지지도 않고, 다만 위치에 따라 이름과 뜻이 조금 다를 뿐이다.(이 밑의 문장은 이미 '정혜결사문'에 실려 있으므로 기록하지 않는다)

問 洪州 亦云靈覺 及鑑照等 何異於知.
문 홍주 역운영각 급감조등 하이어지

答 若據多義 以顯一體 卽萬法皆是一心 何唯覺鑑等.
답 약거다의 이현일체 즉만법개시일심 하유각감등

今就剋體指示則
금 취극체 지시즉

愚智善惡 乃至禽畜等 心性 皆自然了了常知 異於木石.
우지선악 내지금축등 심성 개자연요료상지 이어목석

其覺知等言 卽不通一切
기각지등언 즉불통일체

謂迷者 不覺 愚者 無智 心無記時[1] 卽不名鑑照等.
위미자 불각 우자 무지 심무기시 즉불명감조등

豈同心體自然常知.
기동심체자연상지

---

1. '무기無記'는 선도 악도 아니지만 부처님 입장에서 보면 미세한 번뇌이다.

'영각'과 '감조'는 하택종의 '앎'과 다른가

원문 문: 홍주종도 신령스런 깨달음인 '영각靈覺'과 비추어 본다는 '감조鑑照' 등을 말했는데, '앎'과 어떻게 다른가?

답: 만약 많은 뜻에 근거해서 하나의 바탕을 드러내면 만법이 모두 한마음이니, 어찌 '영각靈覺' '감조鑑照' 등의 역할만 있겠느냐.

지금 바탕 자체에서 보여 준다면 어리석음과 지혜, 선과 악, 나아가 짐승 등 이들 마음의 성품이 모두 자연스레 분명히 항상 알고 있는 것이므로 아무것도 모르는 나무와 돌과는 다르다.

깨달아 안다는 등의 말은 모든 것에 통하지 않으니, 이는 어리석은 사람은 깨닫지 못하고, 아둔한 사람은 지혜가 없으며, 마음이 무기無記일 때는 '감조鑑照'라 할 수 없음을 말한 것이다. 이것이 어찌 '마음의 바탕이 자연스레 늘 아는 앎'과 같겠느냐.

故 華嚴疏主[1] 心要牋[2] 云 無住心體 靈知不昧.
고 화엄소주 심요전 운무주심체 영지불매

洪州 雖云 靈覺 但是標衆生有之.
홍주 수운 영각 단시표중생유지

如云 皆有佛性之言 非的指示.
여운 개유불성지언 비적지시

指示則 但云 能語言等.
지시즉 단운 능어언등

若細詰之 卽云 一切假名 無有定法.
약세힐지 즉운 일체가명 무유정법

且統論 敎有遣顯二門.
차통론 교유견현이문

推其實義 有眞空妙有 究其本心 具體具用.
추기실의 유진공묘유 구기본심 구체구용

今 洪州牛頭 以拂跡 爲至極 但得遣敎之意 眞空之義.
금 홍주우두 이불적 위지극 단득견교지의 진공지의

雖成其體 失於顯敎之意 妙有之義 闕其用也.
수성기체 실어현교지의 묘유지의 궐기용야

---

1. 화엄소주華嚴疏主는 청량국사징관淸凉國師澄觀(738-839) 스님을 말하는데 화엄종 4조이다. 선교일치에 중점을 둔 것이 징관 스님 사상의 특징이다.
2. 『심요전心要牋』은 청량징관 스님에게 순종順宗 황제가 태자로 있을 때 마음의 요체를 물었는데 거기에 답한 편지글을 묶어 펴낸 것이다.

그러므로 청량 스님은 『심요전』에서 "집착하여 머물 것이 없는 마음의 바탕이 신령스레 알아 이치에 어둡지 않다."라고 하였다.

홍주종은 신령스런 깨달음을 이야기했더라도, 다만 중생에게 이것이 있음을 드러냈을 뿐이다. 이는 모든 중생에게 불성이 있다고 말한 것과 같으니, 그 뜻을 바로 가리켜 보여 준 것은 아니다. 바로 가리켜 보여 준다면, 다만 말하고 움직일 수 있다는 등의 말만 할 것이다. 자세히 따져 이야기한다면 곧 "모든 것은 임시로 붙여진 이름이라 정해진 법이 없다."라고 말한다.

또 통합해 논의하자면 교教에는 모든 가르침을 부정하는 문과 긍정하는 문 두 가지가 있다.

참다운 뜻을 추론하면 진공眞空과 묘유妙有가 있고, 본디 마음을 들여다보면 체體와 용用을 갖춘 것이 있다.

지금 홍주종과 우두종은 온갖 자취를 떨치는 것으로 지극한 도리를 삼으니, 다만 '모든 가르침을 부정하는 뜻'과 '진공의 뜻'만 얻었을 뿐이다.

비록 그 '바탕[體]'을 이루고 있더라도 '모든 가르침을 긍정하는 뜻'과 '묘유의 뜻'을 잃었으니 그 '쓰임새[用]'를 빠뜨린 것이다.

問洪州以能語言動作等顯於心性卽當顯敎卽是其用何
문 홍주 이능어언동작등 현어심성 즉당현교 즉시기용 하

所關耶.
소궐야

答 眞心本體 有二種用 一者 自性本用 二者 隨緣應用
답 진심본체 유이종용 일자 자성본용 이자 수연응용

猶如銅鏡 銅之質 是自性體 銅之明 是自性用.
유여동경 동지질 시자성체 동지명 시자성용

明所現影 是隨緣用 影卽對緣方現 現有千差 明卽常明.
명소현영 시수연용 영즉대연방현 현유천차 명즉상명

明唯一味 以喩心常寂 是自性體 心常知 是自性用.
명유일미 이유심상적 시자성체 심상지 시자성용

此知 能語言能分別等 是隨緣用.
차지 능어언능분별등 시수연용

今洪州 指示能語言等 但隨緣用 闕自性用也.
금 홍주 지시능어언등 단수연용 궐자성용야

홍주종은 마음 쓰임새가 빠져 있는가

문 : 홍주종은 말하고 움직일 수 있는 것들로 마음의 성품을 드러내니 현교顯教에 해당되며, 곧 이것이 쓰임새인데 어찌 그 쓰임새가 빠져 있다는 것입니까?

답 : 참마음의 본바탕에 두 가지 쓰임새가 있으니 하나는 '자성의 본디 쓰임새'요, 또 하나는 '인연을 따르는 쓰임새'인데, 이는 구리거울에서 구리는 자성의 바탕이요, 구리거울의 밝음은 자성의 쓰임새인 것과 같다.

밝은 거울에서 드러나는 그림자는 인연에 따른 쓰임새인데, 그림자는 인연을 마주해야 드러나니 이 인연으로 드러나는 그림자는 천차만별이지만 구리거울의 밝음 그 자체는 항상 밝을 뿐이다.

밝음이 오직 한맛일 따름이지만, 그것으로 마음이 항상 고요하다고 비유하는 것은 자성의 바탕을 말하는 것이고, 마음이 항상 안다고 비유하는 것은 자성의 쓰임새를 말하는 것이다.

이것으로 말할 수 있고 분별할 수 있는 것은 '인연을 따르는 쓰임새'인 줄 알 것이다. 지금 홍주종에서 보여 주는 '말할 수 있고 움직일 수 있는 것'은 다만 '인연을 따르는 쓰임새'일 뿐, '자성의 본디 쓰임새'를 빠트린 것이다.

又顯教 有比量顯¹ 現量顯.²
우현교 유비량현 현량현

洪州云 心不可指示 以能語言等 驗之 知有佛性 是 比量
홍주운 심불가지시 이능어언등 험지 지유불성 시 비량

顯也.
현야

荷澤卽云 心體能知 知卽是心.
하택 즉운 심체능지 지즉시심

此約知以顯心 是現量顯也. 此上 已述不變隨緣二義.
차약지이현심 시현량현야 차상 이술불변수연이의

❦ 私曰 裵相國上密禪師狀³ 云 宗徒各異 互相詆訕 莫肯
사왈 배상국상밀선사상 운 종도각이 호상저자 막긍

會同 師亦云 言愚者 彼宗後學也 今辨明得失 皆爲錯承宗
회동 사역운 언우자 피종후학야 금변명득실 개위착승종

旨 失意之徒 明矣.
지 실의지도 명의

---

1. '비량比量'에서 추론한다는 의미를 가진 '비比'는 잘못된 것을 추려 진정한 믿음으로 삿되고 잘못된 의심을 조복할 수 있다는 뜻이며, 헤아린다는 의미를 가진 '량量'은 바른 이치를 확정하여 망령되고 어리석은 자들의 실없는 주장을 꺾을 수 있다는 뜻이다.
2. '현량現量'은 눈앞에서 바로 보고 아는 것을 말한다.
3. 배휴(797-870)는 재상을 역임했기에 배상국이라 불렸다. 규봉종밀 선사와 황벽희운 선사의 가르침을 받았는데, 황벽 선사의 어록을 모아 『전심법요』를 편찬하고 규봉 스님의 여러 저서에도 서문을 올렸다.

또 현교顯敎에는 '추론해서 가르침을 드러내는 것'과 '감각적으로 즉각 아는 것'이 있다.

홍주종에서는 "마음은 보여 줄 수 있는 것이 아니다."라고 하여, 말하고 움직일 수 있는 것들로 증험하여 불성이 있음을 안다고 하니 이것은 '추론해서 가르침을 드러내는 것'이다.

하택종에서는 "마음의 바탕이 아는 것"이라고 하니, 앎이 곧 이 마음이다. 이것은 앎을 기준하여 마음을 드러내니 '감각적으로 즉각 아는 것'이다. 이 위에서 불변과 수연의 뜻을 설명하였다.

사기 목우자는 말한다.

배상국이 규봉 선사에게 올리는 글에서 "각 종파의 제자들의 견해가 달라 서로 비방하며 만나기를 거부한다."라고 하고, 규봉 스님 또한 "어리석다고 말하는 것은 각 종파의 후학들이 잘못 안 것을 말한다."라고 하니, 지금 법의 득실을 가리는 것은 모두 종지를 잘못 알고 본뜻을 잃은 사람들을 위한 것이 분명하다.

洪覺範[1] 於林間錄中[2] 斥破此師所判 扶顯洪州牛頭
홍각범   어임간록중   척파차사소판   부현홍주우두

之旨者此師所論過失似歸諸宗之主恐惑後學之心故也.
지지자 차사 소론 과실 사귀 제종 지주 공혹후학 지심고야

是乃古人對機門中[3] 各有善權 不可如言 妄生彼我之見.
시내고인대기문중   각유선권 불가여언 망생피아지견

當須將此明鏡 照見自心 決擇邪正 定慧雙修 速證菩提.
당수장차명경 조견자심 결택사정 정혜쌍수 속증보리

---

1. 홍각범(1071-1128) 스님은 19세에 출가하여 늑담극문泐潭克文 스님과 석문石門 스님에게 공부하다 극문 스님의 법을 이었다.
2. 『임간록』은 각범覺範 스님이 승가와 속가의 제자를 위하여 고승대덕의 일화 및 참선, 유훈 등에 대해서 말한 300여 편의 이야기를 본명本明이 기록한 책이다.
3. 고인古人은 각범 스님과 규봉 스님을 가리킨다.

홍각범 스님이 『임간록』에서 규봉 스님이 판단한 것을 배척하고 홍주종과 우두종의 종지를 드러낸 것은, 규봉 스님이 논한 허물이 각 종파의 종주에게 모두 돌아가서 후학들의 마음이 현혹될까 두려워했기 때문이다.

이는 홍각범 스님과 규봉 스님이 중생의 근기에 맞추어 저마다 좋은 방편을 쓴 것이니, 방편으로 한 말을 그대로 따라 헛되이 너와 나로 다투는 견해를 내서는 안 된다. 마땅히 밝은 거울로 자기의 마음을 비추어 옳고 그름을 잘 선택하여, 선정과 지혜를 함께 닦아 어서 깨달음을 증득해야 한다.

● 次明 頓悟漸修兩門者.
　차명 돈오점수양문자

然 眞如之理 尙無佛無衆生 況有師資傳授.
연 진여지리 상무불무중생 황유사자전수

今旣自佛已來 祖代傳授 卽知約人 有修證趣入之門也.
금기자불이래 조대전수 즉지약인 유수증취입지문야

旣就人論則 有迷悟凡聖
기취인논즉 유미오범성

從迷而悟卽頓 轉凡成聖卽漸.
종미이오즉돈 전범성성즉점

頓悟者 謂無始迷倒 認此四大爲身 妄想爲心 通認爲我.
돈오자 위무시미도 인차사대위신 망상위심 통인위아

3장 돈오와 점수

원문 다음에는 돈오와 점수 두 문을 밝힌다. 그러나 진여의 이치에서는 부처님이나 중생도 없는 것인데, 하물며 스승이 제자에게 전해 주는 법이 있겠는가.

하지만 지금 이미 부처님 이래 조사 스님들이 대대로 법을 전해 주고 있으니, 사람을 기준해서는 닦아 증득해 들어가는 문이 있음을 바로 알겠다.

사람을 기준해서 논한다면 미혹과 깨달음, 범부와 성인이 있는데, 미혹한 것에서 깨닫는 것이 '돈頓'이요, 범부에서 성인이 되는 것이 '점漸'이다.

1. 돈오의 뜻을 밝힌다

'돈오'란 무엇인가?
오랜 세월 중생들은 어리석어 지수화풍으로 이루어진 것을 몸으로 삼고, 망상을 마음으로 삼아 보통 '나'라고 여긴다.

若遇善友 爲說如上不變隨緣性相體用之義 忽悟靈明知
약우선우 위설여상불변수연성상체용지의 홀오영명지

見是自眞心 心本恒寂 無邊無相 卽是法身 身心不二 是爲
견 시 자 진 심 심 본 항 적 무 변 무 상 즉 시 법 신 신 심 불 이 시 위

眞我 卽與諸佛 分毫不殊 故 云 頓也.
진아 즉여제불 분호불수 고 운 돈야

如有大官 夢在牢獄 身著枷鎖 種種憂苦 百計求出 遇人
여유대관 몽재뇌옥 신착가쇄 종종우고 백계구출 우인

喚起 忽然覺悟 方見自身 元在自家 安樂富貴 與諸朝僚
환기 홀연각오 방견자신 원재자가 안락부귀 여제조료

都無別異也.
도무별이야

言大官者 喩佛性也 夢者 迷也 牢獄者 三界也 身者 喩阿
언대관자 유불성야 몽자 미야 뇌옥자 삼계야 신자 유아

賴耶識也.
뢰야식야

枷鎖者 貪愛也 種種憂苦者 受報也 百計求出者 問法勤
가쇄자 탐애야 종종우고자 수보야 백계구출자 문법근

修也.
수야

遇人喚起者 善知識也
우인환기자 선지식야

忽然覺悟者 聞法心開也 方見自身者 喩法身眞我也.
홀연각오자 문법심개야 방견자신자 유법신진아야

그러다 불변과 수연, 성性과 상相, 체體와 용用의 뜻을 설해 주는 선지식을 만나면, 홀연 신령스레 밝은 지견이 자신의 참마음이요, 그 마음이 본디 늘 고요하여 그 끝도 없고 어떠한 모습도 없는 것이 곧 법신이기에, 몸과 마음이 둘이 아닌 참나가 되니, 곧 모든 부처님과 조금도 다르지 않은 것을 깨닫는데 이를 '돈오'라고 한다.

이는 비유하자면 다음과 같다. 어떤 고위관료가 꿈속에서 감옥에 갇히고 몸이 형틀에 묶여 모진 괴로움을 당하게 되어 온갖 수단을 다 동원해 빠져나오려고 하였다. 그러다 집안사람이 깨우는 소리에 홀연 꿈을 깨고 나니 비로소 자신이 다른 조정 대신들처럼 원래부터 자기 집에서 안락하게 부귀영화를 누리고 있었음을 깨달은 것과 같다.

여기서 고위 관료는 불성에 비유되고, 꿈은 어리석음, 감옥은 중생계, 몸은 아뢰야식에 비유된 것이다. 형틀은 탐욕과 애욕에 비유되고, 온갖 고통은 과보를 받는 것, 온갖 방법으로 빠져나오려는 것은 법을 묻고 부지런히 수행하는 것에 비유된 것이다.

집안사람이 깨우는 소리는 선지식에 비유되고, 홀연 꿈을 깨는 것은 법을 듣고 마음이 열리는 것이요, 비로소 자신의 참모습을 보는 것은 법신 진아眞我에 비유된 것이다.

元在自家者 經云 畢竟空寂舍也 安樂者 寂滅爲樂也.
원재자가자 경운 필경공적사야 안락자 적멸위락야

富貴者 體上 本有河沙功德妙用也 與諸朝僚 無異者 同
부귀자 체상 본유하사공덕묘용야 여제조료 무이자 동

諸佛之眞性也.
제불지진성야

據此法喩 一一分明. 足辨夢寤身心 本源雖一 論其相用
거차법유 일일분명 족변몽오신심 본원수일 논기상용

倒正懸殊 不可覺來 還作夢事官. 以喩心源 雖一 迷悟懸
도정현수 불가교래 환작몽사관 이유심원 수일 미오현

殊　夢時拜相[1](迷時 修得 大梵天[2] 等位也) 不及覺時作尉[3]
수　몽시배상　미시 수득 대범천 등위야　불급교시작위

(悟後 初入十信位也) 夢時七寶 (迷時 修無量功德也) 不及覺時百
오후 초입십신위야　몽시칠보 미시 수무량공덕야　불급교시백

錢(悟時 持五戒十善也) 皆以一妄一眞故 不可類.(諸敎皆云 施七
전　오시 지오계십선야　개이일망일진고 불가류　제교개운 시칠

寶三千界 不如聞一句偈 是此意也) 今旣有師資傳授 卽須簡辨
보삼천계 부여문일구게 시차의야　금기유사자전수 즉수간변

倒正也.
도정야

---

1. 배상拜相은 재상의 벼슬을 주는 것이다.
2. 대범천大梵天은 색계 18천의 세 번째 하늘인데, 초선천初禪天의 대범천왕이 있는 곳이다.
3. '몽夢'과 함께 쓸 때 '覺'은 꿈 깰 '교覺'자로 읽는다.
   '위尉'는 진한시대秦漢時代의 벼슬 이름이다.

원래 자기 집에 있다는 것은 경전에서 말하는 '수행 끝에 갖게 되는 텅 빈 고요인 마음자리의 집'이요, 편안하게 즐기는 것은 '적멸로서 그 자체가 즐거움'이 되는 것이다. 부귀영화는 마음 바탕에 본디 있는 갠지스 강 모래알 수만큼 많은 공덕의 오묘한 쓰임새요, 모든 조정 대신과 다를 게 없다는 것은 모든 부처의 참성품과 똑같다는 것이다.

이 법의 비유에 따르면 하나하나가 분명하다. 꿈과 현실의 몸과 마음이 본디 근원은 같더라도 그 모습과 쓰임새를 논하면 뒤바뀐 위치가 현격하게 다름을 충분히 가릴 수 있으니, 꿈을 깬 뒤 다시 꿈속의 죄인이 될 수 없기 때문이다.

이것으로 마음의 근원은 같더라도 어리석음과 깨달음은 처지가 판이하게 다르다는 것을 비유하니, 꿈속에서 재상에 임명되는 것이 (미혹할 때 대범천 등의 지위를 얻는 것) 현실 속의 작은 벼슬보다 못하고(깨달은 뒤 처음 10신信의 위치에 들어가는 것), 꿈속의 칠보가(어리석음으로 무량공덕을 닦는 것) 현실의 백 원보다도 못하니(깨달은 뒤 5계戒와 10선善을 가지는 것), 모두가 하나는 허망하고 하나는 진실이라서 비교할 수 있는 것이 아니기 때문이다.(모든 가르침에서 한결같이 말하기를 수많은 칠보를 보시하는 것이 올바른 가르침 한 구절을 듣는 것보다 못하다고 하였다)

이제 스승이 제자에게 전해 주는 법이 있으니, 모름지기 뒤바뀐 위치를 잘 가려야 할 것이다.

❦私曰
사 왈

願諸求道者 於此頓悟門 進退思看.
원 제 구 도 자 어 차 돈 오 문 진 퇴 사 간

法喩分明 時中自驗.
법 유 분 명 시 중 자 험

若無悟解處 修豈稱眞哉.
약 무 오 해 처 수 기 칭 진 재

予見敎學者 滯於權敎所說 眞妄別執 自生退屈.
여 견 교 학 자 체 어 권 교 소 설 진 망 별 집 자 생 퇴 굴

或口談事事無礙[1] 不修觀行 不信有自心悟入之秘訣.
혹 구 담 사 사 무 애 불 수 관 행 불 신 유 자 심 오 입 지 비 결

纔聞禪者 見性成佛 以謂不出頓敎離言之理.
재 문 선 자 견 성 성 불 이 위 불 출 돈 교 이 언 지 리

不知 此中 圓悟本心 不變隨緣 性相體用 安樂富貴 同於
부 지 차 중 원 오 본 심 불 변 수 연 성 상 체 용 안 락 부 귀 동 어

諸佛之意 豈爲有智慧人也.
제 불 지 의 기 위 유 지 혜 인 야

---

1. '사사무애事事無碍'는 그 무엇에도 걸림이 없는 도리를 말한다.

사기 목우자는 말한다.

도를 구하고자 하는 모든 사람들은 이 '단숨에 깨달아 들어가는 수행문'에서 공부해야 할 것인지 말 것인지를 생각해 보아야 한다.

법에 대한 비유는 분명하니 언제나 생활 속에서 스스로 점검해 보아야 한다. 만약 깨달아 안 곳이 없다면 그 수행이 어찌 진짜라고 할 수 있겠느냐.

내가 교敎를 배우는 사람들을 보니, 방편으로 설한 가르침에 빠져 참마음과 망념을 다른 것이라고 집착하여 스스로 공부에서 물러난다. 혹은 입으로 '그 무엇에도 걸림이 없는 도리'를 말하면서도 자신의 마음을 챙기지 않기에, 자신의 마음에서 깨달아 들어가는 비결을 믿지 않는다.

선사의 "참성품을 보고 성불한다."는 말을 듣자마자, 돈교頓敎의 '말을 여읜 이치'를 벗어나지 못한다고 여긴다.

'돈교'에서 본디 마음의 불변과 수연, 성性과 상相, 체體와 용用을 오롯이 깨달아 안락하게 부귀영화를 누리게 된다는 것이 모든 부처님의 뜻과 같음을 알지 못하고 있으니, 어찌 지혜가 있는 사람이라고 할 수 있겠는가.

又見禪學者 但知過量機 不踐階梯 徑登佛地之義 不信此
우견선학자 단지과량기 불천계제 경등불지지의 불신차

錄中 有悟解後 初入十信位之文.
록중 유오해후 초입십신위지문

以故 纔有自心開發處 不知解行之深淺 染習之起滅
이고 재유자심개발처 부지해행지심천 염습지기멸

多有法慢 所發言句 越分過頭.
다유법만 소발언구 월분과두

華嚴論[1] 亦云
화엄론 역운

大心凡夫 於信因中 契諸佛果德 分毫不謬 方成信也.
대심범부 어신인중 계제불과덕 분호불류 방성신야

若知此意 卽不自屈 不自高 方爲得意修心者.
약지차의 즉부자굴 부자고 방위득의수심자

此後漸修 是圓漸切須審詳.
차후점수 시원점 절수심상

1.『화엄론』은 통현通玄 장자가 지은『대방광불신화엄경론大方廣佛新華嚴經論』의 약
  칭이다.

또 선을 배우는 사람들을 보니, 다만 훤칠하게 뛰어난 사람들이 단계를 밟지 않고 바로 부처님의 세상으로 들어간다는 뜻만 알고, 이 『법집별행록』에 나와 있듯 깨달아 안 뒤 처음에는 10신信의 위치로 들어간다는 글이 있다는 것을 믿지 않는다.

이 때문에 겨우 자기 마음이 열렸는데도 '알고 실천하는 수행의 깊이'와 '번뇌가 일어나고 사라지는 것'을 알지 못하고 법에 대한 아만심이 높아 하는 말마다 분수에 넘친다.

『화엄론』에서도 "부처님의 마음을 지닌 범부가 믿음으로 수행하는 자리에서, 모든 부처님의 공덕과 하나 되어 털끝만한 잘못도 없어야 믿음을 성취한다."라고 하였다.

만약 이 뜻을 안다면, 스스로 낮추지도 않고 높이지도 않아야 비로소 참뜻을 얻고 마음을 닦는 사람이 된다. 이를 갖춘 후에야 점수漸修가 오롯한 점수이니, 부디 모름지기 잘 살펴야 할 것이다.

● 次明漸修者 雖頓悟法身眞心 全同諸佛
　차명점수자 수돈오법신진심 전동제불

而多劫 妄執四大爲我 習與成性 卒難頓除.
이다겁 망집사대위아 습여성성 졸난돈제

故 須依悟漸修 損之又損 乃至無損 卽名成佛
고 수의오점수 손지우손 내지무손 즉명성불

非此心外 有佛可成也.
비차심외 유불가성야

然雖漸修 由先已悟煩惱本空 心性本淨故 於惡 斷 斷而
연수점수 유선이오번뇌본공 심성본정고 어악 단 단이

無斷 於善 修 修而無修 爲眞修斷矣.
무단 어선 수 수이무수 위진수단의

2. 점수의 뜻을 밝힌다

원문 점수란 무엇인가? 비록 법신의 참마음이 온전히 모든 부처님과 똑같은 줄 돈오했더라도, 오랜 세월 지수화풍으로 이루어진 몸을 허망하게 집착하여 '나'로 삼은 그 버릇이 자신의 성품이 되어 버려 갑자기 없애는 것이 어렵다.

그러므로 반드시 돈오점수에 의지하여 '허망한 집착을 없애고 또 없애서 더 없앨 것이 없는 곳'에 도달하면 곧 성불이라 한 것이니, 이 마음 밖에서 부처님은 될 수 있는 것이 아니다.

그러나 '점차 닦아 가더라도[漸修]', 이미 '번뇌가 본디 공이어서 마음의 성품이 본래 깨끗한 것임을 깨달았음으로[頓悟]' 말미암아, 악을 끊되 끊어도 끊음이 없고 선을 닦되 닦아도 닦음이 없는 참된 수행이 된다.

問 悟了 復修者 據前夢喩 豈不似覺來 更求出獄脫枷乎.
문 오료 부수자 거전몽유 기불사교래 갱구출옥탈가호

答 前但喩頓悟義 不喩漸修義. 良由法有無量義 世事唯
답 전단유돈오의 불유점수의 양유법유무량의 세사유

一義.
일의

故 涅槃經¹ 雖唯談佛性 而八百喩 各有配合 不可亂用.
고 열반경 수유담불성 이팔백유 각유배합 불가난용

今明漸修喩者
금명점수유자

如水被風激 成多波浪 便有漂溺之殃. 或陰寒之氣 結成
여수피풍격 성다파랑 변유표익지앙 혹음한지기 결성

冰棱 卽阻漑滌之用. 然 水之濕性 雖動靜凝流而未嘗變
빙릉 즉조개척지용 연 수지습성 수동정응류이미상변

易.
역

水者喩眞心也 風者無明也 波浪者煩惱也.
수자 유진심야 풍자 무명야 파랑자 번뇌야

漂溺者輪迴六道也 陰寒之氣者無明貪愛之習氣也.
표닉자 윤회육도야 음한지기자 무명탐애지습기야

結成冰棱者 堅執四大雙質礙也.
결성빙릉자 견집사대쌍질애야

---

1. 『열반경』은 부처님의 입멸入滅에 대하여 말한 경전인데, 소승과 대승의 두 가지 계통이 있다. 소승은 주로 역사적인 기록이고 대승은 교리가 주된 내용이다.

원문 문 : 깨달은 뒤 다시 닦는다는 것은 꿈의 비유에서 꿈을 깬 뒤 다시 지옥을 나와 형틀을 벗으려는 것과 어찌 같지 않겠습니까?

답 : 꿈은 다만 돈오의 뜻만 비유한 것이지 점수의 뜻을 비유한 것이 아니다. 참으로 법에 많은 뜻이 있더라도 세상의 일을 해결하는 것은 오직 한 가지 뜻일 뿐이다. 그러므로 『열반경』에서 오직 불성만 이야기하더라도 팔백 가지 비유로써 제각각 잘 설명해 놓고 있으니 이 뜻을 어지럽게 써서는 안 된다. 이제 점수의 비유를 밝힐 것인데, 이는 무엇을 말하는가?
거센 바람을 만난 물에 많은 물결이 일어나면 물에 떠내려가거나 익사하는 재앙이 있게 된다. 혹 음습하고 찬 기운으로 얼음덩이가 되면 물을 대어 주거나 씻어 내는 쓰임새가 없어지게 된다. 그러나 물의 축축한 성품은 물이 움직이든 멈추든 얼든 흘러가든 언제나 바뀌지 않는다.

여기서 물은 참마음에 비유하고 바람은 무명이요, 물결은 번뇌에 비유한다. 떠내려가거나 익사하는 재앙은 육도에 윤회하는 것이요, 음습하고 찬 기운은 무명과 탐욕, 애욕의 습기를 말한다. 얼음덩이가 된다는 것은 몸에 끈질기게 집착하기에 생사를 해결하는 데 걸림돌이 된다는 것이다.

卽阻漑滌之用者
즉조개척지용자

漑喩雨大法雨 滋潤群生 生長道芽
개유우대법우 자윤군생 생장도아

滌喩蕩除煩惱 迷皆不能 故 云阻也.
척유탕제번뇌 미개불능 고 운조야

然 水之濕性 雖動靜凝流而未嘗變易者
연 수지습성 수동정응류이미상변역자

貪嗔時亦知 慈濟時亦知
탐진시역지 자제시역지

憂喜愛樂變動 未嘗不知 故云 不變也.
우희애락변동 미상부지 고운 불변야

今 頓悟本心常知 如識不變之濕性. 心旣無迷 卽非無明
금 돈오본심상지 여식불변지습성 심기무미 즉비무명

如風頓止. 悟後自然 攀緣漸息 如波浪漸停.
여풍돈지 오후자연 반연점식 여파랑점정

以戒定慧 資薰身心 漸漸自在
이계정혜 자훈신심 점점자재

乃至神變無礙 普利群生 名之爲佛.
내지신변무애 보리군생 명지위불

"물을 대어 주거나 씻어 내는 쓰임새가 없어지게 된다."는 것에서, '물을 대어 주는 것'은 법의 감로수를 내려 뭇 중생의 삶을 풍요롭게 하여 도의 씨앗이 싹트도록 한다는 것이요, '씻어 낸다는 것'은 번뇌를 다 없애 준다는 것을 비유한 것인데, 어리석으면 모든 것이 불가능하기에 '쓰임새가 없어진다'고 말한 것이다.

그러나 "축축한 물의 성품은 물이 움직이든 멈추든 얼든 흘러가든 언제나 바뀐 적이 없다."는 것은, 탐내고 성낼 때에도 '앎'일 따름이고, 자비로운 마음으로 중생을 제도할 때에도 '앎'일 따름이며, 근심과 기쁨 및 사랑과 즐거움의 감정이 변할 때에도 언제나 알지 못한 적이 없었기에 '불변'이라고 한 것이다.

지금 '본디 마음의 항상 앎'을 돈오한 것은 불변하는 축축한 성품을 안 것과 같다. 마음이 어리석지 않아 무명이 아니라는 것은 바람이 문득 멈춘 것과 같다. 깨달은 뒤 자연스레 반연이 점차 쉬어짐은 조금씩 물결이 잦아드는 것과 같다.

계율과 선정과 지혜로 몸과 마음이 물들어 시나브로 중생의 삶에서 자재하여, 신통변화로 걸림 없이 널리 중생을 이롭게 하는 것, 이를 일러 부처님이 되었다고 한다.

🐂 牧牛子曰 若論修證頓漸 義勢多端¹ 撮其樞要 不出此錄
목우자왈 약론수증돈점 의세다단 촬기추요 불출차록

中 頓悟漸修耳.
중 돈오점수이

審諸師所說 分列名義 開合不同 且如貞元疏² 云 第五
심제사소설 분열명의 개합부동 차여정원소 운 제오

辨修證淺深者.
변수증천심자

然一經之內 上下諸文 皆明修證 恐文浩博 復撮其要.
연일경지내 상하제문 개명수증 공문호박 부촬기요

---

1. 돈과 점의 수행법을 논하는 데 많은 논쟁이 있지만 대표로 규봉 스님과 청량징관 스님을 들 수 있다. 규봉 스님의 '7대 돈점頓漸 수행법'은 '증오證悟'와 '해오解悟', '해오에 다 통하는 수행법' 세 가지로 나뉜다. 먼저 증오에 해당되는 것은 '점수돈오漸修頓悟·돈수점오頓修漸悟·점수점오漸修漸悟' 세 가지를 말하고, 해오는 '점오점수漸悟漸修'를 말하며, 해오에 다 통하는 수행법에는 '돈오돈수頓悟頓修·돈수돈오頓修頓悟·수오일시修悟一時' 세 가지를 말한다.
청량 스님의 '7대 돈점 수행법'은 먼저 하근기를 위한 세 가지를 들면 '돈오점수·점수돈오·점수점오'이니 노력해서 닦아 가는 것이다. 다음 상근기를 위한 '돈오돈수와 돈수돈오, 수오일시' 세 가지가 있으니 단숨에 깨달아 들어가는 것이다. 마지막으로 '본디 다 갖추어져 있다는 수행법'은 전생에 모든 공부를 마친 상상근기를 위한 것이다.

2. 청량징관 스님은 정원貞元 3년(787) 『화엄경소』40권을 짓고 나서 덕종의 요청을 받아 이것을 풀이하는 『정원소』10권을 펴냈다.

3. 조사 스님들의 돈과 점에 대한 이야기

사기 목우자는 말한다.

만약 닦아 증득하는 돈頓과 점漸을 논한다면 많은 논쟁이 있겠지만, 가장 중요한 내용을 추린다면 이『법집별행록』에서 말하는 돈오점수를 벗어나지 않는다.

여러 스님들이 말씀하신 것을 살펴보면 개념과 뜻을 나누어 펼치고 모아 놓은 내용들이 다르니, 이것 또한『정원소』에서 "닦아 증득하는 공부의 수준을 가린다."는 것과 같다.

그러나『화엄경』안에 위아래 모든 문장이 다 닦아 증득하는 공부의 수준을 밝히지만, 글 내용이 너무 많아 복잡한 것을 염려하여 여기서 다시 그 요점을 추려 놓은 것이다.

自大師法眼 晦跡雙林 諸聖傳燈 明明不絶.
자대사법안 회적쌍림 제성전등 명명부절

以聖教爲龜鑑 以心契爲冥符故
이성교위구감 이심계위명부고

曰 以心傳心 不在文字 苟領文繫之表 復何患 於文哉.
왈 이심전심 부재문자 구령문계지표 부하환 어문재.

○審此文意 依華嚴一經修證 心若冥符 同禪門見性之旨 此
심차문의 의화엄일경수증 심약명부 동선문견성지지 차

下廣明 切須審詳.
하광명 절수심상

우리 스승 석가모니 부처님께서 쿠시나가라에서 열반하신 뒤로, 모든 성인이 법의 등불을 밝게 전하여 법이 끊어지지 않았다.

이분들의 가르침을 본보기로 삼아 이 가르침에 마음이 하나가 되어 은밀하게 법이 부촉되었으므로, 말하기를 "마음으로써 마음을 전하니 그 뜻이 문자에 있지 않다. 진실로 문자의 개념을 벗어난 그 바깥소식을 안다면 어찌 문자에 얽매일까 근심걱정을 하겠는가."라고 한 것이다.

주注 이 글의 뜻을 살펴 『화엄경』에서 논하는 '수증修證'에 의지하여 마음이 하나가 되면 이것이 선문에서 말하는 '견성見性'이다. 이 아래에서 자세히 밝히니 모름지기 잘 살펴야 한다.

❦ 自一味汨亂 南北分流
　자일미골란 남북분류

於能詮所詮¹ 成定慧兩學.
　어 능 전 소 전　성 정 혜 양 학

慧學者 復分性相
　혜학자 부분성상

定學者 有頓漸不同.
　정학자 유돈점부동

性相二學 會釋如前 頓漸不同 今當略說.
　성 상 이 학 회 석 여 전 돈 점 부 동 금 당 약 설

說漸者 則看心修淨 方便通經 或頓悟漸修 或漸修頓悟.
　설점자 즉간심수정 방편통경 혹돈오점수 혹점수돈오

說頓者 直指心體 或頓毀語言 或頓悟頓修 或無修無悟.
　설돈자 직지심체 혹돈훼어언 혹돈오돈수 혹무수무오

雖此不同 並欲識心 俱期見理.
　수 차 부 동 병 욕 식 심 구 기 견 리

○ 頓漸 分屬有異 後當會釋.
　돈 점 분 속 유 이 후 당 회 석

---

1. '능전能詮'은 뜻을 드러내고자 부연 설명하는 것이고, '소전所詮'은 능전에 의하여 드러난 뜻을 말하는 것이다.

사기 한맛의 도가 흘러가는 세월 속에서 어지러워져 서천 선종의 24조 사자존자 때 탄압을 받으면서 남천축의 선종과 북천축의 교종으로 나뉘니, 이 도를 설명하는 과정과 설명된 내용으로, 선정과 지혜의 두 가지 배움이 이루어진다.

지혜로 배우는 사람들은 다시 성性과 상相으로 나누고, 선정으로 배우는 사람들은 돈頓과 점漸으로 구분한다.

성性과 상相의 두 가지 배움은 내용을 모아 풀이한 것이 앞에 설명한 내용과 같고, 돈頓과 점漸의 다른 점을 지금 간략히 설하겠다. 점漸이란 무엇인가? 마음이 깨끗한 것을 보고 닦으면서 방편으로 통하는 길이니, '돈오하여 점차 닦는 것'이나 '점차 닦아 돈오하는 것'을 말한다.

돈頓이란 무엇인가? 바로 마음의 바탕을 가리키는 것이니, '언어로 알고자 하는 것을 단박에 부정하는 것'·'단숨에 깨달아 단숨에 수행을 끝내는 돈오돈수'·'닦을 것도 없고 깨달을 것도 없는 무수무오無修無悟'를 말한다. 비록 표현은 같지 않더라도 모두 마음을 알아 함께 그 이치를 보려는 것이다.

주注 돈頓과 점漸을 나누고 붙이는 데 다른 것이 있으니 뒤에 이 내용을 모아 풀이하겠다.

♡ 然 其所悟 或言 心體離念 本性淸淨 不生不滅 多約漸
연 기소오 혹언 심체이념 본성청정 불생불멸 다약점

也¹ 或云 無住空寂 眞知絶相 或卽心卽佛 非心非佛 多
야 혹운 무주공적 진지절상 혹즉심즉불 비심비불 다

屬頓門². 然 皆不離心之性相 並可通用.
속돈문 연 개불리심지성상 병가통용

若明能悟 入法千門 不離定慧故 何者.
약명능오 입법천문 불리정혜고 하자

夫心猶水火 澄之聚之 其用卽全.
부심유수화 징지취지 기용즉전

攪之散之 其用卽薄故 波搖影碎 水濁影昏.
교지산지 기용즉박고 파요영쇄 수탁영혼

淸明止澄 巨細斯鑑 無定無慧 是狂是愚 偏修一門 是漸
청명지징 거세사감 무정무혜 시광시우 편수일문 시점

是近. 若並運雙寂 方爲正門 成兩足尊 非此不可.
시근 약병운쌍적 방위정문 성양족존 비차불가

---

1. 점문漸門은 '차츰차츰 부처님의 마음으로 들어가는 수행문'을 말한다.
2. 돈문頓門은 '단숨에 부처님의 마음으로 들어가는 수행문'을 말한다.

돈오와 점수의 뜻에 대해서

사기 그러나 그 깨달음에 대해 말하기를 "마음의 바탕이 망념을 떠나 본디 성품이 맑고 깨끗하여 불생불멸이다."라고 하는 경우는 대개 '차츰차츰 부처님의 마음으로 들어가는 수행문'을 기준 삼아 말하는 것이요, "집착하여 머무를 곳이 없는 공이니 고요하여 참다운 앎에 어떠한 집착도 없다."라고 하거나, "마음 자체가 곧 부처님이다."라고 하거나, "마음도 아니요 부처님도 아니다."라고 말하는 경우는 대개 '단숨에 부처님의 마음으로 들어가는 수행문'에 속한다. 그러나 어떤 것도 마음의 성품과 형상을 떠난 것이 아니니 모두 다 통용해 쓸 수 있다.

만약 깨달아 법에 들어가는 수많은 수행문을 밝힌다면 선정과 지혜를 벗어나지 않으니 무엇 때문인가?

대개 마음은 물이나 불과 같아서, 물을 맑게 하고 불기운을 모으면 그 쓰임새가 온전하다. 반대로 휘젓고 흩으면 그 쓰임새가 작아지므로 물결이 일면 그림자가 부서지고, 물이 탁하면 그림자가 비치지 않는다. 물이 맑고 명징해야 크고 작은 모습이 다 비치듯, 선정과 지혜가 없으면 어리석은 사람이니, 한쪽으로 치우쳐 닦는 수행은 '점차 닦는 수행'에 가깝다. 선정과 지혜를 함께 닦아야 올바른 수행문이 되어 복덕과 지혜를 갖춘 존자가 되니, 이것이 아니면 올바른 수행이 아니다.

若言 不起心 爲修道 定爲門也
약언 불기심 위수도 정위문야

若云 看心觀心 求心融心 慧爲門也.
약운 간심관심 구심융심 혜위문야

若云 無念無修 拂跡顯理 定爲門也
약운 무념무수 불적현리 정위문야

若云 知心空寂 知見無念 慧爲門也.
약운 지심공적 지견무념 혜위문야

若云 寂照 或知無念 則雙明定慧也.
약운 적조 혹지무념 즉쌍명정혜야

若云 揚眉瞪目 皆稱爲道 卽此名修.
약운 양미징목 개칭위도 즉차명수

此通二義
차통이의

一令知其 觸目爲道 卽慧門也 二令心無所當 卽定門也.
일영지기 촉목위도 즉혜문야 이영심무소당 즉정문야

餘可類知 不出定慧.
여가류지 불출정혜

만약 어떤 마음도 일으키지 않는 것으로 도를 닦는다고 말하면 '선정'으로 수행문을 삼는 것이요, 마음을 보고 통찰하며 마음을 찾아 하나로 녹인다고 말하면 '지혜'로 수행문을 삼는 것이다.

어떤 생각도 없고 닦을 것도 없이 모든 자취를 털어 이치를 드러낸 다고 말한다면 '선정'으로 수행문을 삼는 것이요, 마음의 공적을 알고 어떤 망념도 없는 지견을 말한다면 '지혜'로 수행문을 삼는 것이다.

고요한 마음자리의 비춤이나 어떤 망념도 없는 앎을 말한다면, '선정과 지혜'를 함께 밝히는 수행문이다.

눈썹을 휘날리고 똑바로 뜨는 눈이 모두 도가 된다고 말한다면 곧 이것도 수행문이라 한다.

이것도 두 뜻에 통하니 첫째 눈에 부딪치는 경계로 도를 삼는 것을 알게 하는 것은 '지혜'로 수행문을 삼는 것이요, 둘째 마음에 부딪치는 경계를 없애는 것은 '선정'으로 수행문을 삼는 것이다.

그 나머지도 비슷한 부류로 알 수 있는 것이기에 선정과 지혜를 벗어나지 않는다.

牧牛子 每恨講師 不學禪法
목우자 매한강사 불학선법

及看澄觀所撰貞元疏 至辨修證門 喜其合明禪旨 故錄之
급간징관 소찬정원소 지변수증문 희기합명선지 고녹지

于此.
우차

其中 所悟心之性相 能悟定慧二門 非此錄中 對辨要急之
기중 소오심지성상 능오정혜이문 비차록중 대변요급지

義. 然恐學敎人 只以此文所明 全收禪法故 略辨得失 令
의 연공학교인 지이차문소명 전수선법고 약변득실 영

生正信爾.
생정신이

就能悟門 明定慧 卽云 心猶水火 澄之聚之等
취능오문 명정혜 즉운 심유수화 징지취지등

此是佛祖 因地法行之大意也.[1]
차시불조 인지법행지대의야

---

1. '깨달음을 얻고자 공부하는 과정의 첫 시발점'이라고 번역할 수 있는 '인지법행因地法行'은 『원각경』에서 많이 쓰고 있는 용어이다. 공부해서 깨달음을 완성한 경지를 '과지果地'라고 한다면, 부처님의 씨앗을 길러 부처님의 세상으로 나아가는 과정의 시발점을 '인지因地'라고 한다. 부처님의 가르침이 '법法'이고 그것을 그대로 실천하는 것이 '행行'이니, 부처님 세상으로 나아가고자 하는 삶 속에서 부처님의 가르침대로 실천하고 살아가는 것이 곧 '인지법행'이다.

선과 교에서 말하는 선정과 지혜

사기 목우자는 늘 강사들이 선법을 배우지 않는 것을 마음 아프게 생각하고 있었는데, 청량 스님의 『정원소』를 보다가 닦아 증득하는 수행문을 뚜렷이 밝히고 있는 부분을 읽고 밝은 선지禪旨와 하나 된 것이 기뻐 여기에 기록한다.

이 기록 가운데 깨달은 마음의 성품과 모습, 이를 깨닫게 하는 선정과 지혜의 두 가지 수행문은 이 『법집별행록』에서 가려야 할 중요한 뜻은 아니다.

그러나 교敎를 배우는 사람들이 다만 "이 글에서 밝힌 것이 선법을 전부 수록한 것이다."라고 할까 염려되므로, 간단히 득실을 가려 바른 믿음을 내게 하고자 한다.

'깨닫는다는 수행문'에서 선정과 지혜를 드러내며 말하기를 "마음은 물이나 불과 같다. 물과 불은 맑히고 모으면 그 쓰임새가 온전하지만, 반대로 휘젓고 흩으면 그 쓰임새가 작아진다."라는 이것은, 부처님과 조사 스님들의 수행이 시작되는 첫 마음가짐의 대의이다.

然 禪門
연 선문

以有能悟所悟 修治之門 於漸宗 離垢定慧.[1]
이유능오소오 수치지문 어점종 이구정혜

以心地無癡無亂 離能所觀 名頓宗 自性定慧.[2]
이심지무치무란 이능소관 명돈종 자성정혜

行相有異 辨明修之 卽其宜矣.
행상유이 변명수지 즉기의의

---

1. 이구정혜離垢定慧는 '번뇌를 떠나서 있는 선정과 지혜'를 말한다.
2. 자성정혜自性定慧는 '자신의 본디 성품에 있는 선정과 지혜'를 말한다.

그러나 선문에서는 '번뇌를 떠나서 있는 선정과 지혜'와 '자신의 본디 성품에 있는 선정과 지혜'로 나눈다.

'깨닫고' '깨달아진 것'이 있어 마음을 다스리고 닦는 수행문은 점종漸宗에서 말하는 '번뇌를 떠나서 있는 선정과 지혜'에 속한다.

마음자리에 어지러움과 어리석음이 없어서 주객이 사라진 마음자리, 이를 돈종頓宗에서 말하는 '자신의 본디 성품에 있는 선정과 지혜'라고 한다.

선정과 지혜를 실천하는 모습에 다른 점이 있기에 수행하는 법을 가려 밝히는 것이 옳다 하겠다.

又引禪門
우인선문

無念無修 拂跡顯理等 屬於定門
무념무수 불적현리등 속어정문

看心觀心等 名慧門 或寂照 或知無念等 爲雙明也.
간심관심등 명혜문 혹적조 혹지무념등 위쌍명야

然 禪門 唯北宗定慧 有漸次先後之義
연 선문 유북종정혜 유점차선후지의

頓宗 全無單修之相 況拂跡顯理之門
돈종 전무단수지상 황불적현리지문

何有定慧之名跡耶.
하유정혜지명적야

清涼 非不知
청량 비부지

且以言跡 分之 令汎學輩 知修行 不出定慧爾.
차이언적 분지 영범학배 지수행 불출정혜이

또 선문에서 '어떤 생각도 없고 닦을 것도 없이 모든 자취를 털어 이치를 드러낸다고 말한 것'들은 선정을 닦는 방편으로 삼고, '마음을 보고 통찰하며 마음을 찾아 하나로 녹인다고 말한 것'들은 지혜를 닦는 방편으로 삼으며, 혹 '고요한 마음자리의 비춤이나 어떤 망념도 없는 앎을 말한 것'들은 선정과 지혜를 함께 밝히는 수행방편으로 삼았다.

그러나 선문에서는 오직 북종의 선정과 지혜만 점차선후의 뜻이 있을 뿐, 돈종頓宗에서는 홑으로 하나만 닦는 수행의 모습은 조금도 없는데, 하물며 모든 자취를 털어 이치를 드러내는 수행문에서 무슨 선정과 지혜라는 이름의 자취가 있을 수 있겠느냐.

청량 스님도 그 내용을 알았지만, 다만 말을 빌려서 내용을 나누어 배우는 사람들로 하여금 수행이 선정과 지혜를 벗어나지 않는다는 것을 알게 하려는 것이다.

夫心有法義之殊
부심유법의지수

宗師 據法離言 以無跡之言 令人破執現宗
종사 거법이언 이무적지언 영인파집현종

是謂 跡絶於意地 理現於心源矣.
시위 적절어의지 이현어심원의

學者 因師激發 頓悟一法則 心之義用 自然現發故
학자 인사격발 돈오일법즉 심지의용 자연현발고

於破執現宗門 無是定是慧隨義之說也.
어파집현종문 무시정시혜 수의지설야

至定慧雙明門 但云寂照 或知無念等故
지정혜쌍명문 단운적조 혹지무념등고

修心者 依此 難爲趣入矣 今略伸而明之.
수심자 의차 난위취입의 금약신이명지

且漸宗觀心門 先以寂寂 治於緣慮 後以惺惺 治於昏住.
차점종관심문 선이적적 치어연려 후이성성 치어혼주

雖有先後 亦須惺寂等持 雖有等持 但是取靜爲行爾.
수유선후 역수성적등지 수유등지 단시취정위행이

무릇 마음에 법과 뜻의 다름이 있기에, 눈 밝은 스승이 법에 근거하여 말을 떠나 있는 '자취가 없는 말'로 사람들이 현재의 종파에 집착하고 있는 것을 타파하니, 이를 '마음에서 자취가 끊어지고 이치가 마음의 근원에서 나타난 것'이라고 말한다.

공부하는 사람들이 스승의 갑작스런 격발로 한 법을 돈오하면, 마음의 뜻과 쓰임새가 자연스레 드러나므로, 현재의 종파에 집착하고 있는 것을 타파하는 수행문에서는 이것이 선정이고 지혜라는 뜻을 설명하지 않는 것이다.

선정과 지혜를 함께 밝히는 수행문에 이르러서 다만 '고요한 마음자리의 비춤'이나 '어떤 망념도 없는 앎'만 말했을 뿐이므로, 마음 닦는 사람이 이것에 의지하여 깨달아 들어가기가 어렵기에, 이제 간략히 설명하겠다.

점종漸宗의 마음을 챙기는 수행문에서는, 먼저 고요한 마음 '선정'으로 쓸데없는 인연으로 일어나는 생각들을 다스리고, 그다음 살아있는 지혜로 혼미한 마음을 다스린다. 비록 앞뒤가 있더라도 선정과 지혜를 똑같이 지니며, 선정과 지혜를 똑같이 지니고 있더라도 다만 고요한 선정만 취하여 수행으로 삼는 것이다.

曹溪云.
조계운

吾說一切法 不離自性 離體說法 迷卻汝性.
오설일체법 불리자성 이체설법 미각여성

吾心地無非 自性戒 心地無癡 自性慧 心地無亂 自性定.
오심지무비 자성계 심지무치 자성혜 심지무란 자성정

學道之人 作意 莫言先定發慧 先慧發定
학도지인 작의 막언선정발혜 선혜발정

作此見者 法有二相.
작차견자 법유이상

又云
우운

自悟修行 不在於諍
자오수행 부재어쟁

若諍先後 卽是迷人 不斷勝負 却生法我 不離四相.
약쟁선후 즉시미인 부단승부 각생법아 불리사상

故知
고지

漸宗 雖云 惺寂等持 以二義 屬功行門故
점종 수운 성적등지 이이의 속공행문고

有先後漸次 亦是取靜爲行故 不離法愛人我之相.
유선후점차 역시취정위행고 불리법애인아지상

육조 스님이 말씀하시기를 "내가 설한 모든 법은 자기의 성품을 떠나지 않는다. 그 바탕을 떠나 법을 설하면 그대의 성품을 모르는 것이다. 나의 마음자리에 잘못이 없는 것이 자신의 성품에 있는 계율이요, 마음자리에 어리석음이 없는 것이 자신의 성품에 있는 지혜이며, 마음자리에 어지러운 생각이 없는 것이 자신의 성품에 있는 선정이다. 그러니 도를 배우는 사람들은 먼저 선정에 들어가야 지혜가 생기고, 먼저 지혜를 닦아야 선정에 들어간다고 말하지 마라. 이런 견해는 법에 두 가지 모습이 있다고 생각하는 것이다."라고 하였다.

또 이르시기를 "스스로 깨우쳐 공부하는 일은, 입으로 법을 따져서 다투는 것에 있지 않다. 이것저것 앞뒤를 다툰다면 어리석은 사람이니, 이기고 지는 것이 끝나질 않아 그 자리에서 너와 나의 다툼만 더 심해지고 '나 잘났다는 마음'을 떠나지 못한다."라고 하였다.

그러므로 알아야 한다. 점종漸宗은 선정과 지혜를 함께 똑같이 지니고 있더라도, 선정과 지혜로 분별하여 제각각 공부하는 수행문으로 삼기 때문에, 앞뒤로 차례가 있고 또한 고요한 마음을 취하여 수행을 하기 때문에 법에 대한 집착과 공부하는 상을 벗어나지 못한다.

頓宗 所修定慧 卽自性中二義 無能所觀.
돈종 소수정혜 즉자성중이의 무능소관

但自悟修行故 無先後 無先後故 無動靜
단자오수행고 무선후 무선후고 무동정

無動靜故 無法我 無法我故 可謂 稱眞之行矣.
무동정고 무법아 무법아고 가위 칭진지행의

如是修行 方爲正門 成兩足尊
여시수행 방위정문 성양족존

非認名執相之流 所見所行也.
비인명집상지류 소견소행야

又引禪門 揚眉瞪目之作用 云 此通定慧二義.
우인선문 양미징목지작용 운 차통정혜이의

若約功行門義用言之
약약공행문의용언지

定慧是諸聖修因之大意 經論之通宗.
정혜시제성수인지대의 경론지통종

然 禪門達者 揚眉瞬目 現道之作 本非義理所傳.
연 선문달자 양미순목 현도지작 본비의리소전

是達士相逢 文外相見 以心傳心之作用也
시 달사상봉 문외상견 이심전심지작용야

돈종頓宗에서 닦는 선정과 지혜는 자신의 성품에서 구분될 뿐 다르지 않기에 '능能'과 '소所'로 나누어 볼 것이 없다. 다만 스스로 깨닫는 수행이기에 앞뒤가 없고, 앞뒤가 없으므로 움직이는 마음이나 고요한 마음이 없으며, 움직이는 마음이나 고요한 마음이 없으므로, 법에 대한 집착이나 나를 내세울 것이 없고, 법에 대한 집착이나 나를 내세울 것이 없는 까닭으로, 참마음과 하나 된 수행이라 말할 수 있다.

이와 같은 수행이라야 올바른 수행문이 되고 복덕과 지혜를 지닌 부처님이 되니, 개념만 알고 모습에 집착하는 무리들이 보고 행하는 것은 아니다.

또 선문에서는 눈썹을 휘날리고 눈을 똑바로 뜨는 쓰임새를 인용하여 이것이 '선정과 지혜에 다 통한다'고 말하고 있다.

만약 선정과 지혜를 공부하는 수행문의 뜻과 쓰임새를 기준하여 말한다면, 선정과 지혜는 모든 성인의 수행이 시작되는 곳이며 온갖 경과 논에 통하는 으뜸가는 뜻이다.

그러나 선문에서 깨달은 사람의 '눈썹을 휘날리고 눈을 똑바로 뜨는 쓰임새로 도를 드러내는 작용'은 본디 뜻과 이치로 전하는 것이 아니다. 이는 깨달은 사람들이 서로 만나 글 밖에서 서로 보고 마음으로 마음을 전하는 작용이다.

故 先德[1] 云 妙旨迅速 言說來遲 纔隨語會 迷卻神機 揚
고 선덕 운 묘지신속 언설래지 재수어회 미각신기 양

眉當問 對面熙怡 是何境界 同道方知.
미당문 대면희이 시하경계 동도방지

據此而論
거차이론

若於達人相見 不知敎外傳心之旨 說是定是慧則
약어달인상견 부지교외전심지지 설시정시혜즉

豈非令他 墮於義用 迷卻神機耶.
기비영타 타어의용 미각신기야

淸凉 非不知此旨 且引迷宗失旨者 令專修定慧爾.
청량 비부지차지 차인미종실지자 영전수정혜이

---

1. 향엄(?-898) 스님은 백장 스님에게 출가하고 위산 스님에게 공부하다가 남양혜충 국사의 도량에서 대나무에 돌이 부딪치는 소리를 듣고 깨달았다. 위산 스님의 법을 받고 향엄산에 머물렀다.

그러므로 향엄 선사는 "오묘한 뜻은 빠르고 말은 더디니, 말을 좇아 알자마자 신령한 마음에서는 멀어진다. 눈썹을 치켜뜨고 묻는데 환한 얼굴로 맞이하니 이 무슨 경계인고? 도가 같아야 알 것이다."라고 하였다.

이 뜻에 따르면 만약 깨달았다는 사람들이 서로 만나 교敎 밖에서 전하는 마음의 뜻을 알지 못하고, "이것이 선정이요, 지혜다."라고 말한다면, 어찌 다른 사람으로 하여금 뜻의 쓰임새에 떨어뜨려 신령한 마음에서 멀어지게 하는 것이 아니겠느냐?

청량 스님이 이 뜻을 모르지 않건마는, 종지를 모르는 사람들을 이끌어주기 위하여 오로지 선정과 지혜를 닦게 하는 것이다.

禪門 又 有修定慧外 無心合道門 略錄于此 令學敎者 知
선문 우 유수정혜외 무심합도문 약록우차 영학교자 지

格外一門 發正信爾. 如宗鏡錄 如前所述.
격외일문 발정신이 여종경록 여전소술

安心之門 直下相應 無先定慧. 定是自心之體 慧是自心
안심지문 직하상응 무선정혜 정시자심지체 혜시자심

之用.
지용

定卽慧故 體不離用 慧卽定故 用不離體
정즉혜고 체불리용 혜즉정고 용불리체

雙遮則俱泯 雙照則俱存. 體用相成 遮照無礙.
쌍차즉구민 쌍조즉구존 체용상성 차조무애

此定慧二門 修行之要 佛祖大旨 經論同詮
차정혜이문 수행지요 불조대지 경론동전

○ 先明定慧 後現無心.
선명정혜 후현무심

4. 무심으로 틀을 깬 격외도리

사기 선문에는 또 선정과 지혜를 닦는 것 외에 '무심으로 도와 하나가 되는 수행문'이 있으니, 간략히 여기에서 말해 교教를 배우는 사람들로 하여금 틀을 깬 격외도리格外道理를 알아 바른 신심을 내게 하겠다. 이는 『종경록』에서 말한 내용과 같다.

마음을 편하게 하는 수행문에서 바로 상응하려면 선정과 지혜보다 앞서는 것이 없다. 선정은 자기 마음의 바탕이요, 지혜는 자기 마음의 쓰임새이다. 선정이 곧 지혜이므로 바탕은 쓰임새를 떠나지 않고, 지혜가 곧 선정이므로 쓰임새가 바탕을 떠나지 않으니, 온갖 마음을 다 끊어 막아 버리면 선정과 지혜도 함께 사라지고, 온갖 마음을 다 드러내 비추면 선정과 지혜도 함께 존재한다. 바탕과 쓰임새가 서로 완성되어 어떤 것을 부정해도 긍정해도 걸림이 없다.

이 선정과 지혜의 두 길이 수행의 요체가 되니 부처님과 조사 스님의 큰 뜻이며 이는 경과 논에서 똑같이 주장한다.

주注 먼저 선정과 지혜를 밝히고 뒤에 무심을 나타낸다.

💡今依祖教 更有一門 最爲省要 所謂無心.
금 의조교 갱유일문 최위성요 소위무심

何者 若有心 卽不安 無心 卽自樂.
하자 약유심 즉불안 무심 즉자락

故 先德 偈云
고 선덕 게운

 莫與心爲伴 無心心自安
 막여심위반 무심심자안

 若將心作伴 動則被心謾.
 약장심작반 동즉피심만

所以 阿難 執有而無據 七處茫然.[1]
소이 아난 집유이무거 칠처망연

二祖 體無而自安 言下成道. 若不直了無心之旨 雖然對
이조 체무이자안 언하성도 약불직요무심지지 수연대

治折伏 其不安之相 常現在前 若了無心 觸途無滯.
치절복 기불안지상 상현재전 약요무심 촉도무체

絶一塵而作對 何勞遣蕩之功.
절일진이작대 하로견탕지공

無一念而生情 不假忘緣之力.(宗鏡錄文止此)
무일념이생정 불가망연지력 종경록문지차

---

1. 칠처망연七處茫然은 『수능엄경』에 나오는 내용이다.

사기 지금 조사의 가르침에 한 수행문이 있는데 가장 중요한 것으로서 무심을 말한다. 무엇 때문인가? 분별하는 마음이 있다면 편치 못하고 분별하는 마음이 없다면 저절로 즐겁기 때문이다. 그러므로 옛 스님은 게송으로 말한다.

> 분별하는 마음 갖고 살지 말거라
> 분별심이 없는 마음 편안한 마음
> 세상일을 분별하고 살아간다면
> 걸핏하면 그 마음에 속고 살리라.

아난은 일곱 곳에 마음이 있다고 집착하였으나, 부처님께서 비유로 아난의 생각이 근거가 없다는 것을 밝히시니 아난은 망연자실하였다.

반면 2조 혜가 스님은 그 마음 바탕에 어떤 분별심도 없었으므로 저절로 편안하여 그 자리에서 도를 이루었다.
만약 무심의 뜻을 바로 알지 못했다면, 마음을 다스려 눌러놓았다 하더라도 불안한 모습이 항상 눈앞에 있지만, 무심을 깨달으면 하는 일마다 걸림이 없다. 한 티끌 경계도 마주하지 않으니 어찌 그 경계를 없앤다고 수고할 일이 있겠는가. 한 생각도 알음알이를 낸 적이 없으니, 인연을 잊으려 애를 쓸 일도 아니다.(종경록의 글을 여기에서 그친다)

以是 當知 祖宗 無心合道者 不爲定慧所拘也.
이시 당지 조종 무심합도자 불위정혜소구야

何者 定學者 稱理攝散故 有忘緣之力
하자 정학자 칭리섭산고 유망연지력

慧學者 擇法觀空故 有遣蕩之功.
혜학자 택법관공고 유견탕지공

今直了無心 觸途無滯者
금 직요무심 촉도무체자

以無障礙解脫智現前故
이무장애해탈지현전고

一塵一念 俱非外來 俱非別事 何有枉費功力耶.
일진일념 구비외래 구비별사 하유왕비공력야

自性定慧 尙有滯於義用之地 況離垢門 何詣於此哉.
자성정혜 상유체어의용지지 황이구문 하예어차재

故 石頭和尙 云
고 석두화상 운

吾之法門 先佛傳授 不論禪定精進 唯達佛之知見 是也.
오지법문 선불전수 불론선정정진 유달불지지견 시야

이것으로 마땅히 조사의 종파에서 무심으로 도와 하나가 된 사람은 선정과 지혜에 구애받지 않음을 알아야 한다.

무슨 까닭인가? 선정을 배우는 사람은 이치에 맞게 산란한 마음을 거두어야 하므로 인연을 잊고자 애쓰며, 지혜를 배우는 사람은 법을 가려 공성空性을 보아야 하기에 그 경계를 없애고자 노력하기 때문이다.

그런데 지금 바로 무심을 깨달아 어떤 경계에도 걸림이 없는 사람은 장애가 없는 해탈의 지혜가 눈앞에 드러나므로, 한 티끌 경계나 한 생각도 다 밖에서 온 것이 아니며, 마음 밖의 다른 일도 아니니, 어찌 헛되이 애쓸 일이 있겠는가?

자신의 성품에 있는 선정과 지혜조차 고정된 뜻과 쓰임새에 걸려 있는데, 하물며 번뇌를 떠나는 수행문이 어찌 여기에서 논할 가치가 있겠는가?

그러므로 석두 스님이 "나의 법문은 먼저 부처님이 전해 주셨기에 선정과 정진을 논하지 않는다. 오직 부처님의 지견을 통달할 뿐이다."라고 말한 것이다.

此無心合道 亦是徑截門得入也.
차무심합도 역시경절문득입야

其看話下語 方便妙密 不可具陳.
기간화하어 방편묘밀 불가구진

但罕遇知音耳.
단한우지음이

此下正是所辨悟修頓漸義也.
차하정시소변오수돈점의야

이 무심으로 도와 하나가 되는 것 역시 지름길 수행문으로 도에 들어가는 것이다.

화두를 들거나 말 한마디 떨어지는 자리에서 쓰는 방편은 오묘하고 비밀스러워서, 말로 다 갖추어 설명할 수 있는 것이 아니다.

다만 그 소리를 알아주는 사람을 만나기가 드물 뿐이다.

이 아래는 바로 깨닫고 닦아 나가는 돈頓과 점漸의 뜻을 구분하여 설명한다.

疏云.
소운

若明悟相 不出二種.
약명오상 불출이종

一者解悟 謂明了性相. 二者證悟 謂心造玄極.
일자 해오 위명료성상 이자 증오 위심조현극

若明頓漸者 乃有多門.
약명돈점자 내유다문

若云 頓悟漸修 此約解悟
약운 돈오점수 차약해오

謂豁了心性 後漸修學 令其契合.
위활료심성 후점수학 영기계합

卽悟如日照 頓朗萬法 修如拂鏡 漸瑩漸明.
즉오여일조 돈랑만법 수여불경 점영점명

5. 깨달음을 '이해'한 것과 '증득'한 것 및 돈과 점의 뜻

사기 청량 스님이 『정원소』에서 말하였다. 만약 깨닫는 모습을 밝힌다면 두 가지를 벗어나지 않는다. 하나는 '깨달음을 이해한 것[解悟]'이니 마음의 성품과 모습을 분명히 아는 것이다. 또 하나는 '깨달음을 증득한 것[證悟]'이니 마음의 오묘한 작용을 끝까지 안 것이다.

만약 돈頓과 점漸을 밝힌다면 많은 수행문이 있다.

돈과 점에 대한 청량 국사의 논점

'돈오점수頓悟漸修'를 말한다면 이것은 '깨달음을 이해한 것[解悟]'을 기준 삼아 말하니, 마음의 성품을 확연히 깨닫고 뒤에 점차적으로 닦아 배워 그 마음과 하나가 되게 하는 것이다.

곧 여기서 '깨달음[頓悟]'은 해가 비춰 단숨에 온갖 법을 밝힌 것과 같고, '차츰 닦는다는 것[漸修]'은 거울의 먼지를 털어 차츰 거울이 밝아지는 것과 같다.

若云 漸修頓悟
약운 점수돈오

謂初攝境唯心 次觀心本淨
위초섭경유심 차관심본정

後心境雙寂 瞥起不生 前後際斷 湛猶停海 廣若虛空.
후심경쌍적 별기불생 전후제단 담유정해 광약허공

此約證名悟.
차약증명오

卽修如瑩鏡 悟似鏡明.
즉수여영경 오사경명

若云 漸修漸悟 亦是證悟
약운 점수점오 역시증오

卽修之與悟 並如等臺 足履漸高 所鑑漸遠.
즉수지여오 병여등대 족리점고 소감점원

若云 頓悟頓修 此通三義.
약운 돈오돈수 차통삼의

若先悟後修 謂廓然頓了 名之爲悟
약선오후수 위확연돈요 명지위오

不看不澄 不收不攝 曠然合道 名之爲修.
불간부징 불수불섭 광연합도 명지위수

此卽解悟 以定爲門 亦猶不拂不瑩 而鏡自明.
차즉해오 이정위문 역유불불불영 이경자명

만약 '점수돈오漸修頓悟'를 말한다면 처음에는 경계를 거두어 오직 마음만 두는 것이요, 다음에는 마음이 본디 깨끗함을 통찰하는 것이다. 그 다음은 마음과 경계가 모두 고요하여 별안간 일어나던 망념이 생기지 않아 앞생각 뒷생각이 모두 끊어진 것이니, 마음 맑은 것이 고요한 바다 같고 넓기는 허공과 같다. 이것은 '깨달음을 증득한 것[證悟]'을 기준하여 깨달음이라 한 것이다.

곧 '차츰 닦는다는 것[漸修]'은 거울의 먼지를 털어 깨끗하게 만드는 것과 같고, '단숨에 깨닫는 것[頓悟]'은 거울의 밝은 빛이 드러난 것과 같다.

만약 '점수점오漸修漸悟'를 말한다면 또한 '깨달음을 증득한 것[證悟]'이니, 차츰 닦아 나가는 단계에서 시나브로 깨닫는 단계가 모두 계단을 높이 오르는 것과 같아, 발걸음이 점차 높은 곳으로 향하면 차츰 먼 곳을 보게 되는 것과 같다.

만약 '돈오돈수頓悟頓修'를 말한다면 이것은 세 가지 이치에 통한다. 첫 번째 이치로서 먼저 깨닫고 나중에 닦는 '선오후수先悟後修'라면 확연히 단숨에 아는 것으로 '돈오'를 삼고, 마음을 보지도 맑히지도 않고 거두지도 않으면서 환하게 도와 하나가 되는 것을 '돈수'로 삼는 것을 말한다. 이는 곧 '깨달음을 이해한 것[解悟]' 자체가 선정으로 수행문을 삼으니, 먼지를 털어 깨끗하게 닦지 않더라도 거울이 본디 밝은 것과 같다.

若云 先修後悟
약운 선수후오

謂依前而修 忽見心性 名之爲悟.
위의전이수 홀견심성 명지위오

此爲證悟 卽修如服藥 悟如病除.
차위증오 즉수여복약 오여병제

若云 修悟一時 謂無心忘照 任運寂知
약운 수오일시 위무심망조 임운적지

則定慧雙運 如明鏡無心 頓照萬像 則悟通解證.
즉정혜쌍운 여명경무심 돈조만상 즉오통해증

又曰 若云 本具佛德 名之爲悟 一念具足十度萬行 名之
우왈 약운 본구불덕 명지위오 일념구족십도만행 명지

爲修 卽修 如飮大海水 悟 如得百川味 亦通解證.
위수 즉수 여음대해수 오 여득백천미 역통해증

此上所載 淸凉所明 修證頓漸義者 頓漸二門 各有三
차상소재 청량소명 수증돈점의자 돈점이문 각유삼

義[1] 解釋如前.
의 해석여전

---

1. '돈頓'에 돈오돈수頓悟頓修 · 돈수돈오頓修頓悟 · 수오일시修悟一時 세 가지 이치가 있고, '점漸'에 점수돈오漸修頓悟 · 돈수점오頓修漸悟 · 점수점오漸修漸悟 세 가지 이치가 있다.

두 번째 이치로서 먼저 닦고 뒤에 깨닫는 '선수후오先修後悟'라면 '앞서 수행을 해온 것[先修]'에 의지하여 '홀연히 마음의 성품을 보는 것을 깨달음으로 삼는 것[後悟]'을 말한다. 이것은 '깨달음을 증득한 것[證悟]'이 되니, 곧 '마음을 닦음[修]'은 약을 먹는 것 같고, '깨달음[悟]'은 마음의 병이 없어진 것과 같다.

세 번째 이치로서 '마음을 닦는 것과 깨달음이 동시'라는 '수오일시修悟一時'를 말한다면, 이는 '무심하여 마음을 비출 것도 없이 인연의 흐름에 맡겨져 고요한 마음에서 저절로 아는 앎'을 말한다. 곧 선정과 지혜가 함께 움직이니, 이는 밝은 거울에 분별심이 없지만 몰록 온갖 모습을 비춤과 같기에, 깨달음이 '깨달음을 이해한 것[解悟]'과 '깨달음을 증득한 것[證悟]'에 통한다.

또 "본디 '부처님의 공덕을 갖춘 것'을 깨달음으로 삼고, '한 생각에 십바라밀과 온갖 보살행을 갖춘 것'을 닦음으로 삼는다."라고 말한다면, 곧 닦음은 큰 바다의 물을 한번에 마시는 것과 같고, 깨달음은 그 물에 담긴 온갖 맛을 맛본 것과 같으니, 이 또한 '깨달음을 이해한 것[解悟]'과 '깨달음을 증득한 것[證悟]'에 통하는 것이다.

앞서 청량 스님이 '수증돈점修證頓漸'의 뜻을 밝힌 것에서 돈頓·점漸 두 수행문에 저마다 세 가지 이치가 있었지만 풀이한 내용은 앞과 같다.

但其中頓悟漸修 與此錄中所立
단 기중돈오점수 여차록중소립

名目全同 而義勢全別 何者.
명목전동 이의세전별 하자

淸凉 以悟從修 立於漸門
청량 이오종수 입어점문

圭峰 以修從悟 立於頓門 各有旨趣 兩不相妨.
규봉 이수종오 입어돈문 각유지취 양불상방

然 悟若徹悟 豈滯於漸修 修若眞修 豈離於頓悟.
연 오약철오 기체어점수 수약진수 기이어돈오

以是知之 離文取義 不滯名言 斯爲要矣.
이시지지 이문취의 불체명언 사위요의

淸凉取頓宗頓悟之名 立於漸門者 非漸修功熟之頓悟 亦
청량 취돈종돈오지명 입어점문자 비점수공숙지돈오 역

非從凡機發之頓悟. 但信解煩惱心中 本有覺性 如鏡有
비종범기발지돈오 단신해번뇌심중 본유각성 여경유

明性 決定無疑 名爲解悟.
명성 결정무의 명위해오

若不如斯 淸凉 豈以眞實悟解煩惱本空者
약불여사 청량 기이진실오해번뇌본공자

屬於漸門 而更言 修如拂鏡 漸瑩漸明耶.
속어점문 이갱언 수여불경 점영점명야

다만 그 가운데 돈오점수頓悟漸修가 이『법집별행록』에서 말한 것과 명목은 같지만 이치로 풀어내는 방향은 전혀 다르니 왜 그런가?

청량 스님은 깨달은 뒤 점차 닦아 가는 것으로 '차츰차츰 부처님의 마음으로 들어가는 수행문[漸門]'을 세우고, 규봉 스님은 차츰 닦아 나간 뒤 단숨에 깨닫는 것으로 '단숨에 부처님의 마음으로 들어가는 수행문[頓門]'을 세우니, 저마다 뜻한 바가 있어 서로 어긋나지 않는다. 그렇지만 깨달음이 만약 철저한 깨달음이라면 어찌 점수漸修에 걸릴 것이며, 닦음이 만약 참다운 닦음이라면 어찌 돈오頓悟를 벗어나겠느냐. 이것으로 알아야 하니, 글을 떠나 뜻을 취하고 개념과 언어에 걸리지 않는 이것이야말로 중요한 것이다.

청량 스님이 돈종頓宗에서 돈오頓悟의 이름을 가져다 '차츰차츰 부처님의 마음으로 들어가는 수행문[漸門]'을 세운 것은, 점차 공空을 닦아 숙성시켜 이룬 돈오가 아니며, 또한 범부의 근기로부터 드러낸 돈오도 아니다. 다만 번뇌 가운데 본디 있는 깨달음의 성품을 거울에 밝은 성품이 있는 것처럼 믿고 알아, 결코 의심이 없는 것을 '깨달음을 이해한 것[解悟]'으로 삼는다.

그렇지 않다면 청량 스님이 어찌 '번뇌가 본디 공임을 진실로 깨닫고 안 것'을 '차츰차츰 부처님의 마음으로 들어가는 수행문[漸門]'에 갖다 붙이고, 다시 '닦는다는 것[漸修]'은 '거울의 먼지를 털어 점차 거울이 밝아지는 것과 같다'고 말을 했겠는가.

圭峰 取漸宗漸修之言 屬於頓門者
규봉 취점종점수지언 속어돈문자

且非見有煩惱可斷之漸修
차비견유번뇌가단지점수

又非但取無念修 功不頓畢 且言漸修.
우 비단취무념수 공불돈필 차언점수

此門旨趣甚深 如上錄中所明.
차문지취심심 여상녹중소명

然 圭峰 於禪源集中 又明頓悟漸修 其義甚詳 如云
연 규봉 어선원집중 우명돈오점수 기의심상 여운

若頓悟自心 本來淸淨 元無煩惱 無漏智性 本自具足 此心
약돈오자심 본래청정 원무번뇌 무루지성 본자구족 차심

卽佛 畢竟無異. 依此而修者 是最上乘禪 亦名如來淸淨
즉불 필경무이   의차이수자 시최상승선 역명여래청정

禪 亦名一行三昧 亦名眞如三昧 此是一切三昧根本.
선 역명일행삼매 역명진여삼매 차시일체삼매근본

若能念念修習 自然漸得百千三昧 達摩門下 展轉相傳者
약능염념수습 자연점득백천삼매 달마문하 전전상전자

是此禪也.
시차선야

규봉 스님의 돈과 점에 대한 관점

사기 규봉 스님이 점종漸宗에서 점수漸修의 말을 취하여 '단숨에 부처님의 마음으로 들어가는 수행문'에 갖다 붙인 것은, 번뇌가 끊을 수 있는 것이 있어 점차 닦는 것이라고 본 것이 아니며, 또 다만 무념으로 닦되 그 공력이 단숨에 끝나지 않은 것을 취하여 점수漸修라 말한 것도 아니다. 이 수행문의 뜻이 깊고 깊은 것이 『법집별행록』 가운데에서 밝힌 것과 같다.

규봉 스님은 『선원제전집도서』에서 다시 돈오점수의 뜻을 상세히 밝히고 있으니 내용은 다음과 같다.

만약 자기의 마음이 본래 청정하여 번뇌 없는 '무루지無漏智'의 성품이 본디 갖추어져 있음을 돈오하면, 이 마음이 곧 부처님으로서 끝내 이 마음을 떠나 다른 부처님이 없다.

이를 의지하여 선정을 닦는 것이 '최상승선'이며 여래의 '청정선'이며 '일행삼매'이며 또한 '진여삼매'라고 하니, 이것이 모든 삼매의 근본이 된다.

만약 생각마다 이 선정을 닦아 익힐 수만 있다면, 자연스레 점차 온갖 삼매를 얻게 되니, 달마 문하에서 면면히 전해져 내려온 것이 바로 이 선禪이다.

○ 今禪者 不審此文始終之義
　금선자 불심차문시종지의

　據本無煩惱 不立修證
　거본무번뇌 불립수증

　但妄推古人所行 返墮人人無分之失.
　단망추고인소행 반타인인무분지실

　全爲不究悟修二義 似反而符故也.
　전위불구오수이의 사반이부고야

♥據此文義 深細思之 悟後修門 有二義.
　거차문의 심세사지 오후수문 유이의

　初依此而修下
　초의차이수하

　是依自心 本無煩惱之義 不看不澄 曠然合道 任運修也
　시의자심 본무번뇌지의 불간부징 광연합도 임운수야

　是謂根本一行三昧 亦是淸涼所立頓修也.
　시위근본일행삼매 역시청량소립돈수야

주注 요즈음 참선하는 사람들은 이 글에 들어 있는, 처음부터 끝까지 통하는 뜻을 살피지 않는다. 단지 "본래 번뇌가 없어 닦아 증득할 것을 내세우지 않는다."라는 말만 토대로 하여, 옛 어른들의 수행을 잘못 추론하니 도리어 사람마다 공부할 역량이 없다는 허물에 떨어진다.

이는 모두가 '오悟'와 '수修'의 두 가지 뜻이 상반되는 것 같으면서도 딱 맞아떨어짐을 확실히 알지 못하였기 때문이다.

청량 스님과 규봉 스님의 돈점 비교

사기 이 글의 뜻에 근거하여 깊이 생각해 보니 깨달은 뒤 닦는 수행문에 두 가지 뜻이 있다.

우선 "깨달음에 의지하여 선정을 닦는 것[依此而修下]"은 자신의 마음에 본디 번뇌가 없다는 이치에 의지하여 '마음을 보지도 맑히지도 않으며 환하게 도와 하나가 되어 인연의 흐름에 맡겨 도를 닦는 것'이니, 이는 근본 일행삼매이며 또한 청량 스님이 내세우는 돈수이다.

次若能念念下
차 약 능 염 념 하

從根本三昧 任運寂知 衆行爰起故 悲願相資 念念修習.
종근본삼매 임운적지 중행원기고 비원상자 염념수습

百千三昧 身智通光[1]
백천삼매 신지통광

漸漸自在 普利群生 同盧舍那佛.[2]
점점자재 보리군생 동노사나불

錄中所立漸修 正謂是也.
녹중소립점수 정위시야

---

1. '신지통광身智通光'에서 '신'은 10신身, '지'는 10지智, '통'은 10통通, '광'은 3광光을 말한다.
2. '노사나불'을 성종性宗에서는 '광명이 두루 비치는 것'이라 번역하여 비로자나불과 같이 보기도 하고, 법상종法相宗에서는 '맑고 깨끗한 기운이 가득 차 있는 것'이라 번역하여 비로자나불과 달리 보신불報身佛이라 한다.

다음으로 "만약 생각마다 이 선정을 닦는다면[若能念念下]"은 '근본삼매로부터 인연의 흐름에 맡긴 고요한 마음자리의 앎'에서 온갖 보살행이 일어나는 까닭으로, 자비와 원력이 서로 도와 생각마다 도를 닦아 익힌다는 것이다.

그러므로 온갖 삼매와 부처님의 몸과 지혜, 신통력과 빛이 점점 자재하여 널리 모든 중생을 이롭게 함이 노사나불과 같다.

『법집별행록』 가운데 내세운 점수가 바로 이것을 말한다.

此是圓漸 非漸圓也
차시원점 비점원야

以不離本所悟自心眞法界之圓修故　不離無念修之辦事
이불리본소오자심진법계지원수고　불리무념수지판사

修故.
수고

非但禪源所明 錄中 亦有二修之義.
비단선원소명 녹중 역유이수지의

如荷澤宗 云若遇善友開示 頓悟空寂之知 知且無念無形
여하택종 운약우선우개시 돈오공적지지 지차무념무형

誰爲我相人相 覺諸相空 心自無念 念起卽覺 覺之卽無修
수위아상인상 각제상공 심자무념 염기즉각 각지즉무수

行妙門 唯在此也.(但體達之無 非斷滅之無)
행묘문 유재차야　단체달지무 비단멸지무

此正是悟後無念修也.
차정시오후무념수야

이것은 오롯한 마음자리에서 닦는 '원점圓漸'이지 닦아 나가면서 오롯해지는 것이 아니니, 본디 자기 마음의 참 법계를 깨달은 바를 벗어나지 않는 원수圓修이기 때문이며, 무념의 수행을 벗어나지 않으면서 현상계의 실상을 잘 아는 수행이기 때문이다.

다만 『선원제전집도서』에서 밝힌 것뿐만 아니라, 『법집별행록』 가운데 또한 두 가지 닦는 이치가 있다.

이는 하택종에서 말하기를 "만약 선지식의 가르침을 받아 '텅 빈 고요의 앎'을 돈오하면, 앎 또한 어떠한 분별이나 형태가 없는데 무엇으로 '나'만이 옳다는 생각으로 '남'과 시비하고 분별하는 일이 있겠는가. 모든 모습이 공인 줄 알면 마음 자체에 어떤 분별도 없어, 망념이 일어나면 곧 깨닫고, 깨달으면 망념이 없어지니 수행의 오묘한 문이 오직 여기에 있을 뿐이다."라고 한 것과 같다.(다만 법을 통달한 무無이지, 단멸의 무無가 아니다)

이것이 바로 '깨달은 뒤 어떤 망념도 없이 닦는 수행'이다.

又云雖備修萬行唯以無念爲宗但得無念則愛惡自然淡
우운 수비수만행 유이무념위종 단득무념즉 애오 자연담

薄 悲智自然增明乃至應用無窮 名之爲佛 此正是不離根
박 비지자연증명 내지응용무궁 명지위불 차정시불리근

本一行三昧 自然漸得百千三昧 廣度群品之意也.
본일행삼매 자연점득백천삼매 광도군품지의야

故知 頓悟漸修 名字雖同 二師所立頓漸 逈異.
고지 돈오점수 명자수동 이사소립돈점 형이

○ 若約性具門 初悟時 十度萬行 一念具足 度生己周.
약약성구문 초오시 십도만행 일념구족 도생기주

若現行門 豈無生熟.
약현행문 기무생숙

諸方 皆云功未齊於諸聖 是也.
제방 개운공미제어제성 시야

❦ 又疏中 明頓悟頓修 此中所謂頓修者 以不看不澄 曠然
우소중 명돈오돈수 차중소위돈수자 이불간부징 광연

合道 爲修 故 圭峰所立先悟後修二義中 根本無念修也.
합도 위수 고 규봉소립선오후수이의중 근본무념수야

또 말하기를 "온갖 보살행을 갖추어 수행하더라도 오직 무념으로써 으뜸을 삼을 뿐이다. 오직 무념만 얻는다면 좋아하고 미워하는 감정이 자연스레 없어지고, 지혜와 자비가 더욱 밝아져 인연을 맞이하며 끊임없이 쓰는 것, 이를 일러 부처님이라 한다."라고 하였으니, 이것이 바로 근본 일행삼매를 떠나지 않고 자연스레 점차 온갖 삼매를 얻어 널리 중생을 제도한다는 뜻이다.

그러므로 알아야 한다. 돈오점수의 명칭이 같더라도 청량 스님과 규봉 스님이 내세우는 돈점의 뜻은 크게 다르다.

주注 만약 이치로서 '법의 성품이 다 갖추어진 수행문[性具門]'을 기준 삼으면, 처음 깨달을 때 십바라밀 온갖 보살행이 한 생각에 다 갖추어져 중생제도를 다 마친다.
하지만 '중생의 생활에서 드러나는 수행문[現行門]'을 기준 삼는다면, 어찌 중생의 공부에 우열이 없겠는가. 제방에서 모두 "공력이 어떤 성인에게도 미치지 못한다."라고 한 말이 이것이다.

사기 또 소疏 가운데 '돈오돈수'를 밝혔는데, '돈수'란 '마음을 보지도 맑히지도 않으면서 환하게 도와 하나가 되는 것'으로써 닦음을 삼는다 하였기에, 규봉 스님이 내세우신 '선오후수' 두 가지 뜻 가운데 '근본에서 어떤 망념도 없이 닦는 것'에 해당된다.

意以推求 如前所明三義中[1] 第三 無心忘照 任運寂知
의이추구 여전소명삼의중 제삼 무심망조 임운적지

者 具無念辨事二修之義.[2]
자 구무념판사이수지의

然 頓悟辨事 隱而不現也.
연 돈오판사 은이불현야

疏中 又曰 若云 本具一切佛德 名之爲悟 一念具足十度
소중 우왈 약운 본구일체불덕 명지위오 일념구족십도

萬行 名之爲修 亦通解證
만행 명지위수 역통해증

此中所明辨事 有二義.
차중소명판사 유이의

若約解悟 是性具門[3] 非功行頓畢也.
약약해오 시성구문 비공행돈필야

約證悟 則是現行門[4] 頓修辨事也.
약증오 즉시현행문 돈수판사야

---

1. 삼의三義란 세 가지 이치인데 돈오돈수頓悟頓修·선수후오先修後悟·수오일시修悟一時를 말한다.
2. 판사辨事는 '드러난 삶을 잘 꾸려 나가는 수행'을 말한다.
3. 성구문性具門은 '한 생각에 온갖 법의 성품이 다 갖추어진 수행문'을 말한다.
4. 현행문現行門은 '생활 속에서 부처님의 삶이 모두 드러나는 수행문'이다.

뜻으로 추론하면 앞에서 밝힌 세 가지 뜻 가운데 세 번째 '수오일시 修悟一時'에서, '무심하여 마음을 비출 것도 없이 인연의 흐름에 맡겨져 고요한 마음에서 저절로 아는 앎'에는 '어떠한 망념도 없는 수행'과 '드러난 삶을 잘 꾸려 나가는 수행'의 두 가지 이치를 갖추었다. 그러나 돈오의 '드러난 삶을 잘 꾸려 나가는 수행'은 감추어져 드러나지 않았다.

소疏 가운데서 또 말하기를 "만일 본래 모든 부처님의 공덕을 갖춘 것을 깨달음이라 하고, 한 생각에 십바라밀 온갖 보살행을 다 갖춘 것을 닦음이라 말한다면 이 또한 '깨달음을 이해한 것[解悟]'과 '깨달음을 증득한 것[證悟]'에 통한다."라고 하였는데,

이 가운데 밝힌 '드러난 삶을 잘 꾸려 나가는 수행'에 두 가지 뜻이 있다.

만약 '깨달음을 이해한 것[解悟]'을 기준 한다면 이는 '한 생각에 온갖 법의 성품이 다 갖추어진 수행문'이지만 수행의 공력이 단숨에 끝난 것이 아니다.

'깨달음을 증득한 것[證悟]'을 기준 한다면 '생활 속에서 부처님의 삶이 모두 드러나는 수행문'이니 단숨에 '드러난 삶을 잘 꾸려 나가는 수행'을 마치는 것이다.

圭峰 非唯明悟後漸修
규봉 비유명오후점수

亦有頓悟頓修門辦事頓畢之說.(頓悟頓修後當更明)
역유돈오돈수문판사돈필지설 돈오돈수후당갱명

然 判云 此是多生漸薰發現也.
연 판운 차시다생점훈발현야

約佛敎則
약불교즉

是華嚴化儀頓¹ 所被緣熟菩薩之類 非今所尙也.
시화엄화의돈 소피연숙보살지류 비금소상야

今之所尙頓悟漸修者
금지소상돈오점수자

約敎 是逐機頓² 所被凡夫上根利智 所行也.
약교 시축기돈 소피범부상근이지 소행야

此下 略引明證 令初心者 知其綱要 發正信心 速證菩提.
차하 약인명증 영초심자 지기강요 발정신심 속증보리

---

1. 화의돈化儀頓은 '단숨에 온갖 법을 설해 마친 부처님의 교법'을 말한다.
2. 축기돈逐機頓은 '중생의 근기에 맞추어 말한 부처님의 교법'을 말한다.

규봉 스님도 오후점수를 밝힐 뿐만 아니라, 또한 돈오돈수의 수행문에서 '드러난 삶을 잘 꾸려 나가는 수행'을 단숨에 마친다는 말도 하였다.(돈오돈수는 뒤에 다시 설명한다)

그러나 이는 전생까지 판단하여 "이것은 여러 생에 걸쳐서 점차 훈습하여 나타난다."라고 말한 것이다.

부처님의 가르침을 기준 삼는다면, 이것은 화엄의 '단숨에 온갖 법을 설해 마친 부처님의 교법'에서 인연이 성숙한 보살들이 가피를 받는 것이니, 지금 바라볼 것은 아니다.

지금 바라볼 '돈오점수頓悟漸修'란 '교教'를 기준 삼은 것인데, 이는 '중생의 근기에 맞추어 말한 부처님의 교법'에서 상근기의 범부들이 가피를 받아 실천하는 것이다.

이 아래에서 간략히 명백한 증거를 인용하여, 초심자가 요점을 알고 바른 신심을 내어 깨달음을 빨리 증득하게 할 것이다.

💗 如禪源集 云 但以世尊 設敎儀式 不同 有稱理頓說 有隨
여선원집 운 단이세존 설교의식 부동 유칭리돈설 유수

機漸說 故復名頓敎漸敎. 漸者 爲中下根 說人天 小乘(阿
기점설 고부명돈교점교 점자 위중하근 설인천 소승 아

舍等經 婆娑等論) 乃至法相(解深密等經 瑜伽 唯識等論)¹ 破²
함등경 파사등론   내지법상 해심밀등경 유가 유식등론   파

相(諸部般若經 中百門等論)³ 待其根器成熟 方爲說於了義
상 제부반야경 중백문등론   대기근기성숙 방위설어요의

卽法華涅槃經等 是也.
즉법화열반경등 시야

---

1. 아함등경阿含等經은 아함부阿含部 소승 경전을 말하는데 남전南傳과 북전北傳이 있다. 북방불교에 전하는 4아함은 장長아함·중中아함·잡雜아함·증일增一아함인데 이 밖에 잡장雜藏이 있다. 남방불교의 팔리어 장경藏經에는 장아함·중아함·승육다아함·앙굴다라아함·굴타가아함의 5아함이 있다.
『바사론』은 『아비달마대비바사론阿毘達摩大毘婆娑論』의 약칭이다. 부처님 사후 400년 초 가니색왕이 오백 아라한을 모아 불경을 결집할 때 『발지론發智論』을 해석케 한 책인데 659년에 현장이 번역하였다.
2. 『해심밀경』은 유식의 깊은 뜻을 설한 경전인데, 현장이 번역하였다. 『유가론』은 『유가사지론瑜伽師地論』의 준말이며 미륵보살이 지었고 현장이 번역하였다. 『유식론』은 『성유식론成唯識論』과 『유식20론』 『유식30론』 등이 있다.
3. '중백문론中百門論'에서 '중中'은 『중관론中觀論』이고 '백百'은 『백론百論』이며, '문門'은 『십이문론』을 말한다.

4장 돈교와 점교

사기 이는 『선원제전집도서』에서 다음과 같이 말한 것과 같다.

다만 세존께서 가르침을 베푸는 의식이 다양하여, 이치에 들어맞는 '돈설頓說'이 있거나 중생의 근기에 따른 '점설漸說'이 있으므로 '돈교頓敎'와 '점교漸敎'라 불렀을 뿐이다.

'점漸'이란 중·하근기를 위하여 '복이 많은 사람이나 하늘 세상에 태어나기 위한 가르침'인 인천교, '성문과 연각을 위한 가르침'인 소승교, '법의 모습을 말해 주는 가르침'인 법상교法相敎, '법의 실체를 모조리 부정하는 가르침'인 파상교破相敎를 설한 것이고, 그들의 근기가 성숙된 것을 기다려서야 '근본이치를 아는 것'을 설하니 곧 『법화경』과 『열반경』 등이 여기에 속한다.[1]

---

1. 세존의 가르침을 다섯 단계로 나누니, 첫 번째는 '인천교人天敎'로서 오계五戒를 지키고 십선十善을 행하면 인간과 천상에 태어난다는 가르침이다. 두 번째는 '소승교'로서 성문과 연각을 위하여 설한 4제諦와 12인연 등의 가르침이다. 세 번째는 '대승 법상교法相敎'로서 현상과 본디 성품을 설한 가르침이다. 네 번째는 '대승 파상교破相敎'로서 모든 현상에 불변하는 실체가 없다고 설한 가르침이다. 다섯 번째는 '일승 현성교顯性敎'로서 현상과 본디 성품이 서로 걸림 없는 융합 관계를 설하여 깨달음에 이르게 하는 원만하고 완전한 가르침이다.

頓者 復二 一 逐機頓 二 化儀頓.
돈자 부이 일 축기돈 이 화의돈

一 逐機頓者
일 축기돈자

遇凡夫上根利智 直示眞法 聞卽頓悟 全同佛果.
우범부상근이지 직시진법 문즉돈오 전동불과

如華嚴中 初發心時 卽得阿耨菩提
여화엄중 초발심시 즉득아뇩보리

圓覺中觀行 卽成佛道.
원각중관행 즉성불도

然 始同前二敎中行門
연 시동전이교중행문

漸除凡習 漸顯聖德 如風激動大海 不能現像.
점제범습 점현성덕 여풍 격동대해 불능현상

1. 부처님 가르침에서 본 축기돈과 화의돈

돈頓에는 다시 두 종류가 있으니, 하나는 '중생의 근기에 맞추어 말한 부처님의 교법[逐機頓]'이요 또 하나는 '단숨에 온갖 법을 설해 마친 부처님의 교법[化儀頓]'이다.

첫 번째 '중생의 근기에 맞추어 말한 부처님의 교법'이란 상근기 범부를 만나면 바로 법을 보여 주고, 그가 법을 듣자마자 돈오하여 완전히 부처님과 같아지는 것이다.

이는 마치 『화엄경』에서 말한 초발심 때 깨달음을 얻고, 『원각경』에 나오는 마음을 챙기는 수행을 하여 곧 부처님의 도를 이루는 것과 같다.

그러나 처음 수행할 때에는 앞의 '법의 모습을 말해 주는 가르침'인 설상교說相敎와[1] '법의 실체를 모조리 부정하는 가르침'인 파상교破相敎의 수행문과 같아서, 점차 범부의 습기를 없애 시나브로 성인의 덕을 드러내야 하는 것이니, 이는 바다에 바람이 휘몰아치면 어떠한 모습도 제대로 드러낼 수 없는 이치와 같다.

---

1. 앞서 말한 인천교, 소승교, 법상교를 '설상교'라 한다.

○ 始同前漸者
　시동전점자

此圓頓中¹ 亦有先修漸行 而迴心頓悟者.
차원돈중 역유선수점행 이회심돈오자

故 若摠如文 漸除漸現 然後 頓悟則
고 약총여문 점제점현 연후 돈오즉

宛是漸敎中 功熟證悟之者
완시점교중 공숙증오지자

何言華嚴圓覺 所被先悟後修 上根凡夫耶.
하언화엄원각 소피선오후수 상근범부야

當知 此敎正爲之機 非前中下 非後根熟菩薩也.
당지 차교정위지기 비전중하 비후근숙보살야

♡風若頓息 則波浪漸停 影像顯也².
　풍약돈식 즉파랑점정 영상현야

卽華嚴一分 及圓覺佛頂 密嚴勝鬘 如來藏等經 是也 遇
즉화엄일분 급원각불정 밀엄승만 여래장등경 시야 우

機卽說 不定初後³.
기 즉설 부정초후

---

1. 원돈圓頓은 '단숨에 오롯한 깨달음을 이루는 것'을 말한다.
2. 바람은 중생의 알음알이, 바다는 마음의 성품, 파도와 물결은 번뇌, 영상은 온갖 모습으로 나타나는 공덕에 비유한다.
3. 이는 선문의 '바로 마음의 성품을 드러내는 종파'와 서로 그 내용이 같다.

주注 처음 수행할 때에는 앞의 설상교와 파상교의 점교와 같다는 것은, '단숨에 오롯한 깨달음을 이루는 것' 가운데도 먼저 점차 수행을 하다가 마음을 돌이켜 돈오하는 것이 있다는 것이다.

그러므로 모두가 이 글과 같이 점점 번뇌를 없애고 시나브로 참마음을 드러낸 뒤에 돈오한다면, 분명히 점교漸敎 가운데서 수행의 공력이 익어져 '깨달음을 증득한 것[證悟]'인데, 어찌 화엄과 원각의 가피를 입은 선오후수의 상근기 범부만 말하겠느냐. 그러므로 마땅히 이 가르침에서 바로 위하고자 하는 근기는 앞에서 말한 중하근기도 아니고 뒤에 근기가 익어진 보살도 아니라는 것을 알아야 한다.

사기 그러다 바람이 갑자기 멈추면 파도와 물결이 차츰차츰 멎어 들고 그 위에 온갖 모습이 제대로 드러나는 것과 같다.

다름 아닌 바로 『화엄경』 일부분과 『원각경』·『불정경』·『밀엄경』·『승만경』·『여래장경』 등 이십 여부 경전이 그러한 내용을 담고 있다. 그러므로 상근기를 만나면 바로 법을 설해 공부의 처음과 나중 순서를 결정하지 않는다.

二 化儀頓者
이 화 의 돈 자

謂佛初成道 爲宿世緣熟 上根之流 一時
위 불 초 성 도 위 숙 세 연 숙 상 근 지 류 일 시

頓說 性相事理 衆生萬惑 菩薩萬行 賢聖地位 諸佛萬德.
돈 설 성 상 사 리 중 생 만 혹 보 살 만 행 현 성 지 위 제 불 만 덕

因該果海 初心 卽得菩提 果徹因源 位滿 猶稱菩薩.
인 해 과 해 초 심 즉 득 보 리 과 철 인 원 위 만 유 칭 보 살

此唯華嚴一經 及十地一論[1] 名爲頓敎 餘皆不備.
차 유 화 엄 일 경 급 십 지 일 론 명 위 돈 교 여 개 불 비

其中所說諸法 是全一心之諸法 一心是全諸法之一心 性
기 중 소 설 제 법 시 전 일 심 지 제 법 일 심 시 전 제 법 지 일 심 성

相圓融 一多自在故 諸佛與衆生 交徹 淨土與穢土 融通.
상 원 융 일 다 자 재 고 제 불 여 중 생 교 철 정 토 여 예 토 융 통

法法 皆彼此互收 塵塵 悉包含法界 相入相卽 無礙鎔融
법 법 개 피 차 호 수 진 진 실 포 함 법 계 상 입 상 즉 무 애 용 융

具十玄門 重重無盡 名爲無障礙法界.[2]
구 십 현 문 중 중 무 진 명 위 무 장 애 법 계

---

1. 『십지론十地論』은 『십지경론』인데, 세친이 정리한 『십지경』의 주석서로서 불타선다와 늑나마제의 공역이다. 이 논에 의해서 지론종이 성립하였지만 뒤에 화엄종에 흡수되었다.
2. 무장애법계無障碍法界는 '어떠한 장애도 없는 법계'를 말한다.

두 번째 '단숨에 온갖 법을 설해 마친 부처님의 교법'이란 부처님께서 처음 도를 이루고 나서 전생의 인연이 성숙한 상근기들을 위하여 일시에 성性과 상相, 이理와 사事, 중생의 온갖 미혹과 온갖 보살행, 3현賢10성聖의 지위와 모든 부처님의 온갖 덕을 단숨에 설한 것을 말한다.

'인因'은 온갖 결과물을 싸안으니 초심에 깨달음을 얻고, '과果'는 모든 것이 '인因'에 근거한지라 성불해도 보살이라 부를 뿐이다.

이는 『화엄경』과 『십지론』을 돈교라 하는 것과 같으니, 나머지 모든 경론에는 이런 내용을 갖추고 있지 않다.

그 가운데 설한 모든 법은 전부 한마음에서 나오고, 이 한마음은 모든 법의 한마음이니, '성性'과 '상相'이 원융하고 '일一'과 '다多'가 자재하므로 모든 부처님과 중생이 서로 아우르고 부처님의 국토와 중생의 국토가 더불어 융통한다.

법 하나하나가 모두 서로 거두고, 티끌 하나하나가 모두 법계를 머금어 상즉상입相卽相入하며 걸림 없이 원융하여 십현문十玄門의 중중무진을 갖추니, 이를 일러 '어떠한 장애도 없는 법계'라고 말한다.

○ 今時人 聞自心自性 以爲淺近 聞無障礙法界 以爲深遠
　금시인 문자심자성 이위천근 문무장애법계 이위심원

不知自心 是法界之都 生佛之源. 若能返照 情量盡則法
부지자심 시법계지도 생불지원 약능반조 정량진즉법

界圓現矣. 祇恐不善用心 滯於寂靜爾.
계원현의 기공불선용심 체어적정이

華嚴錦冠 云.
화엄금관 운

觀心釋 大方廣佛華嚴經者
관심석 대방광불화엄경자

若約敎詮義 則有多門 若不攝歸一心 於我何預.
약약교전의 즉유다문 약불섭귀일심 어아하예

夫言大者 卽是心體 心體無邊故 爲名大.
부언대자 즉시심체 심체무변고 위명대

方是心相 心具德相之法故. 廣是心用 心有稱體之用.
방시심상 심구덕상지법고 광시심용 심유칭체지용

佛是心果 心解脫處 名佛. 華是心因 心所引行 喩之以華.
불시심과 심해탈처 명불 화시심인 심소인행 유지이화

嚴是心功 心能善巧嚴飾 曰之爲嚴.
엄시심공 심능선교엄칙 목지위엄

經是心敎 心起名言 詮現此理 故名爲經.
경시심교 심기명언 전현차리 고명위경

주注 요즈음 사람들이 자신의 마음과 성품에 대한 이야기를 들으면 별것 아니라 하고, 걸림 없는 법계의 이야기를 들으면 깊고 깊은 이치로서 굉장하다고 하면서도, 자기의 마음이 법계의 모든 것이며 부처님과 중생의 근원이라는 것을 알지 못한다. 만약 한 생각 돌이켜 알음알이가 다한다면 법계가 오롯이 드러난다. 다만 마음을 잘 쓰지 못하여 적정의 경계에 걸릴까 두려울 뿐이다.

『화엄금관』에서[1] 말하였다.

마음 보는 것을 풀이하는 데에, 『대방광불화엄경』에서 '교敎'를 기준하여 뜻을 드러내면 여러 문이 있지만, 만약 한마음으로 모든 것을 거두어 돌아가지 않는다면 나와 무슨 관계가 있겠는가.
'대大'란 마음의 바탕이니 그 바탕이 끝이 없으므로 '대'라 한 것이다. '방方'은 마음의 모습이니 마음에 공덕의 모습을 갖추었기 때문이다. '광廣'은 마음의 쓰임새이니, 마음에는 그 바탕과 하나가 되는 쓰임새가 있기 때문이다. '불佛'은 이 마음의 결과물이니, 마음이 번뇌에서 해탈한 곳을 '불佛'이라 한 것이다. '화華'는 이 마음의 수행이 시작되는 것이니, 이 마음이 드러내는 수행을 꽃으로 비유한 것이다. '엄嚴'은 이 마음의 공덕이니, 이 마음이 세상을 잘 장엄하므로 그것을 지목하여 '엄嚴'이라 한 것이다. '경經'은 마음의 가르침이니, 마음이 개념과 말을 사용하여 이 이치를 논리적으로 드러내므로 '경經'이라 한 것이다.

---

1. 『화엄금관華嚴錦冠』은 『청량소』를 풀이한 책이다.

然 心之一字 雖非一切 能爲一切. 觀者 以三大中 具四法
연 심지일자 수비일체 능위일체 관자 이삼대중 구사법

界¹ 對彼四界 故成四觀 法本如是故 依法而觀. 若依此
계 대피사계 고성사관 법본여시고 의법이관 약의차

悟解念念卽華嚴法界念念卽毗盧遮那法界也此釋甚詳.
오해 염념즉화엄법계 염념즉비로자나법계야 차석심상

就心之義用 說爲四法界 其實 一眞法界爾.
취심지의용 설위사법계 기실 일진법계이

若將心作四觀 終不相應.
약장심작사관 종불상응

淸涼心要牋 不云乎唯忘懷虛朗 消息沖融 其猶透水月華
청량심요전 불운호유망회허랑 소식충융 기유투수월화

虛而可見 無心鑑像 照而常空矣.
허이가견 무심감상 조이상공의

天台三觀門² 亦云 說卽有三名字 照時不作三一解 只
천태삼관문 역운 설즉유삼명자 조시부작삼일해 지

念念 見自心性 任運非三非一也 迷者 不辨說門觀門之相
염념 견자심성 임운비삼비일야 미자 불변설문관문지상

逐言敎義理 運無限思想 以謂觀心 惑矣.
축언교의리 운무한사상 이위관심 혹의

---

1. 사법계四法界는 이법계理法界와 사법계事法界, 이사무애법계理事無碍法界, 사사무애법계事事無碍法界를 말한다.
2. 천태 삼관문은 천태지자가 세운 공관空觀·가관假觀·중관中觀 세 가지 관법 수행을 말한다.

그러나 마음은 어떤 것도 아닐지라도 모든 것이 될 수 있다. '관觀'이란 삼대三大¹ 가운데 사법계四法界를 갖춘 그 사법계를 마주하므로 사관四觀을 이루니, 법이 본디 이와 같은 까닭으로 법에 의지하여 마음을 보는 것이다. 만약 이에 의지하여 깨달아 알면, 생각마다 화엄법계이고 생각마다 비로자나법계이다.

이 풀이가 매우 자세하다. 마음의 뜻과 쓰임새에 나아가 사법계四法界가 되는 것을 말하지만, 실은 일진법계一眞法界일 뿐이다. 만약 마음을 가져다 억지로 사관四觀을 만들면 끝내 참마음에 상응하지 못한다.

청량 스님은 『심요전心要牋』에서 "오직 텅 빈 밝음일 뿐, 온갖 망념이 사라진 충만한 마음은 물속에 비치는 밝은 달빛과 같다. 비어 있기에 볼 수 있고 분별하는 마음이 없기에 온갖 모습을 성찰하며, 환히 빛나면서도 늘 마음자리는 비어있다."라고 말하지 않았던가.

천태의 삼관문三觀門에서도 "말하자면 세 개의 개념이 있지만 마음을 환히 비출 때에는 '셋이다' '하나다'라는 알음알이를 내지 않는다. 다만 생각마다 자기 마음의 성품을 보고, 인연의 흐름에 맡길 뿐 셋도 아니고 하나도 아니다."라고 하였다. 어리석은 사람은 설문說門과 관문觀門의 모습을 가리지 못하고, 말과 논리만 쫓아 수많은 생각으로 '마음을 본다'라고 하니, 잘못 알고 있는 것이다.

---

1. 삼대는 체대體大·상대相大·용대用大를 말한다.

💬 此上頓漸 皆就佛 約敎而說.
차상돈점 개취불 약교이설

若就機 約悟修說者 意又不同.
약취기 약오수설자 의우부동

有云 先因漸修功成 而豁然頓悟 如伐木 片片漸斫 一時
유운 선인점수공성 이활연돈오 여벌목 편편점작 일시

頓倒.
돈도

有云 因頓修 而漸悟
유운 인돈수 이점오

如人學射 頓者 箭箭 注意在的 漸者 久久方中.
여인학사 돈자 전전 주의재적 점자 구구 방중

此說運心 頓修 不言功行頓畢也.
차설운심 돈수 불언공행돈필야

○ 疏中 無此門也.
소중 무차문야

雖曰頓修 非頓機明矣.[1]
수왈돈수 비돈기명의

---

1. 돈기頓機는 단숨에 깨닫는 근기를 말한다.

2. 중생의 근기로 나아가 돈점을 설명

사기 이 위에서 말한 돈頓과 점漸은 모두 부처님의 가르침을 기준 삼아 설했다. 만약 중생의 근기로 나아가 깨닫고 닦아 나가는 '오수悟修'를 기준 삼는다면 뜻 또한 같지가 않다.

어떤 사람이 "먼저 점차 닦아 공功이 이루어져야 마음이 툭 트여 돈오頓悟한다."라고 한 말은, 나무를 베어 낼 때 조금씩 찍어내다 보면 어느 시점에서 단숨에 나무가 쓰러지는 것과 같다.[1]

어떤 사람이 "돈수頓修로 인因하여 점차 깨닫는다."라고 말한 것은, 사람이 활 쏘는 법을 배움에 있어서, '돈頓'이란 화살을 쏠 때마다 과녁에 주의를 집중하는 것이요, '점漸'이란 오래 활 쏘는 법을 익히고 난 뒤에야 비로소 활을 명중시키는 것과 같다. 여기서 '과녁에 주의를 집중하는 마음'은 돈수頓修로서 공덕을 완성시키는 수행을 단숨에 마쳤음을 말한 것은 아니다.[2]

주注 『정원소』 가운데 이 수행문은 없다. 돈수頓修라 말하더라도 '단숨에 깨닫는 근기'가 아닌 것만은 분명하다.

---

1. 점수돈오를 말한다.
2. 돈수점오를 말한다.

💮 有云 漸修漸悟[1] 等者 皆說證悟也.
유운 점수점오 등자 개설증오야

有云 先須頓悟 方可漸修者 此約解悟也.
유운 선수돈오 방가점수자 차약해오야

約斷障說 如日頓出 霜露漸消 約成德說 如孩子頓生 志氣
약단장설 여일돈출 상로점소 약성덕설 여해자돈생 지기

漸立[2]. 故 華嚴 說 初發心時 卽成正覺 然後 三賢十聖[3]
점립 고 화엄 설 초발심시 즉성정각 연후 삼현십성

次第修證 若未悟而修 非眞修也.
차제수증 약미오이수 비진수야

○ 今時 有云 圓敎十信 須經十千劫修 入發心住[4]. 然審華
금시 유운 원교십신 수경십천겁수 입발심주 연심화

嚴論所說 如三乘中 修十信心 經十千劫 此敎中 爲以根
엄론소설 여삼승중 수십신심 경십천겁 차교중 위이근

本智 佛法界 以爲敎體故 但以才堪見實 卽得 不論劫量
본지 불법계 이위교체고 단이재감견실 즉득 불론겁량

也. 今時 敎學者 不見此論故 聞上根凡夫悟入處 是住初
야 금시 교학자 불견차론고 문상근범부오입처 시주초

發心 則拊掌大笑.
발심 즉부장대소

---

1. 『선원제전집도서』에서 점수점오漸修漸悟를 다음과 같이 부연 설명하였다. "비유하면 9층의 누각에 높이 올라가면 갈수록 멀리 볼 수 있는 것과 같다. 그러므로 시詩에서 '천리를 보고자 하면 한 층의 높이를 더 올라가라.'고 하였다."
2. 돈오점수를 말한다.
3. 3현10성에서 3현賢은 대승의 10주住·10행行·10회향十廻向을 말하고 10성聖은 10지地의 성인을 말한다.
4. '발심주發心住'는 확실한 믿음으로 도를 닦고자 하는 초발심에 있는 것을 말한다.

사기 어떤 사람이 "점차 닦고 점차 깨닫는다."라고 한 것들은 모두 '깨달음을 증득한 것[證悟]'을 말한 것이다. 어떤 사람이 "먼저 모름지기 돈오해야 점수할 수 있다."라고 한 것은 '깨달음을 이해한 것[解悟]'을 기준 삼아 한 말이다.

번뇌를 끊어내는 것을 기준 삼아 말한다면, 해가 문득 동산에 솟아도 이슬과 서리는 서서히 사라지는 것과 같고, 공덕 이룬 것을 기준 삼아 말한다면, 아이가 태어나 커가며 점차 사람노릇을 하는 것과 같다. 그러므로 『화엄경』에서 "처음 발심할 때 곧 정각正覺을 이룬 뒤에, 3현賢10성聖을 차례로 닦아 증득해야 한다."라고 하니, 바르게 깨닫지 못하고 닦는다면 진짜 수행이 아니기 때문이다.

주注 요즈음 어떤 사람이 말하기를 "원교의 10신信에서 일만 겁의 세월을 닦아야 발심주發心住에 들어간다."라고 한다.
그러나 『화엄론』에서 말한 것을 살펴보면 "삼승 가운데서 10신信은 일만 겁의 세월을 닦아야 하지만, 원교에서는 근본지혜 부처님의 법계로 가르침의 바탕을 삼기 때문에, 다만 갖고 있는 역량으로써 그 실상을 본다면 바로 얻음으로 세월의 길고 짧음을 논하지 않는다."라고 하였다.
지금 교학자들은 이 논을 보지 않았기 때문에, 상근기의 범부가 깨달아 들어가는 곳이 '초발심주初發心住'라는 말을 들으면 손바닥을 쳐가며 비웃고 있다.

又 錄中 云 悟後 入十信初位[1] 而此集 引住初發心 似有
우 녹중 운 오후 입십신초위   이차집 인주초발심 사유

違焉 然 解有識解智解 深淺有異 昇降不同故 不違也.
위언 연 해유식해지해 심천유이 승강부동고 불위야

又依華嚴所說 信初明三覺義[2] 是解悟 住初入位 明證
우의화엄소설 신초명삼각의   시해오 주초입위 명증

悟. 此禪源集 與論所明 入位 同是住初 而解證有異 何耶.
오 차선원집 여논소명 입위 동시주초 이해증유이 하야

然 如前所明 華嚴敎 具二頓所被機故 悟通解證 修通漸
연 여전소명 화엄교 구이돈소피기고 오통해증 수통점

頓. 故 二說 就機有異 而住位 一也.
돈 고 이설 취기유이 이주위 일야

今且約圓頓信解者 言之爾. 若敎外別傳者 不在此限.
금차약원돈신해자 언지이 약교외별전자 부재차한

---

1. 보살이 거듭 수행하여 깨달음에 이르는 과정을 52단계로 나누면 십신十信·십주十住·십행十行·십회향十廻向·십지十地·등각等覺·묘각妙覺이 된다. 십신十信은 보살이 처음 닦아야 할 열 가지 마음이다. 십주는 보살이 닦는 열 가지 수행 단계로, 진리에 안주하는 단계라는 뜻에서 주住라고 한다. 십행은 보살이 수행하는 열 가지 이타행이다. 십회향은 보살이 닦은 공덕을 널리 중생에게 돌리는 열 가지 회향이다. 십지는 보살이 수행 과정에서 거치는 열 가지 수행 단계이다. 환희지부터 시작하여 모든 번뇌를 끊어 열반을 성취한 부처의 경지인 불지佛地까지이다.
2. 세 가지 깨달음은 『기신론』의 본각本覺·시각始覺·구경각究竟覺을 말한다.

또 『법집별행록』 가운데 말하기를 "깨달은 뒤 10신信의 첫 자리에 든다."라 하고, 『선원제전집』에서는 '초발심주初發心住'를 인용하니 상충되는 소리 같지만 '아는 것'도 '알음알이로 아는 것'이 있고 '지혜로 아는 것'이 있기에, 수준이 높고 낮은 것에 따라 올라가고 내려가는 것이 다르므로 상충되지 않는다.

또 화엄에서 설한 것에 의하면 '믿음의 위치'에서 처음 '세 가지 깨달음'에 대한 이치를 밝힌 것은 '깨달음을 이해한 것[解悟]'이요, 10주住 초입에 들어가는 위치에서 '깨달음을 증득한 것[證悟]'을 밝힌 것이다. 그런데 『선원제전집』과 『화엄론』에서 밝힌 깨달음에 들어가는 위치는 똑같이 10주住의 첫 단계인데 '깨달음을 이해한 것[解悟]'과 '깨달음을 증득한 것[證悟]'이 다른 것은 무엇 때문인가.

앞에서 밝힌 화엄교에서는 돈오와 돈수의 가피를 입은 근기를 다 갖추고 있기 때문에, 깨달음은 '깨달음을 이해한 것[解悟]'과 '깨달음을 증득한 것[證悟]'에 다 통하고, 점차 닦아 나가는 수행도 점頓과 돈漸에 다 통한다. 그러므로 두 가지 설이 근기에 나아가서는 차별이 있겠지만 머무는 자리는 다 똑같다.

지금 역시 '단숨에 오롯한 깨달음을 믿고 아는 것'을 기준 삼아 말했을 뿐이다. 만약 교敎 밖에 따로 전하는 법이라면 이 한계를 넘어선다.

💡 **有云 頓悟頓修者**
유운 돈오돈수자

此說上上智 根性 樂欲 俱勝
차설상상지 근성 낙욕 구승

一聞千悟 得大摠持 一念不生 前後際斷.
일문천오 득대총지 일념불생 전후제단

此人三業 唯獨自明了 餘人所不及
차인삼업 유독자명료 여인소불급

斷障 如斬一綟絲 萬條頓斷
단장 여참일려사 만조돈단

修德 如染一綟絲 萬條頓色.
수덕 여염일려사 만조돈색

荷澤 云 一念 與本性相應 八萬波羅密行 一時齊用也
하택 운 일념 여본성상응 팔만바라밀행 일시제용야

且就事跡而言之 如牛頭融大師之類也.
차취사적이언지 여우두융대사지류야

○ **旣云 此人三業 餘人所不知 豈以人情 度量優劣耶.**
기운 차인삼업 여인소부지 기이인정 탁량우열야

격외도리의 선문

사기 어떤 이는 '돈오돈수頓悟頓修'라고 말하는데, 이는 최상의 지혜를 지닌 사람이 도도道를 깨닫고자 하는 근성根性과 도도道를 닦으려는 욕구가 모두 수승하여, 하나를 듣고 천 개를 깨달아 부처님의 모든 공덕을 얻고도 한 생각도 일으키지 않아 앞뒤 모든 망상이 다 끊어지는 것을 말한다.

이런 사람이 몸과 입과 뜻으로 짓는 업은 오직 홀로 스스로 명료할 뿐 다른 사람의 경계가 미치지 못하는 곳이기에, 번뇌를 끊는 것이 한 뭉치 실을 끊으면 만 가닥 실이 단숨에 끊어지는 것과 같고, 덕德을 닦는 것이 한 뭉치 실을 물들이면 만 가닥 실이 단숨에 물드는 것과 같다.

하택 스님은 "한 생각이 본디 성품과 상응하면 온갖 보살행에서 '앎'과 '삶'을 한꺼번에 똑같이 쓴다."라고 하였으니, 선지식의 역사적 자취에서 말한다면 우두융牛頭融 대사와 같은 부류이다.

주注 이미 "이런 사람이 몸과 입과 뜻으로 짓는 업은 다른 사람의 경계로 알 수 없는 곳이다."라고 말했으니, 어찌 사람들의 알음알이로 그 우열을 헤아릴 수 있겠는가.

❦ 此門 有二意
차문 유이의

若因悟而修 卽是解悟 若因修而悟 卽是證悟.
약인오이수 즉시해오 약인수이오 즉시증오

然 上 皆約今生而論 若遠推宿世 唯漸無頓.
연 상 개약금생이론 약원추숙세 유점무돈

今見頓者 已是多生 漸熏而發現也.
금견돈자 이시다생 점훈이발현야

此上 禪源集 所明頓悟頓修 與前疏意 有同有異.
차상 선원집 소명돈오돈수 여전소의 유동유이

異者 此集 以事智現前[1] 圓得百千三昧 爲頓修
이자 차집 이사지현전 원득백천삼매 위돈수

疏中 以理智現前[2] 得一行三昧 爲頓修故也.
소중 이이지현전 득일행삼매 위돈수고야

同者 疏中頓門三義外 又明一念具足十度萬行 是也.
동자 소중돈분삼의외 우명일념구족십도만행 시야

---

1. '사지事智'는 '현상계 하나하나를 낱낱이 아는 지혜'를 말한다.
2. '이지理智'는 '이치로 부처님 마음자리를 아는 지혜'를 말한다.

'깨달음을 이해한 것'과 '깨달음을 증득한 것'

사기 이 수행문에 두 가지 뜻이 있으니, 만약 깨달음으로 인하여 닦는 것이라면 이 깨달음은 '깨달음을 이해한 것[解悟]'이 되고, 닦아 나간 것으로 인하여 깨닫게 되면 이 깨달음은 '깨달음을 증득한 것[證悟]'이 된다.

그러나 위에서 말한 모든 것은 금생을 기준하여 논한 것이니, 멀리 숙세까지 추론하면 오직 '점漸'만 있을 뿐 '돈頓'은 없다. 지금 단숨에 공부를 이룬 것도 이미 전생에 오랜 세월 점차 익혔던 공부가 드러난 것이다.

앞서 『선원제전집도서』에서 밝힌 돈오돈수와 『정원소』의 설명에서 내용이 같은 것도 있고 다른 것도 있다.

내용이 다른 점은 『선원제전집도서』에서는 '현상계 하나하나를 낱낱이 아는 지혜'가 눈앞에 나타나 오롯한 온갖 삼매를 얻어야 돈수가 되는데, 『정원소』에서는 '이치로 부처님 마음자리를 아는 지혜'가 눈앞에 나타나 일행삼매를 얻어야 돈수가 되기 때문이다.
내용이 같은 점은 『정원소』 가운데에서도 '단숨에 부처님의 마음으로 들어가는 수행문'의 세 가지 이치 외에 '한 생각에 십바라밀과 온갖 보살행을 다 갖춘 것'을 밝힌 것이다.

然 一念具足 是性具門.
연 일념구족 시성구문

眞正解悟者 亦行之而功行 未圓.
진정해오자 역행지이공행 미원

如云 以知法性無慳貪故 隨順修行檀波羅密等 是也.
여운 이지법성무간탐고 수순수행단바라밀등 시야

荷澤 所謂一時齊用 是現行門也.
하택 소위일시제용 시현행문야

旣云修德 如染一綟絲 何功行之未畢耶.
기운수덕 여염일려사 하공행지미필야

故 二師所說 頓修辦事 同而稍異爾.
고 이사소설 돈수판사 동이초이이

圭峰 雖明根熟之流 修悟一時 然 此門 有二下 明此頓悟
규봉 수명근숙지류 수오일시 연 차문 유이하 명차돈오

頓修門 亦有解悟後頓修 頓修後證悟等二意也.
돈수문 역유해오후돈수 돈수후증오등이의야

就此先後之意 不無說焉
취차선후지의 불무설언

若取不看不澄不汚染 爲頓修 說前後則
약취불간부징불오염 위돈수 설전후즉

如淸凉所立三義也.
여청량소립삼의야

그러나 한 생각에 다 갖춘다는 것은 '한 생각에 온갖 법의 성품이 다 갖추어진 수행문'이다. 참으로 올바른 깨달음을 이해한 사람이 그 것을 실천해도 그처럼 애쓰는 수행은 아직 오롯하지 않다.

이는 법의 성품에 아끼거나 탐내는 마음이 없음을 알기에 보시 등을 실천하며 수행해 가야 한다는 것들이 바로 그 예다.

하택 스님이 말한 "앎과 삶을 한꺼번에 똑같이 쓴다."는 것은 '생활 속에서 부처님의 삶이 모두 드러나는 수행문'이다.

이미 "덕을 닦는 것은 한 뭉치 실을 물들이는 것과 같다."라고 말했으니, 어찌 수행하는 공력을 다 마치지 못했겠는가? 그러므로 청량과 규봉 스님이 설한 돈수의 '드러난 삶을 잘 꾸려 나가는 수행'은 같으면서도 조금 다를 뿐이다.

규봉 스님이 근기가 성숙한 수행자들의 '수오일시修悟一時'를 밝히더라도, 이 문에 두 가지 있으니, 밑에서 '돈오돈수의 문'에도 '깨달음을 이해한 뒤 돈수'와 '돈수 뒤 깨달음을 증득한 것[證悟]' 두 가지 뜻이 있다는 것을 밝힌다.

이 선후의 뜻에 할 말이 없을 수 없는데, 만약 보지도 밝히지도 않아 오염되지도 않은 마음을 취하여 돈수를 삼음으로 앞뒤를 설한다면, 이는 청량 스님이 내세운 세 가지 이치와 같다.

此亦參禪者 依本淨門¹ 熏習悟修先後之要節也.
차역참선자 의본정문 훈습오수선후지요절야

故 今叢林間 盛論本無煩惱保任之門.
고 금총림간 성론본무번뇌보임지문

然 圭峰 以不汚染無染修 爲頓悟漸修之源
연 규봉 이불오염무염수 위돈오점수지원

以無染辦事一時頓具 立爲頓修也.
이무염판사일시돈구 입위돈수야

推此而論 權敎初地² 雖是證悟
추차이론 권교초지 수시증오

後後修鍊差別智³ 猶難
후후수련차별지 유난

況解悟者 解礙未忘 何得言 事頓成.
황해오자 해애미망 하득언 사돈성

然 前漸門中 亦以圖度運心 立頓修之名
연 전점문중 역이도도운심 입돈수지명

就解悟後 豈無此意.
취해오후 기무차의

以實言之 是前上根凡夫 悟後漸修門 頓意也.
이실언지 시전상근범부 오후점수문 돈의야

---

1. 본정문本淨門은 '본디 깨끗한 마음의 수행문'을 말한다.
2. 권교權敎는 방편으로 주는 부처님의 가르침이다.
3. 차별지差別智는 중생의 근기에 맞추어 나타난 온갖 차별을 남김없이 아는 지혜이다.

이것 또한 참선하는 사람이 '본디 깨끗한 마음의 수행문'에 의지하여, 오悟·수修의 앞뒤를 익히는 요긴한 대목이다. 그러므로 지금 총림 사이에서도 본래 번뇌 없는 그 마음을 그대로 유지하는 수행문을 많이 논하고 있다.

그러나 규봉 스님은 오염되지 않은 수행으로 '돈오점수'의 근원을 삼고, 오염되지 않은 마음과 일을 잘 처리하는 능력을 일시에 갖춤으로 '돈수'를 삼는다.

이를 추론하면 부처님의 가르침을 방편으로 초지初地에서 깨달음을 증득하더라도, 그 후에 차별지를 수련하는 것이 오히려 더 어려운데, 하물며 '깨달음을 이해한 사람'이 알음알이 장애도 아직 여의지 못하고 어찌 '현상계 하나하나를 낱낱이 아는 지혜'를 몰록 이루었다 말할 수 있겠는가?

그러나 앞서 '차츰차츰 부처님의 마음으로 들어가는 수행문[漸門]' 가운데 또한 십바라밀을 도모하여 마음을 운용하는 것을 헤아려 '돈수'의 이름을 내세우니, 깨달음을 이해한[解悟] 뒤에 어찌 이런 뜻이 없으리오.

사실을 말한다면, 이는 앞서 말한 상근기 범부가 깨달은 뒤 '차츰차츰 깨달아 들어가는 수행문[漸修門]'에 있는 돈頓의 뜻이다.

頓修後證悟者 頓修辦事 悟後猶難 況悟前 豈有之耶. 然
돈수후증오자 돈수판사 오후유난 황오전 기유지야 연

取運心頓 立之爾 推其源則是前根熟之流 悟前漸熏中頓
취운심돈 입지이 추기원즉시전근숙지류 오전점훈중돈

意也.
의야

然 此頓悟頓修門 先後意者 以淸凉 所立不汚染修 言之
연 차돈오돈수문 선후의자 이청량 소립불오염수 언지

則若合符節. 以圭峰所立辦事修 言之 未容無說 但以意
즉약합부절 이규봉소립판사수 언지 미용무설 단이의

求之 以遣學者 先後斷常之見.
구지 이견학자 선후단상지견

故 壽禪師[1] 亦引此門判之 但屬於根熟者之所行 非其
고 수선사 역인차문판지 단속어근숙자지소행 비기

普被凡夫. 故 不如爲今時大心凡夫 立頓悟漸修門也.
보피범부 고 불여위금시대심범부 입돈오점수문야

---

1. 영명연수永明延壽(904-975) 스님은 중국 북송시대의 선승이다. '영명'은 절 이름이고 '지각'은 시호이며 법명은 연수延壽이다. 법안종 제3조이다. 30세에 취암영삼취암翠岩슘參에게 출가하고 뒷날 천태덕소天台德韶를 뵙고 깨달음을 얻었다. 57세에 오월 충의왕 전숙의 청을 받아 항주 영은사 주지를 맡았다. 다음 해에 영명사 주지로 부임하니 따르는 학인들이 이천여 명이나 되었다. 이 무렵 『종경록』이 영명사의 연법당演法堂에서 편집되니, 뒷날 이 인연으로 연법당은 종경당宗鏡堂으로 명칭이 바뀌었다. 영명연수는 한평생 『법화경』을 일만 삼천 번이나 독송하고, 선종과 교종을 통합하며, 마음의 정토에 귀의하는 것을 소중하게 여겼다. 그의 저서 『만선동귀집萬善同歸集』은 선종과 정토의 합일사상에 중점을 둔 것으로, 후세 불교계에 많은 영향을 끼친 책이다. 그의 저서는 『종경록』, 『만선동귀집』 이외에 『유심결唯心訣』과 『심부주心賦註』와 『정혜상자가定慧相資歌』와 『신서안양부神栖安養賦』 등이 있다.

돈수 뒤에 깨달음을 증득한다고 하는데, 돈수하고 일을 잘 처리하는 역량은 깨달은 뒤에도 오히려 매우 어려운 일인데, 깨닫기 전에 어찌 그 능력이 있겠는가.

그러나 마음을 쓰는 돈頓을 취하여 그것을 세웠을 뿐이니, 그 근원을 추론하면 이는 근기가 성숙한 사람들이 깨닫기 전에 점차 익힌 '돈頓'의 뜻을 말한 것이다.

그러나 이 돈오돈수의 문에서 앞뒤의 뜻이란, 청량 스님이 내세운 '오염되지 않은 마음'의 수행으로 말한다면, 곧 마디가 착착 들어맞는 것과 같다.

규봉 스님이 내세운 '일을 잘 처리하는 역량'을 닦는 것으로 말한다면, 아직까지는 '말 없음의 도리'를 용납하지 못하지만, 뜻으로만 추론하면 학자들의 전후 단견과 상견을 없애야 하기 때문에 맞다.

그러므로 영명연수永明延壽 선사도 이 수행문을 인용하여 판단하기를, "다만 근기가 성숙한 수행자들이 실천할 일이지, 널리 범부에게 알릴 것은 아니다."라고 하였다.

그러므로 요즈음 '부처님의 마음을 지닌 범부'를 위하여 돈오점수의 문을 세우는 것만 못하다.

其漸修頓悟 頓修漸悟 漸修漸悟等 是漸機所行
기점수돈오 돈수점오 점수점오등 시점기소행

非今所辨也.
비금소판야

又 末後總判門 若推宿世 唯漸無頓之說 不無疑焉 何者.
우 말후총판문 약추숙세 유점무돈지설 불무의언 하자

若依此文 如言取意 則過去 唯有漸敎漸熏故
약의차문 여언취의 즉과거 유유점교점훈고

今生頓入之者 皆是權敎 漸修功熟迴心之機 永無從具縛
금생돈입지자 개시권교 점수공숙회심지기 영무종구박

地 直進機也.
지 직진기야

如此則 權敎所明三賢十地 一一歷修然後 成佛者 機敎
여차즉 권교소명삼현십지 일일역수연후 성불자 기교

相應故 漸修頓悟等 是乃眞實.
상응고 점수돈오등 시내진실

而華嚴所明初發心時 便成正覺然後 歷修階位者
이화엄소명초발심시 변성정각연후 역수계위자

有敎無機故 頓悟漸修 返爲虛矣.
유교무기고 돈오점수 반위허의

점수돈오, 돈수점오, 점수점오 등은 차근차근 꾸준히 공부해야 하는 근기들이 실천할 수행이지, 지금 판단할 것은 아니다.

돈과 점의 시간적 관점

사기 또 맨 마지막 공부자리에서 전생의 일을 추론하면 오직 '점漸'만 있을 뿐 '돈頓'이 없다는 말에 의심이 없을 수 없으니, 무엇 때문인가?

만약 이 뜻에 의한다면 곧 과거에 오직 점교漸敎의 점차 닦아 익히는 수행만 있을 뿐이므로, 금생에 몰록 도에 드는 사람들도 모두 방편으로 주는 부처님의 가르침으로 점차 닦아 그 공력이 무르익어 중생의 마음을 돌이킨 근기이니, 번뇌에서 바로 도道로 나가는 근기가 없기 때문이다.

이렇다면 방편으로 주는 부처님의 가르침에서 밝힌 3현賢10지地를 하나하나 닦아 나간 뒤 성불한다는 것은, 근기와 교리가 상응하는 것이므로 점수돈오漸修頓悟한다는 것들은 진실이다.

그러나 『화엄경』에서 밝힌 처음 발심 할 때 바로 올바른 깨달음을 이룬 뒤에 온갖 수행의 단계를 닦아 나간다는 것은, 가르침만 있지 그 근기는 없으므로 돈오점수頓悟漸修한다는 것은 도리어 헛소리가 된다.

何故 圭峰 自言
하고 규봉 자언

若知頓悟漸修兩門 得見一切賢聖之軌轍耶.
약 지 돈 오 점 수 양 문 득 견 일 체 현 성 지 궤 철 야

非但如此　曉公法師[1]　亦有彌陀證性偈[2]　深明往古諸
비 단 여 차 　 효 공 법 사 　 역 유 미 타 증 성 게 　 심 명 왕 고 제

佛 先悟後修之門 而今盛行千世.
불 선 오 후 수 지 문 이 금 성 행 천 세

如云 乃往過去久遠世 有一高士 號法藏[3]
여 운 내 왕 과 거 구 원 세 유 일 고 사 호 법 장

　　初發無上菩提心　出俗入道破諸相.
　　초 발 무 상 보 리 심 　 출 속 입 도 파 제 상

　　雖知一心無二相　而愍群生沒苦海
　　수 지 일 심 무 이 상 　 이 민 군 생 몰 고 해

　　起六八大超誓願　具修淨業離諸穢. 是也.
　　기 육 팔 대 초 서 원 　 구 수 정 업 이 제 예 　 시 야

---

1. 효공법사曉公法師는 원효(617-686) 스님을 말한다.
2. 『미타증성게』는 원효 스님의 저술로 아미타불을 칭송한 7언 8구의 3게송으로 이루어져 있다고 하는데 현재는 전해지지 않고 있다.
3. 산스크리트어의 '아미타'는 우리말로 '헤아릴 수 없이 영원한 생명'이라 하고 또는 '헤아릴 수 없이 영원한 빛'이라고 하니, 시방삼세 으뜸가는 부처님 명호이다. 아미타 여래께서 과거 법장 비구였을 때 세자재왕世自在王 부처님 앞에서 마흔여덟 가지 원을 세워 "제가 성불할 때 시방세계 모든 중생 나아가 꿈틀거리는 작은 벌레조차 내 명호를 기억하고 열 번 소리 내어 부른다면 그들은 반드시 저의 국토에 태어날 것입니다. 이 원이 이루어지지 않는다면 저는 결코 성불하지 않겠습니다."라고 하였다.

무엇 때문에 규봉 스님이 스스로 "돈오와 점수의 두 문을 알면 모든 성현의 본보기를 얻을 수 있다."라고 말했겠는가.

이럴 뿐만 아니라 또한 원효 스님이 『미타증성게』에서 깊이 과거 모든 부처님이 먼저 깨닫고 난 뒤 닦아 나가는 문을 밝혀 놓은 것이 있으니 지금도 세간에서 성행하고 있다.

그 『미타증성게』의 내용은 다음과 같다.

> 알 수 없는 머나먼 저 과거 전생에
> 그 이름이 법장이란 훌륭한 분이
> 깨닫고자 하는 마음 처음 내고선
> 출가하여 온갖 집착 타파하였네.
>
> 다른 모습 없는 마음 알고 있어도
> 고해 바다 중생들을 애틋이 여겨
> 마흔여덟 가지 원력 크게 일으켜
> 온갖 업을 맑혀보니 극락정토라.

又金剛經 云
우금강경 운

如我昔爲歌利王 割截身體
여아석위가리왕 할절신체

我於爾時 無我相無人相無衆生相無壽者相
아어이시 무아상무인상무중생상무수자상

何以故 我於往昔節節支解時
하이고 아어왕석절절지해시

若有我相人相衆生相壽者相 應生嗔恨.
약유아상인상중생상수자상 응생진한

審此經文
심차경문

若無先悟心性 得法空智 離人我相者
약무선오심성 득법공지 이인아상자

何能於無量無數劫海 得如是難行能行難忍能忍耶.
하능어무량무수겁해 득여시난행능행 난인능인야

今時迷癡輩 不知此意 先愁菩薩萬行之艱難 作懸崖之想
금시 미치배 부지차의 선수보살만행지간난 작현애지상

而不能返照自心 煩惱性空 離於諸相 行菩薩道.
이불능반조자심 번뇌성공 이어제상 행보살도

또 『금강경』에서 다음과 같이 말한 것과도 같다.

수보리야, 옛날 가리왕이 예리한 칼로 나의 몸을 잘라서 토막 낼 때, 그때 나는 '나라는 모습, 남이라는 모습, 나와 남들이 어울려 생겨나는 우리 중생이라는 모습, 또는 이들 모두의 생명이 영원할 것이라는 모습'에 집착하지 않았다.
무슨 말인고 하면, 내 몸이 마디마디 사지가 찢길 때에 '나라는 모습에 집착하고, 남이라는 모습에 집착하며, 나와 남들이 어울려 생겨나는 우리 중생이라는 모습에 집착하고, 또는 이들 모두의 생명이 영원할 것이라는 모습에 집착하는 것'이 있었다면, 반드시 나는 가리왕에게 성내고 원망하는 마음을 냈을 것이기 때문이다.

이 경문을 살펴보면 만약 먼저 마음의 참성품을 깨달아서, 온갖 법이 공空이라는 지혜로 나와 남이라는 모습에 대한 집착을 벗어나지 못했다면, 어찌 한량없는 세월 속에서 이와 같은 참기 어려운 인욕행을 해낼 수 있겠는가.

지금 어리석은 사람들이 이 뜻을 알지 못하고, 먼저 온갖 보살행의 어려움을 걱정하며 너무 어렵다는 생각에, 자기 마음을 돌이켜 번뇌의 성품이 공인 줄 알고 온갖 모습에 대한 집착을 떠난 보살도를 실천할 줄 모른다.

以故 但將聰慧 滯於文義 終年竟歲 數他珍寶
이고 단장총혜 체어문의 종년경세 수타진보

雖有善種 與道懸遠矣.
수유선종 여도현원의

故知先悟後修非但今生一期得入之門是乃古今賢聖始
고지 선오후수 비단금생일기득입지문 시내고금현성시

終之行 通於三世矣. 亦是錄中 圭峰本意也.
종지행 통어삼세의 역시녹중 규봉본의야

而於禪源集 言唯漸無頓 何耶.
이어선원집 언유점무돈 하야

然 凡言頓漸 有二義 或約信解門¹ 或約功行門² 隨處
연 범언돈점 유이의 혹약신해문 혹약공행문 수처

異爾. 若約信解 則現今 性相宗徒 頓漸熏習 有異 俱期當
이이 약약신해 즉현금 성상종도 돈점훈습 유이 구기당

來辨果 以例 過去熏習 豈唯漸無頓耶.
래판과 이예 과거훈습 기유점무돈야

---

1. 신해문信解門은 '믿고 이해한 뒤 실천하는 수행문'을 말한다.
2. 공행문功行門은 '공력으로 드러나는 수행문'을 말한다.

이 때문에 허튼 지혜로 문자의 뜻에 걸려 세월이 다하도록 남의 보배만 헤아리니, 좋은 마음의 씨앗을 가졌더라도 도에서 더욱 멀어진다.

그러므로 '먼저 깨닫고 뒤에 닦아 나가는 수행문'은 다만 금생에 깨달아 들어가는 수행문은 아니지만, 이것이 예나 지금이나 성현들이 일관되게 하는 수행이니 과거 현재 미래에 다 통하는 것인 줄 알아야 한다. 이 또한 『법집별행록』에 있는 규봉 스님의 본래 뜻이다.

그런데 『선원제전집도서』에서 "오직 점漸만 있을 뿐 돈頓이 없다."라고 말하니, 무슨 까닭인가?

'믿고 이해한 뒤 실천하는 수행문'과 '공력으로 드러나는 수행문'

사기 무릇 돈頓과 점漸에 두 가지 뜻이 있다고 말하는 것은 '믿고 이해한 뒤 실천하는 수행문'이나 '공력으로 드러나는 수행문' 중 어느 것을 기준으로 잡느냐에 따라 다르기 때문이다.

'믿고 이해한 뒤 실천하는 수행문'을 기준 삼는다면 지금 성종性宗과 상종相宗 사람들이 말하는 돈頓과 점漸의 훈습이 다르겠지만 다 미래의 결과를 기약하니, 과거의 훈습을 보기로 든다고 하여 어찌 오직 '점漸'뿐이고 '돈頓'이 없겠느냐.

若約功行則 根機利鈍 不同 進修勸怠 不等 發悟遲速 有
약약공행즉 근기이둔 부동 진수권태 부등 발오지속 유

異故 亦有頓漸之名. 且約頓門根劣者 言之則 過去 雖聞
이고 역유돈점지명 차약돈문근열자 언지즉 과거 수문

頓法[1] 信解修行 然 障濃習重 觀劣心浮故 未能頓成 展
돈법 신해수행 연 장농습중 관열심부고 미능돈성 전

轉流來 至於今生 聞卽發悟.
전유래 지어금생 문즉발오

故 云 今見頓者 已是多生漸熏發現也
고 운 금견돈자 이시다생점훈발현야

非謂無頓法信解之熏 是功熏漸熟之謂也.
비위무돈법신해지훈 시공훈점숙지위야

所言 今見頓者 是牛頭融禪師 會通侍者等[2] 生來梵行
소언 금견돈자 시우두융선사 회통시자등 생래범행

成就者也. 且約現世此等人 驗知唯漸無頓爾.
성취자야 차약현세차등인 험지유점무돈이

非關生來惡行及尋常人 遇緣頓悟者也
비관생래악행 급심상인 우연돈오자야

仔細審詳 勿以因緣道理 起疑諍矣.
자세심상 물이인연도리 기의쟁의

---

1. 돈법頓法은 '단숨에 드러나는 법'을 말한다.
2. '회통시자會通侍者'는 중국 항주 초현사의 회통 선사를 말한다. 벼슬을 하다가 세상의 무상함을 느끼고 도림道林 선사에게 출가하였다.

'공력으로 드러나는 수행문'을 기준 삼는다면, 근기가 다르고 공부하는 태도도 다르며 깨달음의 속도도 다르므로 돈頓과 점漸이란 이름이 있다.

또 '단숨에 부처님의 마음으로 들어가는 수행문'에서 근기가 하열한 사람을 기준 삼아 말한다면, 이들이 과거에 '단숨에 드러나는 법'을 듣고 믿고 알아 수행하였더라도 업장이 두텁고 마음을 챙기는 힘이 약하므로, 단숨에 수행을 완성할 수 없어 윤회하다 금생에 이르러 법문을 듣고 깨닫는다.

그러므로 "이제 '단숨에 드러나는 법'을 보는 사람은 이미 전생에 오랜 세월 점차 익혔던 공부가 드러난 것이다."라고 하니, 이는 '단숨에 드러나는 법'을 믿고 아는 훈습이 없다고 말한 것이 아니라, 수행의 공력을 훈습하여 점차 성숙시킨 것을 말한다.

지금 '단숨에 드러나는 법'을 본다는 것은, 우두법융 선사와 회통 시자 같은 분들이 태어나면서부터 청정하다는 것을 말한다.

현세의 사람들을 기준 삼아 말한다면 오직 점漸이요, 돈頓이 없음을 경험으로 알 것이다. 태어나면서부터 악행을 일삼던 보통사람이 인연을 만나 돈오한 것은 상관할 것이 아니니, 자세히 살펴 인연의 도리로 의심을 일으켜 다투지 말라.

今之所論 從具縛地 先悟後修者 如石鞏和尙[1] 鄧隱峰
금지소론 종구박지 선오후수자 여석공화상   등은봉

等(此二師皆曾爲獵人也)[2] 平生作惡來者 及今時學人等 遇
등 차이사개증위엽인야   평생작악래자 급금시학인등 우

緣開發者 比比有之 是也.
연개발자 비비유지 시야

石鞏和尙 見馬祖發悟後 牧牛行 是悟後漸修也.
석공화상 견마조발오후 목우행 시오후점수야

或有人據唯漸無頓之說曰此石鞏等 亦久積淨業者權現
혹유인 거유점무돈지설 왈차석공등 역구적정업자 권현

惡行爾 作此說者 胸臆所判 不可信也.
악행이 작차설자 흉억소판 불가신야

且宿熏有二義 或有聞法發心 起行修來者 或有供養三寶
차숙훈 유이의 혹유문법발심 기행수래자 혹유공양삼보

植衆德本 而隨業昇沈者 以此二義 驗知. 生來梵行異常
식중덕본 이수업승침자 이차이의 험지 생래범행이상

者已從先世來 聞法發心 起行漸修力故 生來造惡 而遇緣
자 이종선세래 문법발심 기행점수력고 생래조악 이우연

發悟者 非是久積淨業 亦非無因而得 以有宿植德本故.
발오자 비시구적정업 역비무인이득 이유숙식덕본고

---

1. 석공 스님은 본래 활을 쏘던 사냥꾼인데, 마조스님을 만나 가르침을 받고 난 뒤 법을 물으면 늘 활을 쏘는 시늉을 하였다.
2. 등은봉 스님은 마조스님의 문하에서 법을 깨쳤는데, 물구나무를 선 채 입적하였다고 한다.

지금 논하는 것은 번뇌 속에서 먼저 깨닫고 뒤에 닦아 나가는 '선오후수先悟後修'인데, 평생 좋지 않은 일만 해왔던 사냥꾼 석공과 등은봉 스님을 비롯하여 요즈음 학인들도 가끔 기연을 만나 마음을 깨쳤다는 것들이 이것이다.

석공 스님이 마조 스님을 만나 깨닫고 난 뒤 마음을 챙겼던 삶이, 깨달은 뒤로 점차 닦아 나가는 오후점수悟後漸修이다.

혹 어떤 사람은 오직 점漸이요, 돈頓이 없다는 말에 근거하여 "석공 같은 분들도 오래 맑은 삶을 살아왔는데 방편으로 악행을 드러냈을 뿐이다."라고 하는데, 이런 말을 하는 사람은 억측으로 하는 말이지 믿을 수 있는 게 아니다.

또 전생에 익힌 업에 두 가지 이치가 있어, 법을 듣고 도 닦을 마음을 내어 수행을 하는 사람도 있고, 삼보께 공양하여 온갖 덕의 근본을 심되 업에 따른 삶의 굴곡이 있는 사람들도 있으니, 이 두 가지 이치로 증험하여 알 것이다.
태어나면서부터 청정하여 특별한 삶을 사는 사람은 이미 전생부터 법을 듣고 도 닦을 마음을 내어 점차 수행력을 키워 왔기 때문이고, 태어나면서부터 좋지 않은 일을 하다가 기연을 만나 깨달은 사람들은 오랫동안 맑은 삶을 살아왔던 사람이 아니지만, 또한 인과 없이 얻은 것도 아니니, 전생에 온갖 덕의 근본을 심어 놓았기 때문이다.

所言宿植德本 是有漏業 不同修眞之行.
소언숙식덕본 시유루업 부동수진지행

故 不妨隨業昇沈
고 불방수업승침

雖有昇沈 以有德本故 今聞大法 不妨發悟.
수유승침 이유덕본고 금문대법 불방발오

雖有發悟 不由久修對治之功
수유발오 불유구수대치지공

以不由久修故 豈無無明力大 還同凡夫之習
이불유구수고 기무무명력대 환동범부지습

以有發悟故 豈無般若力大 還同諸佛之德.
이유발오고 기무반야력대 환동제불지덕

以有此二力故 念念熏修 自然有無功用中功用 無漸次中
이유차이력고 염념훈수 자연유무공용중공용 무점차중

漸次. 故 云 先悟後修 不同漸宗對治之修.
점차 고 운 선오후수 부동점종대치지수

전생에 온갖 덕의 근본을 심어 놓았다고 말한 것은 유루업이기에 무루업을 닦는 진짜 수행과는 다르다.

그러므로 업에 따른 삶의 굴곡이 있고, 삶의 굴곡이 있더라도 전생에 온갖 덕의 근본을 심어 놓았기에 지금 큰 법을 듣고 깨닫는다.

깨닫더라도 오랜 수행의 공력으로 된 것이 아니니, 오랜 수행의 공력으로 된 것이 아니므로, 어찌 많은 무명의 힘이 범부와 같지 않을 것이며, 깨달음이 있기 때문에 어찌 반야의 힘이 부처님의 공덕과 같지 않겠는가?

이 두 가지 힘이 있는 까닭에, 생각마다 닦아 익히면, 자연히 따로 쓰는 수행의 공력이 없는 가운데에서 수행의 공력이 있고, 따로 시나브로 닦는 수행이 없는 가운데에서 시나브로 닦는 수행이 있다. 그러므로 '먼저 깨닫고 뒤에 닦는 선오후수先悟後修'는 점종漸宗에서 마음을 다스리는 수행과는 다르다.

今言宿植德本 例者 如大涅槃經 云.
금언숙식덕본 예자 여대열반경 운

復次 善男子 舍衛城中 有婆羅門女 姓婆私吒 唯有一子
부차 선남자 사위성중 유바라문녀 성파사타 유유일자

愛之甚重 遇病命終. 爾時 女人 愁毒入心 狂亂失性 裸形
애지심중 우병명종 이시 여인 수독입심 광란실성 나형

無恥 遊行四衢 啼哭失聲 唱言子子 汝何處去 周遍城邑
무치 유행사구 제곡실성 창언자자 여하처거 주변성읍

無有疲己. 而是女人 已於先佛 植衆德本.
무유피기 이시여인 이어선불 식중덕본

善男子 我於是女起慈愍心 是時女人 卽得見我 便生子想
선남자 아어시여 기자민심 시시여인 즉득견아 변생자상

還得本心 前抱我身 嗚呫我口. 我時卽告 侍者阿難 汝可
환득본심 전포아신 명잡아구 아시즉고 시자아난 여가

持衣 與是女人 旣與衣己 便爲種種說諸法要. 是女聞法
지의 여시여인 기여의이 변위종종설제법요 시여문법

歡喜勇躍 發阿耨菩提. 又憍薩羅國 五百群賊 已於先佛
환희용약 발아녹보리 우 교살라국 오백군적 이어선불

植衆德本故 見佛聞法 發菩提心.[1]
식중덕본고 견불문법 발보리심

---

1. 교살라국에서 도적 오백 명의 노략질로 피해가 막심하자 파사익 왕이 군대를 보내어 그들을 잡아 눈을 뽑고 숲에 버려두었다. 이 도적들이 부처님을 부르면서 고통에서 벗어나길 간절히 원하자, 부처님께서 자비로운 마음으로 온갖 향기로운 약을 바람에 실어 그들의 눈에 넣어 낫게 해주었다. 눈을 뜬 도적들은 부처님의 법을 듣고 깨닫고자 하는 마음을 내었다. 『열반경』에 나오는 이야기이다.

이제 전생에 심은 공덕의 근본을 예를 들어 말하자면 이는 『대열반경』에서 말하는 내용과 같다.

선남자여, 사위성에 파사타라는 바라문 여인에게 애지중지하던 외아들이 있었는데 갑자기 병이 나 죽었다. 그때 여인은 깊은 시름에 빠져 미쳐 날뛰면서 발가벗은 채 부끄럼도 모르고 큰 길로 뛰쳐나갔다. 여인은 울면서 "아들아, 아들아 어디 갔느냐?" 하며, 온 성안을 지칠 줄 모르고 살살이 돌아다녔다. 하지만 이 여인은 과거에 이미 부처님께 온갖 덕의 근본을 심어 놓은 사람이었다.

선남자여, 내가 이 여인에게 애틋한 마음을 갖자, 이 여인이 나를 보고 아들이란 생각을 내고 본래의 마음을 찾고, 앞으로 와 나를 안고 울면서 내 입에 입맞춤을 하였다. 내가 그때 아난에게 옷을 가져와 여인에게 주라 하고, 여인이 옷을 입은 뒤 온갖 법을 설하였다. 그 여인은 법을 듣고 뛸 듯이 기뻐하며 깨달음을 얻고자 하는 마음을 내었다.

또 교살라국에서 오백 명의 도적도 이미 과거에 부처님께 온갖 덕의 근본을 심었기에 부처님을 뵙고 법을 듣자 곧 깨달음을 얻고자 하는 마음을 내었다.

審此等因緣 雖於先佛 植衆德本
심차등인연 수어선불 식중덕본

而受女報 狂亂失性 或爲群賊 爲害滋甚.
이수여보 광란실성 혹위군적 위해자심

雖受惡報 以有德本故
수수악보 이유덕본고

見佛聞法 開發覺心 不同尋常無因之者.
견불문법 개발각심 부동심상무인지자

以是當知 石鞏鄧隱峰等可言有德本爾 非久積淨業者也.
이시당지 석공등은봉등가언유덕본이 비구적정업자야

或言 頓機 宿有德本 亦是唯漸 無頓者
혹언 돈기 숙유덕본 역시유점 무돈자

此人 不辨世諦因緣 及出世修證門¹ 故 豈可與語耶.
차인 불변세제인연 급출세수증문 고 기가여어야

又 三世因緣之法 是衆生 於無作智中² 自心自誑 虛妄
우 삼세인연지법 시중생 어무작지중 자심자광 허망

變起 如是之論 非爲佛法也.
변기 여시지론 비위불법야

---

1. '수증문修證門'은 닦아 증득하는 수행문을 말한다.
2. '무작지無作智'는 어떤 지혜도 일부러 쓸 필요가 없는 부처님의 지혜를 말한다.

이런 인연을 살피다 보면 과거 부처님께 온갖 덕의 근본을 심어 놓았지만 여인의 과보는 미쳐 날뛰는 결과로 나타났고, 혹은 도적의 무리가 되어 남을 해치는 일들이 많이 있기도 하였다.

이런 나쁜 과보를 받더라도 온갖 덕의 근본이 있는 까닭에, 부처님을 만나 법을 듣고는 깨닫고자 하는 마음을 내니, 보통 인과가 없는 사람하고는 다르다.

이것으로 알아야 한다. 석공 스님이나 등은봉 스님에게 온갖 덕의 근본이 있다고 말할 수는 있지만, 오랫동안 깨끗한 삶을 사신 분들은 아니었다.

혹자가 "단숨에 깨닫는 근기에게 전생에 심어놓은 선근이 있는 것도 오직 점漸일 따름이지 돈頓은 없다."라고 말하지만, 이 사람은 세속의 인연과 출세간의 '닦아 증득하는 수행문'을 가리지 못하고 있기에 어찌 더불어 말할 수가 있겠느냐?

또 삼세 인연의 법은 '어떤 지혜도 일부러 쓸 필요가 없는 부처님의 지혜'에서 중생이 자기 마음에 스스로 속아 허망하게 일어난 것이니 이런 논쟁은 불법을 위한 것이 아니다.

吾今 要辨頓漸者
오금 요변돈점자

只爲修心人 不知 自心是佛心 自性是法性
지위수심인 부지 자심시불심 자성시법성

而甘處下劣 勞修漸行 日劫常倍故
이감처하열 노수점행 일겁상배고

意欲扶現頓宗見性成佛之旨 令於生死長夜無明塵勞 三
의욕부현돈종견성성불지지 영어생사장야무명진로 삼

界大夢之中 不生退屈 不費工夫 勇猛覺悟 續佛壽命窮劫
계대몽지중 불생퇴굴 불비공부 용맹각오 속불수명 궁겁

蒙益耳
몽익이

何用辨論 三世因緣法耶.
하용변론 삼세인연법야

내가 지금 돈頓과 점漸을 구분하려는 것은,

다만 마음 닦는 사람들이 자신의 마음이 부처님의 마음이며 자신의 성품이 법의 성품인 줄 알지 못하고,

자기를 못났다 생각하고 애를 쓰며 하는 점차적 수행이 날로 늘어 가기 때문에,

돈종頓宗에서 '참성품을 보고 부처님이 된다'는 뜻을 드러내어 그들로 하여금 생사의 긴 밤 무명 속에 빠져있는 삼계라는 큰 꿈에서 공부에서 물러나지 않고 헛공부를 하지 않게 하여, 용맹스런 깨달음으로 부처님의 생명인 지혜를 이어 영원토록 이익을 얻게 하려 할 뿐인데,

여기서 어찌 삼세의 인연법을 논하고자 하겠는가.

故知 圭峰 唯漸無頓之說
고지 규봉 유점무돈지설

且約生來 梵行異常者驗知爾 非謂惡行及尋常人也.
차약생래 범행이상자 험지이 비위악행급심상인야

彼惡行者 尚有遇緣開發
피악행자 상유우연개발

況今善行凡夫 宿世善根難測故 何得自輕而生退屈.
황금선행범부 숙세선근난측고 하득자경이생퇴굴

又若但以機之宿習生熟論頓漸何有決擇佛法之靈驗耶.
우 약단이기지숙습생숙 논돈점 하유결택불법지영험야

故知
고지

修心人 以佛祖誠實懇苦之說 決擇自心 本來是佛.
수심인 이불조성실간고지설 결택자심 본래시불

自性清淨 自性解脫 然後
자성청정 자성해탈 연후

擺撥萬緣 專精保任 自然成就 離垢清淨 離障解脫爾.
파발만연 전정보임 자연성취 이구청정 이장해탈이

그러므로 규봉 스님의 오직 점漸일 따름이요 돈頓이 없다는 말은, 태어나면서부터 청정한 특별한 삶을 사는 사람을 기준 삼아 증험해 안 것일 따름이지, 악인이나 보통사람을 말하는 것이 아닌 줄 알아야 한다.

악행을 저지른 사람도 오히려 기연을 만나 마음이 열리는데, 하물며 지금 선행하는 사람이 전생의 선근을 헤아리기 어렵다고, 어찌 자신을 가벼이 여겨 공부에서 물러나는 마음을 내서야 되겠느냐.

또 전생에 익힌 근기로만 돈頓과 점漸을 논한다면, 어찌 불법을 선택해 공부하는 영험이 있겠느냐.

그러므로 마음 닦는 사람들은 부처님과 조사 스님께서 진실 되고 간절하게 '자신의 마음이 본래 부처님'이라고 일러준 말을 알아야 한다.

자성청정自性淸淨과 자성해탈自性解脫을 확실히 알고 난 뒤에, 모든 인연을 떨치고 오로지 마음을 모아 그 마음을 지켜 나간다면, 자연스레 번뇌를 여읜 청정한 마음과 장애를 벗어난 해탈을 성취할 것이다.

又 ^{1} 閱萬善同歸集 引圭峰 修證頓漸義 明之 令修心人
우 열만선동귀집 인규봉 수증돈점의 명지 영수심인

知自心知見之得失 功行之生熟 煥然明白 而開合稍異耳.
지자심지견지득실 공행지생숙 환연명백 이개합초이이

如問 上上根人 頓悟自心 還假萬行助道熏修不.
여문 상상근인 돈오자심 환가만행조도훈수부

答 圭峰禪師 有四句料揀 一漸修頓悟 二頓修漸悟 三漸修
답 규봉선사 유사구료간 일점수돈오 이돈수점오 삼점수

漸悟 四頓悟頓修 上四句 多約證悟.
점오 사돈오돈수 상사구 다약증오

唯頓悟漸修 此約解悟 如日頓出 霜露漸消.
유돈오점수 차약해오 여일돈출 상로점소

---

1. 5장부터는 '사기' 중심으로 서술되므로 '사기'는 표기하지 않고 주注만 표기한다.

5장 오후점수

1. 영명연수 스님의 돈과 점에 대하여

또 『만선동귀집』을 보니, 영명 스님이 규봉 스님의 수증돈점修證頓漸의 뜻을 끌어와 밝히되, 마음을 닦는 사람이 자신의 마음에 있는 지견의 득실과 수행의 공력을 알고 분명하게 하는 데에 중점을 두었으나, 논리를 펼치는 것이 조금 다를 뿐이니 이는 다음에 묻는 것과 같다.

문: 뛰어난 근기를 가진 사람도 자신의 마음을 몰록 깨닫고, 다시 온갖 보살행으로 도를 도와주는 훈습을 닦아 나가야만 합니까?

답: 규봉 선사는 네 구절로 간단하게 구분하니 첫째는 점수돈오漸修頓悟요, 둘째는 돈수점오頓修漸悟며, 셋째는 점수점오漸修漸悟요, 넷째는 돈오돈수頓悟頓修인데 이 네 구절은 '깨달음을 증득한 것[證悟]'을 기준 삼아 말한 것이다.
오직 돈오점수頓悟漸修만 '깨달음을 이해한 것[解悟]'을 기준 삼았으니, 이는 해가 동산에 문득 떠오르면 서리와 이슬이 시나브로 녹아 사라지는 것과 같다.

華嚴經說 初發心時 便成正覺 然後 登地次第修證
화엄경설 초발심시 변성정각 연후 등지 차제수증

若未悟而修 非眞修也.
약미오이수 비진수야

唯此頓悟漸修 旣合佛乘 不違圓旨.
유차돈오점수 기합불승 불위원지

如頓悟頓修 亦是多生漸修 今生頓熟 此在當人 時中自驗.
여돈오돈수 역시다생점수 금생돈숙 차재당인 시중자험

若所言 如所行 所行 如所言 量窮法界之邊 心合虛空之理
약소언 여소행 소행 여소언 양궁법계지변 심합허공지리

八風不動[1] 三受寂然[2] 種現雙消[3] 根隨俱盡[4]
팔풍부동 삼수적연 종현쌍소 근수구진

若約自利 則何假萬行熏修.
약약자리 즉하가만행훈수

無病 不應服藥 若約利他 亦不可廢. 若不自作 爭勸他人.
무병 불응복약 약약이타 역불가폐 약부자작 쟁권타인

---

1. 세간에서 좋아하는 마음과 싫어하는 마음이 사람의 마음을 움직이게 하므로, 그 마음을 움직이는 바람에 비유하여 말한 것이 팔풍八風이다. 자기한테 돌아오는 '이익'과 '손해', 내 뒤에서 '험담'하거나 '찬탄'하는 것, 내 앞에서 '비방'하거나 '칭찬'하는 것, '괴로운 일'과 '즐거운 일' 이 여덟 가지 경계에 집착하여 마음이 흔들리는 것을 '팔풍'이라고 한다.
2. 삼수三受는 고통과 즐거움, 고통도 즐거움도 아닌 무기 이 세 가지 감각을 말한다.
3. 종현種現은 종자와 현행을 말한다.
4. 근수根隨는 근본번뇌와 자잘한 번뇌를 말한다. 6종의 근본번뇌는 탐貪·진瞋·치癡·만慢·의疑와 부정견不正見이다. 근본번뇌를 좇아 일어나는 20종의 자잘한 번뇌는 분忿·한恨·뇌惱·복覆·광誑·첨諂·교憍·해害·질嫉·간慳·무참無慚·무괴無愧·불신不信·해태懈怠·방일放逸·혼침昏沈·도거掉擧·실념失念·부정지不正知·난심亂心을 말한다.

『화엄경』에서는 "처음 도 닦을 마음을 낼 때 바로 정각正覺을 이룬 뒤에 부처님 마음자리에 올라 차례로 닦아 증득하는 것이니, 이를 깨닫지 못하고 닦는다면 참으로 닦는 것이 아니다."라고 하였다.

오직 이 돈오점수만 부처님의 가르침과 하나 되어 오롯한 뜻을 어기지 않는다.
이는 돈오돈수 또한 많은 생을 점수하다가 지금 단숨에 공부가 성취된 것과 같으니, 이것은 당사자가 일상생활 속에서 스스로 증험하는 것이다.

말한 대로 행하고 행한 대로 말하여 법계의 끝을 다 헤아리고 마음이 허공의 이치와 하나가 되면, 온갖 번뇌가 일어나지 않고 모든 감각에도 마음이 고요하여, 종자와 현행이 함께 사라져 근본번뇌와 자잘한 번뇌들이 다함께 없어진다.

자신의 이익만 챙기고 산다면 어찌 온갖 보살행을 닦아 익힐 필요가 있겠느냐.

병이 없으면 약 먹을 일은 아니지만, 다른 사람을 이롭게 하려면 어떠한 보살행도 없앨 수는 없다.

스스로 보살행을 하지 않는다면 어찌 다른 사람에게 보살행을 권할 수 있겠느냐.

故 經云 若自持戒 勸他持戒 等.
고 경운 약자지계 권타지계등

如或現行未斷 煩惱習氣 又濃 寓目生情 觸塵成滯.
여혹현행미단 번뇌습기 우농 우목생정 촉진성체

雖了無生之義 其力未充 不可執云 我已了悟煩惱性空.
수요무생지의 기력미충 불가집운 아이요오번뇌성공

若起心修 卻爲顚倒 然則煩惱性 雖空 能令受業 業果無性
약기심수 각위전도 연즉번뇌성 수공 능령수업 업과무성

亦作苦因 苦痛雖虛 祇麽難忍.
역작고인 고통수허 지마난인

故知 言行相違 虛實可驗.
고지 언행상위 허실가험

但量根力 不可自謾 察念防非 切須仔細.
단량근력 불가자만 찰념방비 절수자세

그러므로 경에서 "스스로 계율을 지녀야만 다른 사람에게 계율을 갖도록 권할 수 있다."라고 하였다.

혹 현행을 끊지 못하고 번뇌의 습기가 더 많아지면 눈이 가는 곳마다 알음알이를 내고 경계에 부딪칠 때마다 걸리게 된다.

생멸이 없는 이치를 깨달았더라도 그 이치를 실천할 힘이 아직 부족하니, 깨달음에 집착하여 "나는 이미 번뇌의 성품이 공인 줄 깨달았다."라고 말해서는 안 된다.

마음을 일으켜 닦는다고 하면 바로 잘못되니, 그렇다면 번뇌의 성품이 공이더라도 업을 받을 수 있고, 업의 결과가 결정된 성품이 없더라도 괴로움의 원인이 되며, 고통이 헛된 것이라도 참기 어려운 것이다.

그러므로 말과 행동이 어긋나면 사실인지 아닌지 증험할 수 있다는 것을 알아야 한다.

단지 근기와 역량을 헤아려 자만해서는 안 되니, 생각을 챙겨 잘못을 막고 부디 공부 내용을 자세히 알아야 한다.

此上 壽禪師 所明頓漸意者.
차상 수선사 소명돈점의자

取證悟門 束爲四句 取解悟門 別立一句而稱讚之
취증오문 속위사구 취해오문 별립일구이칭찬지

與禪源集所立 開合雖異
여선원집소립 개합수이

而此錄中 頓悟漸修之意 到此 更生光燄.
이차록중 돈오점수지의 도차 갱생광염

何者. 錄云 若得頓悟漸修 見一切賢聖之軌轍
하자 녹운 약득돈오점수 견일체현성지궤철

而壽禪師 亦云 唯此頓悟漸修 旣合佛乘 不違圓旨
이수선사 역운 유차돈오점수 기합불승 불위원지

可謂 本末相符 遠近相助矣.
가위 본말상부 원근상조의

如頓悟頓修 亦是多生漸修 今生頓熟
여돈오돈수 역시다생점수 금생돈숙

況餘三句 豈非漸機 得入門耶.
황여삼구 기비점기 득입문야

위 문답의 내용은 영명 선사가 돈頓과 점漸의 뜻을 밝힌 것이다. '깨달음을 증득한 수행문'을 취하여 점수돈오·돈수점오·점수점오·돈오돈수 네 구절로 묶고, '깨달음을 이해한 수행문'을 취하여 따로 돈오점수를 내세워 칭찬하였으니, 『선원제전집도서』에서 내세운 내용과 논리를 펼치고 모으는 것이 다르더라도, 『법집별행록』 가운데 돈오점수의 뜻이 여기에 이르러 다시 빛이 난다.

무엇 때문인가? 『법집별행록』에서는 "돈오점수를 하면 모든 성현의 본보기를 본다."라고 하고, 영명 선사도 "오직 돈오점수만이 이미 부처님의 가르침과 하나 되어 부처님의 오롯한 뜻에 어긋나지 않는다."라고 하였으니, 이는 근본과 곁가지가 맞아떨어지고 금생과 전생의 수행이 서로 도와주는 것이라 말할 수 있기 때문이다.

돈오돈수도 많은 생에 점차적으로 닦은 수행이 깊어져 금생에 몰록 성취한 공부와 같은 것인데, 하물며 나머지 세 가지 수행도 어찌 점차적인 수행의 근기들이 들어갈 수행문이 아니겠는가.

今之所論 具縛地中 先須頓悟者 以法勝根勝故.
금지소론 구박지중 선수돈오자 이법승근승고

法勝者 非本法有勝劣 但令人達妄卽眞 法門決擇妙密故.
법승자 비본법유승열 단영인 달망즉진 법문결택 묘밀고

錄中 已明 而更略說
녹중 이명 이갱약설

如云 珠所現色 雖百千般 且取與明珠 相違之黑色
여운 주소현색 수백천반 차취여명주 상위지흑색

以況靈明知見 與黑闇無明 雖相違 而是一體.
이황영명지견 여흑암무명 수상위 이시일체

故 云 貪嗔時 亦知 慈濟時 亦知 而知非貪嗔 知非慈濟等.
고 운 탐진시 역지 자제시 역지 이지비탐진 지비자제등

以性相體用 隨緣不變 元是一時 存泯無礙故.
이성상체용 수연불변 원시일시 존민무애고

根勝者 聞此妙法 有忽悟心性本淨 煩惱本空者.
근승자 문차묘법 유홀오심성본정 번뇌본공자

2. 오후점수의 정당성
오후점수의 문을 선양하는 이유

지금 논하는 번뇌 속에서 먼저 모름지기 돈오해야 한다는 것은, 법이 뛰어나고 근기가 뛰어나기 때문이다.
법이 뛰어나다는 것은 본디 법에 우열이 있는 것이 아니라, 다만 사람들이 망妄이 곧 진眞임을 통달하게 하는 법문의 결택이 미묘하고 은밀하기 때문이다.

『법집별행록』에서 이미 밝혔지만 다시 간추려 말하면, 이는 "투명한 구슬에 백 천 가지 색이 나타나더라도 검은 색을 취했다는 것을 가지고서, '신령스런 밝음의 앎'과 '어두운 무명'이 서로 어긋난 모습이더라도 '한바탕'임을 비유한다."라고 말하는 것과 같다.

그러므로 탐내고 성낼 때도 '앎'이고 자비로 중생을 제도할 때도 '앎'이지만, '앎'은 탐내고 성내는 것도 아니고 '앎'은 자비로 중생을 제도하는 것도 아니다. 이는 성性과 상相, 체體와 용用, 수연隨緣과 불변不變이 원래 동시이니, 존재하고 사라지는 것에 걸림이 없기 때문이다.

근기가 뛰어나다는 것은 이 오묘한 법을 듣고, 홀연히 마음의 성품이 본디 깨끗하고 번뇌가 본래 공인 줄 깨닫는다는 것이다.

或有雖不卽悟 知其妙密故
혹유수부즉오 지기묘밀고

語默動靜 專精照察 日久月深 忽然開解者.
어묵동정 전정조찰 일구월심 홀연개해자

今言 頓者 雖有悟入 遲速不同 以非斷妄修眞之法 故
금언 돈자 수유오입 지속부동 이비단망수진지법 고

但體達自心 善惡應用 是眞性緣起
단체달자심 선악응용 시진성연기

起卽無起 初無階級漸次 故 云 頓也.
기즉무기 초무계급점차 고 운 돈야

三乘權敎及禪門北宗所立 皆云 衆生本有覺性 如鏡有明性
삼승권교급선문북종소립 개운 중생본유각성 여경유명성

煩惱覆之不現 如鏡有塵闇. 故 修之拂之 令其顯現也.
번뇌부지불현 여경유진암 고 수지불지 영기현현야

圭峰 評曰
규봉 평왈

此但染淨緣之相 返流背習之門
차단염정연지상 반류배습지문

而未悟煩惱本空 心性本淨 悟旣未徹 修豈稱眞哉.
이미오번뇌본공 심성본정 오기미철 수기칭진재

혹 깨닫지 못하더라도 그 미묘하고 은밀함을 알기 때문에, 일상생활 모든 삶에서 오로지 마음을 모아 통찰하며 세월 속에서 공부를 하다보면 홀연 마음이 열리는 것이다.

지금 '돈頓'이라 말한 것은, 깨달아 들어가는 데에 빠르고 더딤이 있지만, 망妄을 끊고 진眞을 닦는 법이 아니기 때문에, 다만 자기 마음의 선악에 따라 쓰이는 것이 참성품의 연기인 줄 체달할 뿐, 한 생각이 일어나도 일어난 것이 없어 처음부터 점차적 단계가 없는 것이므로 '돈頓'이라고 말한 것이다.

삼승의 방편으로 주는 부처님의 가르침과 선문禪門 신수의 북종北宗에서 내세운 것은 모두 "중생에게 본디 있는 깨달음의 성품은 거울에 밝은 성품이 있는 것과 같고, 그 성품이 번뇌에 덮여 드러나지 않는 것은 거울에 먼지가 덮여 있는 것과 같다. 그러므로 번뇌와 먼지를 닦고 털어 그 밝음을 드러나게 해야 한다."라고 말한다.

규봉 스님은 이를 평하여 말하기를 "이것은 다만 오염과 청정이 연기하는 모습으로서 잘못된 흐름을 돌이키고 잘못된 습관을 등지는 수행문이기에, 아직 번뇌가 본디 공이어서 마음의 성품이 본래 맑고 깨끗한 줄 깨닫지 못한 것이니, 깨달음이 아직 철저하지 못하므로 수행이 어찌 진여와 하나가 되겠는가."라고 하였다.

以故 頓漸門下 悟修得入行相 逈異.
이고 돈점문하 오수득입행상 형이

但薄福多障 下劣衆生 雖遇妙旨 終日談揚
단박복다장 하열중생 수우묘지 종일담양

唯以義理 競爭勝負 增益我慢 不生正信.
유이의리 경쟁승부 증익아만 불생정신

信猶不生 況不惜身命 勤修匪懈耶.
신유불생 황불석신명 근수비해야

或有信向心性本淨者 觀其現行
혹유신향심성본정자 관기현행

妄想習氣 未能制伏 流蕩四方 虛消信施
망상습기 미능제복 유탕사방 허소신시

近來 此輩如麻似粟.
근래 차배여마사속

壽禪師 所謂 言行相違 虛實可驗 是也.
수선사 소위 언행상위 허실가험 시야

故 今刻意 宣揚悟後漸修之門爾.
고 금각의 선양오후점수지문이

이 때문에 돈점頓漸의 문하에서 깨닫고 수행하여 도에 들어가는 행상行相이 크게 다르다.

다만 박복하고 장애 많은 하열한 중생들이 오묘한 뜻을 만나 종일토록 이야기해도, 오직 뜻만 생각하는 이치로써 승부만 다퉈 아만만 더 늘고 바른 믿음을 내지 않는다.

바른 믿음도 아직 내지 못하는데, 하물며 이런 사람이 목숨을 아끼지 않고 부지런히 수행하며 게으르지 않게 살 수 있겠는가.

혹 마음의 성품이 본디 깨끗한 것임을 믿는 사람도 현재의 행실을 보면, 망상과 습기를 다스리지 못하고 사방으로 쓸데없이 돌아다니면서 헛되이 신도의 시주물이나 쓰고 있는데, 근래 이런 무리들이 참으로 많다.

영명 선사가 말하기를 "말과 행동이 어긋나면 그 허실을 증험해 알 수 있다."라고 한 것이 바로 이 말이다. 그러므로 지금 이 뜻을 새겨 깨달은 뒤 점차 닦아 나가는 오후점수悟後漸修의 문을 선양할 따름이다.

此悟後修門 非唯不污染 亦有萬行熏修 自他兼濟矣. 今時
차오후수문 비유불오염 역유만행훈수 자타겸제의 금시

禪者皆云 但明見佛性 然後利他行願 自然成滿. 牧牛子 以
선자개운 단명견불성 연후이타행원 자연성만 목우자 이

謂非然也.
위비연야

明見佛性則但生佛平等 彼我無差 若不發悲願 恐滯寂靜.
명견불성즉단생불평등 피아무차 약불발비원 공체적정

華嚴論云 智性寂靜 以願防智 是也.
화엄론 운 지성적정 이원방지 시야

故知 悟前惑地 雖有志願 心力昧略故 願不成立 悟解後 以
고지 오전혹지 수유지원 심력매략고 원불성립 오해후 이

差別智 觀衆生苦 發悲願心 隨力隨分 行菩薩道 覺行漸圓
차별지 관중생고 발비원심 수력수분 행보살도 각행점원

豈不慶快哉.
기불경쾌재

오후점수는 자리이타행이다

이 '오후점수'의 문은 오염되지 않은 마음뿐만 아니라 또한 온갖 보살행을 닦아 자기와 남을 함께 제도한다. 그런데 요즈음 선禪을 한다는 사람들이 모두 말하기를 "다만 부처님의 성품을 분명히 본 뒤로만 남을 이롭게 하는 수행의 원력이 자연스럽게 이루어진다."고 하니, 목우자는 "그런 것이 아니다."라고 말한다.

부처님의 성품을 분명히 본다면 중생과 부처님이 평등하여 피차간에 차별이 없지만, 여기서 자비심과 원력을 내지 않으면 고요한 경계에 걸리지 않을까 걱정이 되기 때문이다. 『화엄론』에서 말하기를 "지혜의 성품은 고요한 것이기에 원력으로써 지혜가 고요한 경계에 걸려 있는 것을 막는다."라고 한 말이 이것이다.

그러므로 알아야 한다. 깨닫기 전에 미혹한 마음자리에서는 비록 뜻과 원력이 있더라도 그 힘이 미약하므로 원력을 성취하지 못하지만, 깨달은 뒤에는 차별지로 중생의 고통을 보고 자비의 원력으로 힘껏 역량만큼 보살도를 행하면, 깨달음의 행이 점차 오롯해지니 어찌 기쁘고 유쾌하지 않겠는가.

此悟後化用 有平等差別二義
차오후화용 유평등차별이의

平等化頓現 而差別化漸圓 居然可知矣.
평등화돈현 이차별화점원 거연가지의

今時讀傳跡者見得法奇異之事以謂見性則應時必有神通
금시독전적자 견득법기이지사 이위견성즉 응시필유신통

智慧 無礙辯才.
지혜 무애변재

故 見無辯慧妙用者 便謂虛頭 不生信向.
고 견무변혜묘용자 변위허두 불생신향

此人 全爲不逢善友 不善參詳
차인 전위불봉선우 불선참상

不知悟後 更有辨惑智慧 菩薩萬行 漸次而成. 如禪源集 云
부지오후 갱유변혹지혜 보살만행 점차이성 여선원집 운

如有一人(在纏法身)
여유일인 재전법신

諸根具足 强壯多藝(恒沙妙用)
제근구족 강장다예 항사묘용

忽然得病(無始無明) 漸漸加增(法我二執) 乃至氣絶.(造業受報)
홀연득병 무시무명 점점가증 법아이집 내지기절 조업수보

중생을 교화하는 쓰임새

이 깨달은 뒤 중생을 교화하는 쓰임새에 평등과 차별의 두 뜻이 있으니, 중생을 교화하고자 하는 평등한 마음이 몰록 나타나면 중생을 차별적으로 교화하는 마음이 점차 오롯해짐을 분명히 알 수 있다.

요즈음 선사들의 전해진 자취를 읽는 사람들이 법을 얻는 기이한 현상을 읽고, 견성하면 반드시 신통 지혜와 걸림 없는 변재가 있다고 말한다.
그래서 변재와 지혜, 신통묘용이 없는 분들을 보면 바로 헛것이라 말하면서 믿음을 내지 않는다.

이 사람들은 모두다 선지식을 만나지도 못하고 면밀하게 마음을 참구하는 것도 잘하지 못했기에 깨달은 뒤 의혹을 가리는 지혜와 온갖 보살행이 점차 이루어지는 것을 알지 못한다.

이는 『선원제전집도서』에서 말한 것과 같다.

어떤 사람이(번뇌 속에 있는 법신) 멀쩡하고 건강하며 재능이 많은데도(많은 공덕의 미묘한 작용이다) 갑자기 병을 얻어(무시무명無始無明을 말한다) 병이 점차 깊어지다(아집과 법집) 기절한 것과 같다.(업을 지어 과보를 받다)

唯心頭暖(賴耶識 無漏智種) 忽遇良醫(大善知識)
유심두난 뢰야식 무루지종 홀우양의 대선지식

知其命在(見凡夫人 卽心是佛)
지기명재 견범부인 즉심시불

强灌神藥(初聞不信 頻就不捨) 忽然蘇醒.(悟解)
강관신약 초문불신 빈취불사 홀연소성 오해

初未能言(初悟人說法答他問難悉未的也) 乃至漸語(能說法也)
초미능언 초오인설법답타문난실미적야 내지점어 능설법야

漸能行李(十地十波羅蜜) 直至平復(成佛) 所解伎藝 無所不爲.
점능행리 십지십바라밀 직지평복 성불 소해기예 무소불위

(神通光明 一切種智)
 신통광명 일체종지

以法 一一對合 何有疑事而不除也.
이법 일일대합 하유의사이부제야

卽知 一切衆生 不能神變作用者
즉지 일체중생 불능신변작용자

但以業識惑病所拘 非己法身不具妙德.
단이업식혹병소구 비기법신불구묘덕

今愚者 難云 汝旣頓悟 卽佛 何不放光者
금 우자 난운 여기돈오 즉불 하불방광자

何殊令病未平復之人 便作身上本藝.
하수영병미평복지인 변작신상본예

오직 심장의 기운만 남아 있다가(아뢰야식 가운데의 무루지혜 종자) 홀연 훌륭한 의사를 만나자(훌륭한 선지식) 의사는 의식을 살릴 수 있음을 알고(범부의 마음자체가 부처님) 강제로 신약神藥을 먹이니(처음 법을 듣고 믿지 않더라도 자주 관심을 가져 그들을 저버리지 않았다) 홀연히 살아났다.(법을 깨달아 안다)

처음엔 말을 못했지만(처음 깨달은 사람이 법을 설할 때 타인의 질문에 답하는 것이 적절하지 못하다) 점차 하게 되고(법을 설할 수 있는 것) 시나브로 몸을 움직이며(보살 십지十地와 십바라밀) 평상시 몸으로 회복되니(성불) 알고 있는 온갖 재능을 어떤 곳에서도 펼치지 못할 게 없었다.(신통 광명과 일체종지)

법으로 여기에 하나하나 배대하여 보면 어찌 이런 일에 대한 의심을 제거하지 않을 수 있겠는가.

이것으로 모든 중생이 신통작용을 할 수 없는 것은, 단지 업식에 얽매였을 뿐, 제 몸에 법신의 미묘한 공덕을 다 갖추지 못하였기 때문이 아님을 알 것이다.

지금 어리석은 사람들이 힐난하며 "네가 이미 돈오하였다면 곧 부처님인데, 어찌하여 방광을 하지 않는가?"라고 말하는 것은, 병들어 있는 사람에게 몸에 지닌 본래의 재능을 펼치라고 하는 것과 어찌 다를 게 있겠는가.

此上所載 法喩分明 一一照之 除疑生信
차상소재 법유분명 일일조지 제의생신

信若極則 自然有開解矣. 開解者 非但意解 卽心卽佛 便了.
신약극즉 자연유개해의 개해자 비단의해 즉심즉불 변요

亦須將此妙智 長須照顧
역수장차묘지 장수조고

忽然 更有一重親切自肯自到之地 方爲正解也.
홀연 갱유일중친절자긍자도지지 방위정해야

若無善權決擇 則得到究竟地¹ 最爲難矣.
약무선권결택 즉득도구경지 최위난의

又見 今時 說法者 說時似悟
우견 금시 설법자 설시사오

而於觀行 但攝散黙照 取靜爲行.
이어관행 단섭산묵조 취정위행

如此者 多自不知立志制行 墮在權漸
여차자 다자부지입지제행 타재권점

長爲動靜迴換 眞妄相治 終不入 於卽心卽佛 最上乘門.
장위동정회환 진망상치 종불입 어즉심즉불 최상승문

切須知之 但信解眞正 動靜雙資 冥符性海 卽安禪靜慮之功
절수지지 단신해진정 동정쌍자 명부성해 즉안선정려지공

自然在其中矣.
자연재기중의

然 障惑重者 雖有見處 而於行門 亦用調伏等行 永不退轉.
연 장혹중자 수유견처 이어행문 역용조복등행 영불퇴전

---

1. 구경지究竟地는 '번뇌가 다 사라져 나타나는 부처님의 마음자리'이다.

이 위에 말한 법과 비유가 분명하기에 하나하나 대조하여 의심을 없애고 믿음을 내야 하니, 믿음이 지극하면 자연스레 마음이 열린다. 마음이 열린다는 것은 뜻으로만 아는 것이 아니라, 마음 자체가 곧 부처님인 줄 바로 아는 것이다.

또한 이 오묘한 지혜로 늘 이 마음자리를 챙기다 보면, 홀연 다시금 몸소 스스로 긍정하고 도달하는 마음자리가 있으니 비로소 올바로 아는 것이 된다.

만약 좋은 방편의 수행을 선택하지 않는다면, '번뇌가 다 사라져 나타나는 부처님의 마음자리'에 도달한다는 것은 참으로 어려운 일이 된다.

또 요즈음 설법하는 사람을 보니 법을 설할 때는 깨달은 것 같은데, 마음을 챙기는 모습을 보면 오직 산란한 마음만 거두어 묵묵히 그 자리를 보면서 고요한 마음을 취하는 것만 수행으로 삼는다.

이런 사람은 대개 스스로가 뜻을 세워 정한 수행이, 방편인 점교에 떨어져 있음을 알지 못하므로, 늘 고요한 마음과 산란한 마음을 왔다 갔다 하면서 진眞과 망妄으로 서로 다스리니, 끝내 마음 자체가 부처님이라는 최상승의 수행문으로 들어가지 못한다.

부디 믿고 아는 것이 참으로 올바를 때만, 움직이든 앉아 있든 공부가 서로 도와 성품의 바다와 어느 날 하나가 되어, 곧 편안한 선정 속에 일어나는 지혜의 공력이 자연스레 있게 됨을 모름지기 알아야 한다. 그러나 업장이 두터운 사람은 이런 견처가 있더라도, 계속 마음을 다스리는 수행을 해야 늘 공부에서 물러나지 않는다.

如有人問密禪師
여유인 문밀선사

悟此心已 如何修之 還依初說相教中¹ 令坐禪否.
오차심이 여하수지 환의초설상교중 영좌선부

答 此有二意. 謂惛沉厚重 難可策發 掉擧猛利 不可抑伏 貪
답 차유이의 위 혼침후중 난가책발 도거맹리 불가억복 탐

瞋熾盛 觸境難制者 卽用前教中 種種方便 隨病 調伏.
진치성 촉경난제자 즉용전교중 종종방편 수병 조복

若煩惱微薄 慧解明利 卽依本宗本教² 一行三昧.
약번뇌미박 혜해명리 즉의본종본교 일행삼매

今時 或有不知此義 不量根力者 謂悟了煩惱性空.
금시 혹유부지차의 불량근력자 위 오료번뇌성공

---

1. '밀의의성설상교密意依性說相教'는 비밀한 뜻을 참성품에 의지하여 법의 모습을 말해주는 가르침을 말한다. 이것은 세간의 선악과 업보의 윤리를 설하는 '인천인과교人天因果教'와 소승교의 가르침인 '단혹멸고교斷惑滅苦教', 법상종의 가르침인 '장식파경교將識破境教'로 나뉜다.
2. 본종이란 '직현심성종', 본교란 '현시진심즉성교'를 말한다. 직현심성종直顯心性宗은 곧바로 청정한 본디 성품을 드러내는 선종의 가르침이다. 참다운 성품에 의지한 모든 언어와 행위를 참다운 성품 전체의 표현으로 보지만, 참다운 성품을 취하는 방법이 다르기에 홍주종과 하택종으로 나뉜다. 현시진심즉성교顯示真心卽性教는 자기 마음이 곧 참다운 성품임을 바로 가리키는 교가의 가르침이다. 어떤 모습을 가지고 보여 주는 것도 아니며 또한 어떤 상相을 타파하여 보여 주는 것이 아니기에 '즉성卽性'이라 말하고, 방편의 은밀한 뜻도 아니기에 '현시顯示'라고 말하는 것이다.

3. 오후점수의 수행방법

어떤 사람이 규봉 스님에게 "이 마음을 깨달았다면 어떻게 이를 닦아야 합니까? 처음에 말씀하신 '비밀한 뜻을 참성품에 의지하여 법의 모습을 말해주는 가르침[密意依性說相敎]'을 따라 좌선 수행을 하도록 해야 합니까?"라고 물었다.

규봉 스님은 답하기를

"여기에 두 가지 의미가 있다. 하나는 혼침이 많아 마음을 일깨우는 게 어렵고 마음이 들떠 다스릴 수가 없기에 탐욕과 성냄이 치성하여 부딪치는 경계에서 통제하기 어려운 사람은 곧 앞에 준 가르침에서 온갖 방편을 써서 병에 따라 그 마음을 다스려야 한다. 또 하나는 번뇌가 적고 지혜가 많다면 '바로 마음의 성품을 드러내는 종파[直顯心性宗]'와 '자기의 참마음이 곧 참성품임을 드러내 보여 주는 가르침[顯示眞心卽性敎]'의 일행삼매에 의지해야 한다."라고 하였다.

요즈음 혹 이 뜻을 알지 못하며 자신의 근기와 역량을 헤아리지 못하는 사람들이 "번뇌의 성품이 공임을 깨달았다."라고 말한다.

便撥置修行 墮在任病¹ 雖有發業之時 不生慚愧.
변발치수행 타재임병 수유발업지시 불생참괴

此皆我慢垢重 懈怠障深 全無猛劣志氣故也.
차개아만구중 해태장심 전무맹렬지기고야

龍門佛眼 禪師 偈云
용문불안 선사 게운

心光虛映　體絶偏圓　金波匝匝　動寂常禪
심광허영　체절편원　금파잡잡　동적상선

念起念滅　不用止絶　任運滔滔　何曾起滅
염기념멸　불용지절　임운도도　하증기멸

起滅寂滅　現大迦葉　坐臥經行　未曾間歇
기멸적멸　현대가섭　좌와경행　미증간헐

---

1. 『원각경』에서 말한 네 가지 병중 하나이다. 네 가지 병 가운데 첫째는 '작병作病'이다. 만약 어떤 사람이 자기의 마음에서 "나는 여러 가지 수행으로 원각圓覺을 구하고자 한다."라고 말하면, 그 원각의 성품은 수행하여 얻어지는 것이 아니기에 작병作病이라고 한다. 둘째는 '임병任病'이다. 만약 어떤 사람이 "우리들은 지금 생사를 끊지도 않고, 열반을 구하지도 않으며, 열반과 생사에 일어나거나 멸하는 생각 없이 일체의 흐름에 맡기어 모든 법성을 따라 원각을 구하고자 한다."라고 말하면, 그 원각의 성품은 일체의 흐름에 맡겨 있는 것이 아니기에 임병任病이라 한다. 셋째는 '지병止病'이다. 만약 어떤 사람이 "나는 지금 내 마음에서 모든 생각을 영원히 쉬어 일체의 성품이 적연寂然 평등한 것을 얻어 원각을 구하고자 한다."라고 한다면, 그 원각의 성품은 생각을 쉬어서 계합하는 것이 아니기에 지병止病이라고 한다. 넷째는 '멸병滅病'이다. 만약 어떤 사람이 "나는 지금 일체번뇌를 영원히 끊어 신심身心도 결국에 공空하여 있는 바가 없는데, 하물며 근진根塵의 허망한 경계가 있겠는가. 일체가 영원히 공적空寂한 것으로 원각을 구하고자 한다."라고 한다면, 그 원각의 성품은 공적空寂한 상相이 아니기에 멸병滅病이라고 한다.

그리고 바로 수행을 그만두고 그럭저럭 살아가는 임병任病에 떨어져 업을 지을 때에도 부끄러움을 모른다. 이것은 모두 아만이 높고 매우 게을러 열심히 공부하려는 뜻이 조금도 없기 때문이다.

용문불안 선사가 게송에서 말하였다.

> 마음의 빛 텅 빈 충만 그 바탕에서
> 치우침도 오롯함도 분별 않으니
> 금빛 물결 멀리멀리 퍼져 나가며
> 움직임이 있든 없든 늘 편한 마음
>
> 한 생각이 일어났다 사라져 가도
> 그 생각을 끊으려고 하질 않으니
> 흘러가는 인연 속에 거침없는 삶
> 무슨 마음 일어났다 사라지리오.
>
> 일어났다 사라지는 마음 없으면
> 그 자리에 가섭존자 나타나리라.
> 앉고 눕고 오고 가며 이 마음 챙겨
> 한순간도 마음 챙김 놓지 않았네.

禪何不坐 坐何不禪
선하부좌 좌하불선

了得如是 始號坐禪
요득여시 시호좌선

坐者何人 禪是何物
좌자하인 선시하물

而欲坐之 用佛覓佛
이욕좌지 용불멱불

佛不用覓 覓之轉失
불불용멱 멱지전실

坐不我觀 禪非外術
좌불아관 선비외술

初心鬧亂 未免迴換
초심요란 미면회환

所以多方 敎渠靜觀
소이다방 교거정관

선이 어찌 앉아 있는 그것 아니며
앉아 있는 그것 어찌 선이 아니리
이와 같은 참 도리를 깨닫게 되면
그때서야 좌선이라 부르게 되리

앉아 있는 그 사람은 누구이던가
선이라고 하는 것은 무엇이던가
성불하려 애써 앉아 있고자 하면
부처님이 부처님을 찾는 격이라

부처님은 그 자신을 찾지 않으니
찾는다고 애를 쓰면 멀어지리라
앉아 있는 내가 보는 그것 아니니
선이란 것 바깥에는 있질 않다네.

처음 마음 시끄럽고 어지러워서
이리저리 왔다갔다 분별 많기에
그러므로 여러 가지 방편을 써서
고요하게 마음자리 보게 한다네.

端坐收神 初則紛紜
단좌수신 초즉분운

久外恬淡 虛閒六門
구외념담 허한육문

六門稍歇 於中分別
육문초헐 어중분별

分別纔生 似成起滅
분별재생 사성기멸

起滅轉變 從自心現
기멸전변 종자심현

還用自心 返觀一遍
환용자심 반관일편

一返不再 圓光頂戴
일반부재 원광정대

靈燄騰輝 心心無礙
영염등휘 심심무애

단정하게 앉고 나서 집중을 하니
처음에는 어지러이 날뛰는 마음
오래 앉아 바깥 모습 담박해지면
온갖 마음 한가롭게 쉬어지리라

온갖 마음 차츰차츰 쉬어져 가도
그 가운데 분별하는 힘이 있기에
그 힘으로 분별심이 생기자마자
생멸하는 마음들이 있는 것 같네

일어나고 사라지는 그 모든 것이
자기 마음 자체에서 드러나는 것
그 자리에 자기 마음 쓰임새로서
그 마음을 돌이켜서 한번 보아라.

회광반조 하는 마음 다시없을 때
정수리에 둥근 광명 떠오르리니
신령스런 불꽃들이 빛을 뿜으며
쓰는 마음 하나하나 걸림이 없네.

橫該豎入　生死永息
횡해수입　생사영식

一粒還丹　點金成汁
일립환단　점금성즙

身心客塵　透漏無門
신심객진　투루무문

迷悟且說　逆順休論
미오차설　역순휴론

細思昔日　冷坐尋覓
세사석일　냉좌심멱

雖然不別　也大狼藉
수연불별　야대낭자

刹那凡聖　無人能信 (云云)
찰나범성　무인능신　운운

然則要在　能信而已.
연즉요재　능신이이

시공간을 싸안으며 넘나들면서
영원토록 생사윤회 하는 일 없어
씨알만한 영험 있는 환단 가져다
무쇠에다 떨궈보면 황금물 되리.

몸과 마음 객진 번뇌 본래 없기에
그 번뇌를 벗어나는 문도 없는 것
어리석음 깨달음을 이야기 하나
참마음서 역순 경계 논하지 말라.

가만가만 옛날 일을 찾아보고자
꼿꼿하게 앉고 나서 생각해 보니
이런저런 분별심을 내지 않아도
참된 삶을 공부한다 망쳐놓았네.

찰나 간에 범부 성인 뒤바뀌는 것
이 도리를 믿는 사람 아무도 없어 (云云)

그러함에 공부하는 요점 있다면
믿는 마음 오직 하나 거기에 있네.

牧牛子 審此錄中 設法旨趣
목우자 심차록중 설법지취

於一眞法界 分爲二門 一法 二人 初約法 開隨緣不變二義
어일진법계 분위이문 일법 이인 초약법 개수연불변이의

次依人 辨頓悟漸修二門 條分縷析 煥然明白.
차의인 변돈오점수이문 조분누석 환연명백

我等末劫比丘 宿劫有緣 逢此妙門
아등말겁비구 숙겁유연 봉차묘문

信解受持 自於自心 不迷修眞之路 豈不慶幸哉.
신해수지 자어자심 불미수진지로 기불경행재

今有同住初心者 受持此錄 專精觀照
금유동주초심자 수지차록 전정관조

尙昧自心 不辨眞妄 多有退轉 故 略更辨之 助揚妙旨.
상매자심 불변진망 다유퇴전 고 약갱변지 조양묘지

如墜露添流 纖塵足嶽.
여추로첨류 섬진족악

『법집별행록』에서 법을 베푼 취지를 목우자가 살펴보건대, 일진법계一眞法界에서 법과 사람으로 나누어 놓고, 먼저 법을 기준으로 수연과 불변의 뜻을 펼치면서, 다음은 사람에 의지하여 돈오와 점수 두 가지 수행문을 설명하여 조목마다 낱낱이 분석하니 그 뜻이 분명하다.

우리들 말세비구가 전생의 인연으로 이 오묘한 수행문을 만났으니, 믿고 알아 받아 지닌다면 자신의 마음에서 스스로 참마음을 닦는 길에 헤매지 않을 것이니, 어찌 기쁘고 다행한 일이 아니겠는가.

지금 함께 공부하는 초심자들이 『법집별행록』을 받아 지니고 오로지 집중하여 마음을 챙기는데도, 오히려 자신의 마음에 어두워 진眞과 망妄을 가리지 못하고 공부에서 물러나는 일이 많이 있으므로 간략히 다시 그 내용을 설명하여 오묘한 뜻을 드러내고자 한다.

이는 이슬을 강물에 떨어뜨리고 미세한 먼지를 큰 산에 보태는 일과 같다.

今 所論 一切衆生 不揀愚智善惡 乃至禽獸 所有心性
금 소론 일체중생 불간우지선악 내지금수 소유심성

皆自然了了常知 異於木石者
개 자연요료상지 이어목석자

且不是緣境分別之識 亦非證悟之智.
차불시연경분별지식 역비증오지지

直是眞如自性 不同頑虛 性自常知.
직시진여자성 부동완허 성자상지

華嚴經回向品 云 眞如 照明爲體
화엄경회향품 운 진여 조명위체

起信論 云 眞如體相 眞實識知
기신론 운 진여체상 진실식지

拘那含佛傳法偈[1] 云 佛不見身 知是佛 若實有知 別無佛
구나함불전법게 운 불불견신 지시불 약실유지 별무불

等 是其意也.
등 시기의야

---

1. 구나함불은 과거칠불 중 다섯 번째 부처님이다.

지금 논하는 모든 중생의 어리석음과 지혜로움, 선함과 악함을 가리지 않고 짐승에게 이르기까지 존재하는 모든 마음의 성품은, 모두 자연스레 분명하게 '항상 아는 앎'이니 목석과는 다르며, 또 이는 경계를 반연하여 분별하는 알음알이도 아니며 또한 증득해 깨달은 지혜도 아니다.

바로 진여의 자성이니 텅 비어있기만 한 허공과도 다르면서 그 성품은 스스로 '항상 아는 앎'이다.

『화엄경』 회향품에서 "진여는 빛의 밝음으로 바탕을 삼는다."라고 하며,

『기신론』에서는 "진여의 바탕과 모습은 진실로 아는 앎이다." 하고,

구나함불 '전법게'에서는 "부처님은 부처님의 몸을 보는 것이 아니라 앎 자체가 부처님이다. 만약 진실로 아는 앎이 있다면 따로 부처님은 없다."라고 한 것들이 그 뜻이다.

問 旣云
문 기운

靈知之心 直是眞如自性 非緣境分別之識 亦非證悟之智
영지지심 직시진여자성 비연경분별지식 역비증오지지

我等 今者 住妄識分別 求佛知見
아등 금자 주망식분별 구불지견

如將黑檽子 鍊作摩尼 徒勞精進 何時相應去哉.
여장흑환자 연작마니 도로정진 하시상응거재

答 眞知雖寂 而常在萬緣 妄想雖虛 而恒溟一性
답 진지수적 이상재만연 망상수허 이항명일성

豈可不識根由 自生艱阻. 錄中 法喩齊擧 決擇分明 不隱微
기가불식근유 자생간조 녹중 법유제거 결택분명 불은미

毫 只恐修心人 有如是疑 退觀察力故也.
호 지공수심인 유여시의 퇴관찰력고야

6장 삿된 소견을 다스리다

1. '신령스런 앎'이 '알음알이'가 아니라면

문: "이미 '신령스런 앎'이 바로 진여자성으로서 경계를 반연하여 분별하는 알음알이도 아니며, 또한 증득해 깨달은 지혜도 아니다."라고 말씀하셨는데,
저희들은 지금 허망한 알음알이 분별 속에서 불지견을 구하니, 이는 검은 나무등치를 갖다가 투명한 마니주를 만들려고 하는 것과 같아 부질없는 노력이라 어느 때 공부가 되겠습니까?

답: 참된 앎이 고요하더라도 늘 온갖 인연 속에 있고, 망상이 헛된 것이라도 항상 한 성품과 함께 하니, 어찌 근본 원인을 알지 못하고 스스로 어렵다는 생각을 내는가. 『법집별행록』에서 법과 비유를 나란히 들고 잘 정리한 내용들이 분명하여 조금도 숨긴 것이 없지만, 다만 마음 닦는 사람이 이와 같은 의심이 있기에 마음 챙기는 힘이 떨어질까 걱정이 될 뿐이다.

汝若謂現今心識分別 實有體性者 如癡孩子見明珠 現黑色
여약위현금심식분별 실유체성자 여치해자견명주 현흑색

時 不知影像全空 直言黑珠. 縱聞人說此是明珠者 緣目睹
시 부지영상전공 직언흑주 종문인설차시명주자 연목도

其黑 亦謂被黑色纏裡 擬待磨拭 去卻黑闇 方見明珠.
기흑 역위피흑색전리 의대마식 거각흑암 방견명주

如是見解 堅執不捨 則宛是學大小乘法相之人 著相之見 何
여시견해 견집불사 즉완시학대소승법상지인 착상지견 하

言志慕心宗[1] 樂聞深義 專求定慧者乎.
언지모심종 요문심의 전구정혜자호

今之所明空寂靈知 雖非分別之識 亦非證悟之智 然 亦能
금지소명공적영지 수비분별지식 역비증오지지 연 역능

生識之與智 或凡或聖 造善造惡 違順之用 勢變萬端. 所以
생식지여지 혹범혹성 조선조악 위순지용 세변만단 소이

然者 以體知故 對諸緣時 能分別一切是非好惡等. 雖對諸
연자 이체지고 대제연시 능분별일체시비호오등 수대제

緣 愛憎嗔喜似有起滅 能知之心 無有間斷 湛然常寂.
연 애증진희사유기멸 능지지심 무유간단 담연상적

是知 迷時 謂心爲動 悟則知心無起耳.
시지 미시 위심위동 오즉지심무기이

---

1. 심종心宗은 선종禪宗의 다른 이름이다.

그대가 현재 알음알이 분별심에 실로 어떤 바탕의 성품이 있다고 생각한다면, 어리석은 아이가 밝은 구슬에 검은 빛이 나타난 것을 볼 때, 그 그림자가 전부 헛것인 줄 알지 못하고 바로 검은 구슬이라 말하는 것과 같다. 설사 사람들이 밝은 구슬이라고 하는 말을 듣더라도, 눈으로 검은 빛을 보았기에 검은 색이 묻었다고 생각하고 검은 색을 갈고 닦아 없애 버려야 밝은 구슬을 볼 것이라고 말한다.

이런 견해를 버리지 않고 고집하면 분명히 이것은 대승과 소승의 법상法相을 배우는 사람들의 집착이니, 어찌 부처님의 마음에만 뜻을 두고 깊은 이치를 즐거이 들으며 오로지 선정과 지혜를 구하는 사람이라 말할 수 있겠는가.

지금 밝힌 공적영지가 분별하는 알음알이도 아니고 증득하여 깨닫는 지혜가 아니더라도, 또한 알음알이와 지혜를 낼 수 있어 범부도 되고 성인도 되며 선도 짓고 악도 짓고 역순으로 쓰이며 온갖 형태로 변한다.
그런 까닭은 '그 바탕의 앎' 때문이니, 이것이 온갖 인연을 맞이할 때 옳고 그름과 좋고 나쁜 모든 것들을 분별할 수 있다. 모든 인연에 대하여 사랑과 미움, 성냄과 기쁨이 일어났다 사라지는 듯하지만, 이를 알 수 있는 마음은 조금도 끊임이 없이 늘 맑고 고요하다.

이것으로 어리석을 때는 마음이 움직인다고 하나, 깨달으면 마음에 어떤 것도 일어날 것이 없음을 알 뿐이다.

文云 迷時 亦知 知元不迷 念起亦知 知元無念 乃至 哀樂喜
문운 미시 역지 지원불미 염기역지 지원무념 내지 애락희

怒愛惡 一一皆知 知元空寂 空寂而知 卽於心性 了然不惑.
노애오 일일개지 지원공적 공적이지 즉어심성 요연불혹

以是道理 密師 每向學人道 汝今了了能知 現是佛心 而根
이시도리 밀사 매향학인도 여금요료능지 현시불심 이근

鈍者 卽不信受 直不肯照察 但言某乙鈍根 直不能入.
둔자 즉불신수 직불긍조찰 단언모을둔근 직불능입

是知 失頭狂走者 密師堂下 亦有之 非獨今也.
시지 실두광주자 밀사당하 역유지 비독금야

首楞嚴經 云 如彼城中 演若達多[1] 豈有因緣 自怖頭走 忽
수능엄경 운 여피성중 연야달다 기유인연 자포두주 홀

然狂歇 頭非外得 縱未歇狂 亦何遺失.
연광헐 두비외득 종미헐광 역하유실

又云 卽汝心中 演若達多 狂性自歇 歇卽菩提 勝淨明心 本
우운 즉여심중 연야달다 광성자헐 헐즉보리 승정명심 본

周法界 不從人得.
주법계 부종인득

---

[1] 실라벌성의 연야달다가 이른 새벽 거울 속의 자기 얼굴을 보다가 거울 속의 눈썹과 눈은 볼만한데 자신의 머리에는 눈썹과 눈이 보이지 않는다고 성을 내면서 갑자기 미쳐 버렸다고 한다.

글에서 "어리석을 때도 알지만 '앎'은 원래 어리석은 것이 아니며, 생각이 일어나는 것도 알지만 '앎'은 원래 어떤 생각도 없다. 나아가 슬픔과 즐거움, 기쁨과 분노, 사랑과 미움 하나하나 모두 알지만 앎은 원래 공적하니, 공적영지라야 곧 마음의 성품에서 분명히 알고 의혹이 없다."라고 하였다.

이 도리로 규봉 스님은 매번 학인들에게 말하기를 "그대들이 지금 분명하게 아는 '앎'이 부처님의 마음을 드러낸다. 근기가 둔한 사람들은 믿고 받아들이지를 않아 바로 마음을 챙기지 않고, 다만 아무개는 근기가 아둔하여 바로 들어갈 수 없다고 한다."라고 하였다. 이것으로 자신의 머리를 잃어버렸다고 미쳐 날뛰는 사람이 지금뿐 아니라 규봉 스님 문하에도 있었음을 알 것이다.

『수능엄경』에서 말하기를 "성안의 연야달다가 무슨 인연으로 어찌 스스로 머리가 없다고 두려워하고 달아났는가? 홀연 제정신을 차린다 해도 머리를 밖에서 얻을 수 있는 것이 아니며, 설사 제정신이 아니라 해도 어찌 머리를 잃은 적이 있겠는가."

또 말하기를 "그대 마음에서 연야달다처럼 미친 마음이 스스로 쉬어지면 그 자체가 깨달음이라 뛰어난 맑고 밝은 마음이 본디 법계에 두루하니, 다른 사람으로부터 얻는 것이 아니다."라고 한다.

如是則 頭本安然 非今有無
여시즉 두본안연 비금유무

而演若達多 忽然發狂 自生得失之想 更無他故.
이연야달다 홀연발광 자생득실지상 갱무타고

豈有智者 知自發狂 而不改悔.
기유지자 지자발광 이불개회

故知 眞妄得失之見 但自妄想耳 非此心性 致有增損.
고지 진망득실지견 단자망상이 비차심성 치유증손

然 此妄想所起 如彼狂走 無別有因.
연 차망상소기 여피광주 무별유인

旣稱爲妄 何有所因. 若有所因 不名爲妄.
기칭위망 하유소인 약유소인 불명위망

當知 爲有妄故 將眞治妄 推窮妄性 本無 何有眞而可得.
당지 위유망고 장진치망 추궁망성 본무 하유진이가득

若知眞妄 一無所得 知無所得者 亦無所得.
약지진망 일무소득 지무소득지 역무소득

이렇다면 머리는 본디 편안하게 있었을 뿐 지금 있고 없는 것이 아니다.

하지만 연야달다가 홀연히 미쳐 스스로 머리가 있음과 없음의 득실을 생각한 것이지 새삼스레 다른 까닭이 없다.

그런데 어찌 지혜로운 사람이 스스로 미친 것을 알면 후회하여 고치지 않을 리가 있겠느냐. 그러므로 진眞과 망妄의 득실에 대한 견해는 스스로 일으킨 망상일 뿐, 이 마음의 성품에 더하거나 뺀 것이 아님을 알아야 한다.

그러나 이 망상이 일어난 것은 그가 미쳐서 달아난 것과 같아 따로 어떤 원인이 없다. 이미 망상이라고 한다면 어찌 인연된 것이 있으리오. 인연된 것이 있다면 망상이라 하지 않기 때문이다.

마땅히 망妄이 있기 때문에 진眞을 가지고 망妄을 다스린다는 것을 알아야 하지만, 망妄의 성품을 추구하면 본디 없는 것, 어찌 진眞이 있다고 해서 얻을 수가 있겠는가.

만약 진眞과 망妄에 하나도 얻을 바 없음을 안다면, 얻을 바가 없음을 아는 자 또한 얻을 것이 없다.

6장 삿된 소견을 다스리다 253

到此境界如紅爐上一點殘雪 如是則平昔礙膺 認名執相之
도차경계 여홍로상일점잔설 여시즉 평석애응 인명집상지

患 當下冰消 以無所執故 襟懷灑落 物累不拘也.
환 당하빙소 이무소집고 금회쇄락 물누불구야

但自時中 徐徐迴觀 密密護持 不停纖粟矣.
단자시중 서서회관 밀밀호지 부정섬속의

九宵絶翳 何用穿通.
구소절예 하용천통

一段靈光 未曾昏昧 勿棲泊處 離去來今
일단영광 미증혼매 물서박처 이거래금

法爾天眞 不因造作.
법이천진 불인조작

本來淸淨 見聞語黙 隨處明了 不昧作用
본래청정 견문어묵 수처명료 불매작용

更無欠少 何假添補.
갱무흠소 하가첨보

於此 信得及把得住 運如幻悲智 度如幻衆生
어차 신득급파득주 운여환비지 도여환중생

任運覺行 不作而成 豈不慶快平生也.
임운각행 부작이성 기불경쾌평생야

이 경계에 이르러서는 망상은 벌건 화로 위에 떨어지는 하얀 눈 한 송이와 같다. 이 정도가 되면 평소 가슴에 응어리졌던 개념을 알고 나서 어떤 모양에 집착하던 우환이 당장 얼음 녹듯 없어지니, 집착하는 바가 없기 때문에 마음이 산뜻하여 어떤 경계에도 구애 받지 않는다.

다만 스스로 일상생활 속에서 서서히 마음을 돌이켜 보며 빈틈없이 보호해 어떠한 경계에도 머물러 집착하지 않아야 한다.

높은 하늘에 한 점 티끌도 없는데 어찌 뚫어서 통하게 하겠는가.

신령스런 마음의 빛이 언제나 밝고, 머물 곳이 없는 데서 과거 현재 미래를 떠나, 법 그대로 천진하니 조작하여 만드는 것이 아니다.

본디 청정하여 보고 듣고 말하고 침묵하며, 곳에 따라 분명하여 쓰임새가 걸림이 없기에 다시금 모자랄 것이 없으니, 어찌 여기 또다시 보충할 것이 있겠는가.

이에 따라 믿음을 갖고 이 마음에 머물러 허깨비와 같지만 지혜와 자비가 넘쳐흘러 허상과 같은 중생을 제도하면, 인연의 흐름에 맡겨진 깨달음의 보살행을 일부러 하지 않아도 저절로 이루어지니, 어찌 평생 기쁘고 유쾌하지 않겠는가.

今時 或有不善參詳 迷昧自心者 堅執聖敎 分判五牢固 時
금시 혹유불선참상 미매자심자 견집성교 분판오뇌고 시

分之量 云 今時 正當後五百歲鬪諍牢固之時[1] 而今學禪
분지량 운 금시 정당후오백세투쟁뇌고지시 이금학선

定解脫者 蓋不知時 多爲僞妄之行.
정 해탈자 개부지시 다위위망지행

如是疑謗者 返自不知寡聞無識 成謗三寶之罪也.
여시의방자 반자부지과문무식 성방삼보지죄야

金剛經 不云乎. 若當來世 後五百歲 其有衆生 得聞是經 信
금강경 불운호 약당래세 후오백세 기유중생 득문시경 신

心淸淨 卽生實相 當知是人 成就第一希有功德.
심청정 즉생실상 당지시인 성취제일희유공덕

而今末世 若無信解般若 而生實相之者
이금 말세 약무신해반야 이생실상지자

佛有如是之說 則三世諸佛 皆是誑惑衆生 妄語人矣.
불유여시지설 즉삼세제불 개시광혹중생 망어인의

---

1. 석가모니 입멸 후 이천오백 년을 불법佛法의 흥망성쇠에 따라 다섯 시기로 나눈다. 첫째 오백 년은 해탈의 경지에 들어간 사람이 많은 때, 둘째는 선정禪定을 닦는 사람이 많은 때, 셋째는 불경을 배우는 사람이 많은 때, 넷째는 복덕을 받기 위하여 절이나 탑을 짓는 사람이 많은 때, 다섯째는 불법이 쇠퇴하여 계율을 지키지 아니하며 싸움만을 일삼는 때이다. 첫째와 둘째를 정법正法, 셋째와 넷째를 상법像法, 다섯째 이후를 말법시대라 한다. 이 중 다섯 번째가 투쟁견고의 시기로 수행승들이 자기주장만 옳다고 싸워 불법이 자취를 감추는 시기이다.

2. 오백세 투쟁견고의 시절이라고

요즘에 공부를 잘 하지도 않고 자기 마음도 모르는 사람들은, 성인의 가르침을 다섯 시기로 나눈 것에 집착하여 말하기를 "요즘 세상이 바로 뒷날 오백세 투쟁견고의 시절에 해당되니, 지금 선정과 해탈을 배우는 사람들은 대개 때를 알지 못하기에 거짓 수행을 하게 된다."라고 한다.

이런 의심으로 비방하는 사람들은 도리어 자신의 무식을 알지 못하고 삼보를 비방하는 죄를 짓는다.

『금강경』에서 말하지 않았던가.

"만약 뒷날 오백세에 어떤 중생이 이 가르침을 듣고 맑은 믿음을 낸다면 참다운 모습을 알게 되니, 마땅히 이 사람은 이 세상에서 으뜸가는 경이롭고 희유한 공덕을 성취한 줄 알아야 합니다."라고 하였는데,

지금 말세에 반야지혜를 믿고 알아서 참다운 모습을 아는 바가 없다면, 부처님의 이와 같은 말씀은 곧 삼세제불이 모두 중생을 속이는 거짓말쟁이가 되는 격이다.

然 諸佛聖人 是眞語者 實語者 如語者 不誑不妄.
연 제불성인 시진어자 실어자 여어자 불광불망

故 切祝彼執時分疑謗之者
고 절축피집시분의방지자

自正其心 收疑遺惑 永除謗佛謗法謗僧之深殃 卽其宜矣.
자정기심 수의유혹 영제방불방법방승지심앙 즉기의의

今時 或有學般若 聰明利根之者 不費多力 而有信解之處
금시 혹유학반야 총명이근지자 불비다력 이유신해지처

遂生容易心. 便不勤修 返隨聰明巧慧 所使 博涉儒釋 知見
수생용이심 변불근수 반수총명교혜 소사 박섭유석 지견

太多 定力太小.
태다 정력태소

因之被目前違順境界 所奪 愛憎嗔喜 熾然起滅
인지피목전위순경계 소탈 애증진희 치연기멸

恒以較量他人是非 爲懷 不生慚愧.
항이교량타인시비 위회 불생참괴

旣不生慚愧 何知有改悔調柔之法.
기불생참괴 하지유개회조유지법

258

그러나 모든 부처님은 참다운 말을 하는 분이며, 알찬 말을 하는 분이며, 이치대로 말을 하는 분이라서 속이거나 거짓말을 하지 않는 분이시다.

그러므로 말법시대에 집착하고 의심하며 비방하는 사람에게 간절히 바라노니, 스스로 그 마음을 바르게 하여 의혹을 떨치고 삼보를 비방하는 엄청난 재앙의 업보를 영원히 없애야 옳을 것이다.

요즈음 반야를 배운다는 헛똑똑이들이 힘을 많이 쓰지 않아도 믿고 아는 방법이 있다고 쉽게 마음을 내어 따라간다. 부지런히 노력하지 않고 헛된 지혜에 얽매여, 널리 유교 불교의 풀이를 섭렵하여 지견이 많아졌지만 선정의 힘은 너무 약해져 버렸다.

그러므로 눈앞의 역순경계에서 마음을 빼앗겨 사랑과 미움, 성냄과 기쁨이 어지럽게 교차하니, 항상 다른 사람의 옳고 그름을 따져 마음에 품고 살면서도 부끄러움이 없다.

부끄러움이 없으니 어찌 뉘우치며 마음을 부드럽게 쓰는 법이 있는 것을 알겠느냐.

如是日久月深 迷而不返 道力不能勝業力 定爲魔所攝持.
여시일구월심 미이불반 도력불능승업력 정위마소섭지

臨命終時 最後刹那 六道五蘊 現前 懞惺怖懼 失所依憑.
임명종시 최후찰나 육도오온 현전 장성포거 실소의빙

無慧自救 依前流浪 不是少事. 彼利根之輩 尙有如是不善
무혜자구 의전유랑 불시소사 피이근지배 상유여시불선

參詳 何況根鈍者 豈可放緩 成辦大事耶.
참상 하황근둔자 기가방완 성판대사야

故 須發勇猛心 不顧形命 專精己事
고 수발용맹심 불고형명 전정기사

以自信解心性道理 時時提撕 時時擧覺 揩磨道眼.
이자신해심성도리 시시제시 시시거각 개마도안

不受一塵 以爲基本
불수일진 이위기본

亦於萬行門中 禮佛誦經 以至施戒忍等 助道之事 不可廢捨.
역어만행문중 예불송경 이지시계인등 조도지사 불가폐사

古人云 實際理地 不受一塵 佛事門中 不捨一法 是也.
고인운 실제이지 불수일진 불사문중 불사일법 시야

이런 세월이 오래되면 어리석음에서 빠져나오질 못해 도력이 업력을 이길 수가 없으니 어김없이 마구니 뜻대로 된다. 죽을 때 마지막 순간 육도에 다시 태어날 몸이 드러나면 두려워 어찌할 바를 몰라도 의지할 곳이 없다.

스스로를 구할 지혜가 없어 예전대로 육도윤회를 하리니 작은 일이 아니다. 저 총명한 사람들조차도 이처럼 공부를 잘 살피지 못하기도 하는데, 더군다나 둔한 사람들이 방심하고 늘어져서야 큰일을 성취할 수 있겠는가.

그러므로 부디 용맹심을 내어 목숨을 돌아보지 말고 오로지 자신의 일에 마음을 모아, 마음의 성품을 믿고 아는 도리로 끊임없이 마음을 챙기고 깨어있으면서 도에 대한 안목을 갈고 닦아야 한다.

한 경계도 받아들이지 않는 것으로써 기본을 삼고, 또한 온갖 보살행을 닦아 나가면서 부처님께 예배하고 경전을 독송하며 육바라밀 실천을 그만 두는 일이 없어야 한다.

그러므로 영명 선사는 "실제의 이치 그 마음자리에서는 한 경계도 받아들이지 않지만 부처님의 일을 해나가는 데서는 한 법도 버리지 않는다."라고 말하였다.

今見往往 退菩提心 無德之者
금견왕왕 퇴보리심 무덕지자

全是不依佛戒 不護三業.
전시불의불계 불호삼업

放逸懈怠 輕慢他人 較量是非 而爲根本 更無別事 而作障
방일해태 경만타인 교량시비 이위근본 갱무별사 이작장

難.
난

故知 煩惱雖無量 嗔慢尤甚 行門雖無量 慈忍爲根源.
고지 번뇌수무량 진만우심 행문수무량 자인위근원

曉公 云 難忍能忍 菩薩行 可言不言 大人心
효공 운 난인능인 보살행 가언불언 대인심

經 云 山間禪定 不爲難 對境不動是爲難
경 운 산간선정 불위난 대경부동시위난

論 云 若無忍行 萬行不成.
논 운 약무인행 만행불성

262

3. 계행이 없는 삶을 경책한다

요즈음 깨닫고자 하는 마음에서 물러난 덕 없는 사람들을 이따금 보니, 전부 다 부처님의 계율에 의지하지 않고, 몸과 입과 뜻으로 짓는 업을 잘 챙기지 않는다.

게을러 해야 할 일을 하지 않고 다른 사람을 업신여기며 옳고 그름을 따지는 것으로 삶의 근본을 삼기에 다시 별다른 복된 일이 없어 극복하기 어려운 업장만 짓는다.

그러므로 번뇌가 헤아릴 수 없이 많더라도 성냄과 오만한 마음이 주는 피해가 더 심하고, 보살행이 헤아릴 수 없이 많더라도 자비와 인욕으로 근본을 삼는 것임을 알아야 한다.

원효 스님은 말씀하시기를 "참기 어려운 것을 참을 수 있는 것이 보살행이요, 말할 수 있는 것을 말하지 않는 것이 부처님의 마음이다."라고 하고,

경전에서는 "산중에서 선정에 드는 것은 어렵지 않으나, 경계를 마주하여 마음이 흔들리지 않는 것이 어렵다."라고 하며,
논에서는 "만약 인욕행이 없으면 온갖 보살행을 이루지 못한다."라고 하였다.

曹溪祖師 云 若眞修道人 不見世間過 當自見己過 於道便
조계조사 운 약진수도인 불견세간과 당자견기과 어도변

相當 若見他人非自非 却是左
상당 약견타인비자비 각시좌

又曰 若眞功德之人 心卽不輕 行於普敬 無德之人 吾我自
우왈 약진공덕지인 심즉불경 행어보경 무덕지인 오아자

大 心常輕一切人
대 심상경일체인

又曰 若眞不動者 見一切人時 不見一切人過患 及一切善
우왈 약진부동자 견일체인시 불견일체인과환 급일체선

惡是非 卽是性不動也. 迷人 自身雖不動 開口說一切人是
악시비 즉시성부동야 미인 자신수부동 개구설일체인시

非 與道違背 看心看淨不動者 却是障道因緣.
비 여도위배 간심간정부동자 각시장도인연

육조 스님은 "참으로 도를 닦는 사람이라면 세간의 허물을 보지 말고 스스로 자신의 허물을 봐야 도에 들어간다. 만약 다른 사람의 허물을 본다면 자신의 허물만 늘어난다." 하고,

또 말하기를 "참으로 공덕을 닦는 사람이라면 남을 가벼이 여기지 않고 두루 공경하는 마음을 내어야 한다. 덕이 없는 사람은 스스로 잘났다는 마음을 내고 늘 모든 사람을 가볍게 여긴다."라고 하며,

또 "참으로 마음이 흔들리지 않는 사람은 모든 사람을 볼 때 허물이나 선과 악, 옳고 그름을 보지 않으니 그 성품이 움직이지 않기 때문이다. 어리석은 사람은 가만히 앉아 자신의 몸은 움직이지 않더라도, 입만 열면 온갖 사람의 옳고 그름을 말하니 도와 어긋난다. 가만히 앉아 마음을 보고 그 깨끗함을 보아 마음이 흔들리지 않는 것이 도라고 주장하는 사람은 도리어 그것이 도를 장애하는 인연이 된다."라고 하였다.

上來所擧法門 是諸佛菩薩 慈悲痛切 爲修心出世人 傾割
상래소거법문 시제불보살 자비통절 위수심출세인 경할

肝膽 發誠實語 指出修行徑要之處.
간담 발성실어 지출수행경요지처

知訥 感遇慶懷 特以此法 盡命受持 亦勸同學人 依而行之.
지눌 감우경회 특이차법 진명수지 역권동학인 의이행지

若有信士 遇斯妙門 深心信解 常省己過 責躬匪懈 改悔調
약유신사 우사묘문 심심신해 상성기과 책궁비해 개회조

柔 見一切人時 善能守口攝意 不見過患 不論是非 觀自觀
유 견일체인시 선능수구섭의 불견과환 불론시비 관자관

他 冥符性空 日新其道 獲無生慈忍力者 可謂 眞出世 丈夫
타 명부성공 일신기도 획무생자인력자 가위 진출세 장부

男子也.
남자야

雖有如是施戒忍等助道方便 萬行施爲 由先已悟煩惱性空
수유여시시계인등조도방편 만행시위 유선이오번뇌성공

故 所治習氣 生卽無生 能治覺行 爲而無爲 能所俱離 隨緣
고 소치습기 생즉무생 능치각행 위이무위 능소구리 수연

無作 是爲眞修 豈可言體得本淨然後 都無修治耶.
무작 시위진수 기가언체득본정연후 도무수치야

위에서 예를 든 법문들은 모든 불보살이 간절한 자비심으로 마음 닦는 수행자를 위하여 숨기지 않고 성실한 말로 수행의 지름길을 가리킨 것이다.

목우자는 이 법문에 감동하여 환희심을 내었고, 특히 이 법을 목숨이 다하도록 받아 지니면서, 또한 같이 공부하는 사람들이 이 법문에 의지하여 나갈 것을 권하였다.

만약 부처님을 믿는 사람이 이 미묘한 법문을 만나 깊이 믿고 알면서, 항상 자신의 허물을 살피며 게으름을 피우지 않고 잘못을 뉘우치면서 마음을 부드럽게 잘 다스려, 모든 사람을 볼 때 입을 조심하고 마음을 거둬 허물을 보지 않고 시비를 논하지 않으며, 자기와 남의 성품이 하나로서 공인 줄을 살펴 날로 그 도가 새로워지면, 생멸이 없는 자비와 인욕의 힘을 얻은 사람이니, 진실로 세상의 속박을 벗어난 '대장부 남아'라 할 수 있겠다.

비록 이와 같은 육바라밀의 방편과 온갖 보살행을 실천하더라도, 먼저 이미 번뇌의 성품이 공인 줄 깨달았기 때문에, 다스린 습기는 생겨도 생긴 것이 없으며, '다스리는 깨달음의 행'도 하되 한 적이 없기에, 능能과 소所를 다 여의면서 '인연을 따라 해도 한 적이 없는 것'이 참으로 닦는 수행이 된다. 그런데 어찌 본래 깨끗함을 체득한 뒤에 조금도 닦고 다스린 것이 없다 말할 수 있겠는가.

如有人問 古禪師[1]
여유인 문 고선사

有人雖了萬境唯心 忽遇違順境時 爲甚 亦有愛憎嗔喜.
유인 수요만경유심 홀우위순경시 위삼 역유애증진희

師曰 此人 祇是道力未充 亦是習氣未盡 雖然念起 終不作
사왈 차인 지시도력미충 역시습기미진 수연염기 종부작

諸惡業. 何以故 當處出生 隨處滅盡.
제악업 하이고 당처출생 수처멸진

故 云 不怕念起 唯恐覺遲
고 운 불파염기 유공각지

又云 瞥起 是病 莫續是藥 向後自然淡薄去.
우운 별기 시병 막속시약 향후자연담박거

悟道之人 縱有一切客塵煩惱 在他分上 俱成如來知見
오도지인 종유일체객진번뇌 재타분상 구성여래지견

故 云 煩惱卽菩提.
고 운 번뇌즉보리

---

1. 고선사古禪師는 전기미상이나 법명은 승고承古이고, 고탑주古塔主라고도 불린다. 운문문언雲門文偃보다 약 100년 뒤의 사람인데 자칭 운문 스님의 제자라고 하였다.

4. 도력이 충분치 않았을 뿐

이는 어떤 사람이 고선사古禪師에게 물은 내용과 같다.

문: 어떤 사람이 온갖 경계가 오직 마음인 줄 알았더라도 홀연 역순 경계를 만날 때, 무엇 때문에 사랑과 미움, 성냄과 기뻐하는 마음이 교차하는 것입니까?

답: 이 사람은 아직 도력이 충분치 않고 중생의 나쁜 버릇이 다 사라지지 않았을 뿐, 한 생각이 일어나더라도 결코 조금도 나쁜 행동을 하지 않는다.
왜냐하면 한 생각이 일어나는 자리에서 그 생각이 바로 다 사라지기 때문이다.

그러므로 "생각이 일어남을 두려워 않고 더디 깨달을까 걱정할 뿐이다."라고 말하고, 또 "갑자기 일어나는 생각은 병이지만 지속시키지 않는 것은 약이니, 이 뒤로는 자연스레 마음이 담박해지리라."라고 말한 것이다.

도를 깨달은 사람은 온갖 객진번뇌가 있더라도 그 자리에서 함께 여래의 지견을 이루니, 그러므로 "번뇌 자체가 깨달음이다."라고 말한다.

又問曰
우 문 왈

有人 不了萬境唯心 對違順境時 爲甚 亦無愛憎嗔喜.
유인 불요만경유심 대위순경시 위심 역무애증진희

師曰 此是調伏 如石壓草. 故 云 雖因調習 得少安靜 不安之
사왈 차시조복 여석압초 고 운 수인조습 득소안정 불안지

相 常現在前 又云 得在於心靜 失在於物虛.
상 상현재전 우운 득재어심정 실재어물허

是故 修眞之士 不以外相動靜 是非在意
시고 수진지사 불이외상동정 시비재의

當以覺慧 鍛鍊功成 爲急爾.
당이각혜 단련공성 위급이

又見修心人 謂已悟心 而所入不甚深者
우견수심인 위이오심 이소입불심심자

雖終日內照 常爲淨潔所拘 雖觀物虛 恒爲境界 所縛.
수종일내조 상위정결소구 수관물허 항위경계 소박

此人之病
차인지병

只在認見聞覺知 爲空寂知 坐在光影門頭 非干別事.
지재인견문각지 위공적지 좌재광영문두 비간별사

문: 어떤 사람이 온갖 경계가 오직 마음인 줄 알지 못하는데도, 역순 경계를 만날 때 무엇 때문에 사랑과 미움, 성냄과 기뻐하는 마음도 없는 것입니까?

답: 이것은 돌로 풀을 눌러 놓은 것처럼 마음을 다스려 눌러놓은 것이다. 그러므로 말하기를 "마음을 다스리는 훈련으로 조금 안정된 마음을 얻을 수 있더라도, 불안한 모습이 항상 눈앞에 있다."라고 하고, 또 "얻는 것은 마음의 안정이지만 잃는 것은 모든 경계가 비어 존재하지 않는 도리이다."라고 하였다.

이 때문에 참된 도리를 닦는 수행자는, 바깥 모양인 마음의 움직임이나 고요함, 옳고 그름을 마음에 두지 않고, 깨달음의 지혜로 단련하여 공력을 완성하는 것을 시급한 일로 삼는다.

또 마음 닦는 사람이 이미 마음을 깨달았다고 해도 공부에 깊이 들어가지 못하는 것을 보니, 종일토록 마음을 챙기더라도 항상 마음이 깨끗해야 한다는 생각에 얽매이고, 모든 경계가 비어 존재하지 않는 도리를 살피더라도 늘 경계에 얽매이고 있다.

이 사람의 병은 다만 '보고 듣고 아는 것'만 인정하여 공적영지로 삼고 그 그림자 끝에 앉아 있기 때문이지 별다른 일이 아니다.

然 今時 初心人 離日用 見聞覺知 終未得履踐之路頭.
연 금시 초심인 이일용견문각지 종미득이천지노두

又 不深知 心體離念則 終未免見聞覺知所轉.
우 불심지 심체이념즉 종미면견문각지소전

何言其當處出生 隨處滅盡之相耶.
하언기당처출생 수처멸진지상야

切須深細思看 不得自謾.
절수심세사간 부득자만

然 此所悟離念心體 卽諸法之性 包含衆妙 亦超言詞.
연 차소오이념심체 즉제법지성 포함중묘 역초언사

超言詞故 合忘心頓證之門¹ 含衆妙故 有相用繁興之義.
초언사고 합망심돈증지문 함중묘고 유상용번흥지의

---

1. 망심돈증문忘心頓證門은 '마음조차 잊고 단숨에 증득하는 수행문'을 말한다.

272

그러나 요즈음 이제 막 공부하려 마음 낸 사람들은 일상생활 속에서 '보고 듣고 아는 것'을 떠나서는 끝내 실천하는 길을 찾지 못하고 있다. 또 마음의 바탕이 망념을 떠나 있다는 것을 깊이 알지 못하기에, 끝내 '보고 듣고 아는 것'에 끌려 다니는 것을 면하지 못한다.

그런데 어찌 한 생각이 일어나는 자리에서 그 생각이 바로 다 사라지는 모습을 말하겠느냐. 부디 깊이 잘 생각하고 자만하지 말아야 한다.

그러나 깨달아서 망념을 떠난 마음의 바탕이 곧 모든 법의 성품이니, 온갖 미묘한 이치를 다 싸안으면서 또한 언사를 뛰어넘는다.

언사를 뛰어 넘으므로 '마음조차 잊고 단숨에 증득하는 수행문'과 하나가 되며, 온갖 미묘한 이치를 싸안고 있으므로 온갖 모습과 쓰임새로 드러나는 이치가 있다.

故 此心性有全揀門¹ 全收門² 修心者切須審詳.
고 차심성 유전간문 전수문 수심자 절수심상

如密禪師云
여밀선사운

以一眞心性 對染淨諸法 全揀全收.
이일진심성 대염정제법 전간전수

全揀者 但剋體 直指靈知 卽是心性 餘皆虛妄
전간자 단극체 직지영지 즉시심성 여개허망

故 云 非識所識 亦非心境等
고 운 비식소식 역비심경등

乃至非性非相 非佛非衆生 離四句絶百非也.³
내지비성비상 비불비중생 이사구절백비야

---

1. 전간문全揀門은 '온갖 방편을 전부 추려내어 부정하는 수행문'을 말한다.
2. 전수문全收門은 '온갖 방편을 전부 받아들여 긍정하는 수행문'을 말한다.
3. 사구백비四句百非는 진리를 표현하기 위한 온갖 논리를 말한다. 유有와 무無, 비유비무非有非無와 역유역무亦有亦無의 4구句로 온갖 논리를 펼칠 수 있는데, 이 모든 논리 하나하나를 빠짐없이 다 부정하는 것이 100비非이다. 하지만 진리는 이 4구와 100비를 초월해 있다. 이를 이사구離四句 절백비絶百非라 한다.

7장 모두 부정하거나 모두 긍정하는 수행문

그러므로 이 마음의 성품에는 '온갖 방편을 전부 추려내어 부정하는 수행문'과 '온갖 방편을 전부 받아들여 긍정하는 수행문'이 있으니, 마음 닦는 사람들은 부디 잘 살펴야 한다.

1. 법의 성품 하나 되어 두 모습 없고

이는 규봉 스님이 다음과 같이 말한 것과 같다.

오로지 참마음의 성품으로 모든 오염된 법과 청정한 법을 상대하여 전부 추려 내어 부정을 하거나 전부 받아들여 긍정을 한다.
전부 추려 내어 부정한다는 것은, 오직 마음 바탕에 나아가 '신령스레 아는 앎'이 곧 마음의 성품임을 바로 가리키고, 나머지 모든 것은 허망하기 때문에 '알음알이로 아는 것'도 아니고 '마음이나 경계'도 아니라는 것들이다. 나아가 어떤 성性도 아니고 상相도 아니며, 부처님도 아니고 중생도 아니니 온갖 언구와 논리를 떠나 있는 것이다.

全收者 染淨諸法 無不是心.
전수자 염정제법 무불시심

心迷故 妄起惑業 乃至 四生六道 雜穢國界 心悟故 從體起
심미고 망기혹업 내지 사생육도 잡예국계 심오고 종체기

用 四等六度^1 乃至 四辯十力^2 妙身淨刹 無所不現.
용 사등육도 내지 사변십력 묘신정찰 무소불현

旣是此心 現起諸法故 法法 全卽眞心.
기시차심 현기제법고 법법 전즉진심

如人夢所現事 事事皆人
여인몽소현사 사사개인

如金作器 器器皆金 如鏡現影 影影皆鏡
여금작기 기기개금 여경현영 영영개경

○ 夢 喩妄想業報 器 喩修行 影 喩應化
  몽 유망상업보 기 유수행 영 유응화

---

1. 4등等은 대승보살의 실천행인 '4무량심'으로 자慈·비悲·희喜·사捨를 말한다.
2. 4변辯은 걸림 없이 법과 뜻을 말하면서 말에 걸림이 없이 즐겁게 설파하는 것을 말한다. 법무애변法無礙辯·의義무애변·사辭무애변·요설樂說무애변이다. 10력은 부처님이 지닌 열 가지 뛰어난 능력을 말한다.

전부 받아들여 긍정한다는 것은 오염된 법과 청정한 법 모두 '이 마음 아닌 것이 없다'는 것이다.

마음이 어리석으므로 망념에서 미혹한 업을 일으켜 복잡하고 어지러운 중생계로 나아가고, 마음이 깨달았기에 그 바탕에서 4무량심·6바라밀·4무애변·10력을 일으켜 미묘한 몸과 청정한 국토가 나타나지 않는 곳이 없다.

이미 이 마음이 모든 법을 드러내므로 법 하나하나 모두가 전부 참마음이다.

이는 마치 꿈속에 나타난 일 모두가 꿈꾸는 사람의 일이고, 금으로 그릇을 만들면 그릇 하나하나가 모두 금이며, 거울에 나타난 그림자는 그림자 하나하나가 모두 거울인 것과 같다.

주注 꿈은 망상의 업보를 비유하고, 그릇은 수행을 비유하며, 그림자는 응화신應化身을 비유한다.

故 華嚴經 云 知一切法 卽心自性 成就慧身 不由他悟
고 화엄경 운 지일체법 즉심자성 성취혜신 불유타오

起信論 云 三界虛僞 唯心所作 離心 卽無六塵境界 是故一
기신론 운 삼계허위 유심소작 이심 즉무육진경계 시고일

切法 如鏡中像
체법 여경중상

楞伽經 云 寂滅者 名爲一心 一心者 名如來藏.
능가경 운 적멸자 명위일심 일심자 명여래장

能遍興造 一切趣生 造善造惡 受苦受樂 與因俱.
능변흥조 일체취생 조선조악 수고수락 여인구

故知一切無非心也 (云云)
고지일체무비심야 운운

直現眞心之體 方能於中 揀一切收一切也. 如是收揀 自在
직현진심지체 방능어중 간일체수일체야 여시수간 자재

性相無礙 方能於一切法 悉無所住 唯此名爲了義.[1]
성상무애 방능어일체법 실무소주 유차명위요의

---

1. 요의了義는 '근본이치를 아는 것'을 말한다.

그러므로 『화엄경』에서 "모든 법이 마음의 자성인 줄 알면 지혜로 이루어진 부처님의 몸을 성취하니, 이는 다른 사람의 깨달음에서 오는 것이 아니다."라 하고,

『기신론』에서는 "중생계는 허위로서 오직 마음이 만든 것일 뿐, 마음을 떠나면 육진 경계는 없다. 이 때문에 모든 법이 거울 속의 그림자와 같다."라고 하며,

『능가경』에서도 "적멸은 한마음이요 한마음은 여래장이다."라고 하였다.

윤회하는 모든 중생을 만들어 선과 악을 짓게 하여 괴로움과 즐거움을 받게 하는 것들이 모두 이 마음에 갖추어져 있다.

그러므로 '모든 게 마음 아닌 것이 없다'는 사실을 알아야 한다. (云云) 바로 참마음의 바탕을 드러내어야 그 가운데서 모든 것을 추려 전부 부정하거나 전부 받아들여 긍정을 할 수 있다. 이와 같이 부정과 긍정이 자재하고 성性과 상相이 걸림 없어야 비로소 어떤 법에도 집착하지 않아 머물 곳이 없는 것, 오직 이를 일러 '근본이치를 아는 것'이라고 한다.

以是 當知 若不頓悟一眞心性 但於中
이시 당지 약불돈오일진심성 단어중

揀一切則 滯在離言之解
간일체즉 체재이언지해

收一切則 又滯圓融之解 皆落意解 難爲悟入矣.
수일체즉 우체원융지해 개락의해 난위오입의

若欲收揀自在 性相無礙 則須頓悟一心.
약욕수간자재 성상무애 즉수돈오일심

若欲頓悟 切須不滯意解.
약욕돈오 절수불체의해

以故 滯則雖收揀 俱非
이고 체즉수수간 구비

當於悟門 勦絶方便 唯全揀切近
당어오문 초절방편 유전간절근

故 剋體 直指靈知 在全揀門也.
고 극체 직지영지 재전간문야

故知 本分宗師 鍛鍊悟門 亦遣靈知 最爲妙矣.
고지 본분종사 단련오문 역견영지 최위묘의

이것으로 마땅히 참마음의 성품을 돈오하지 않고, 모든 것을 부질없이 어중간하게 추려 부정한다면 '말과 맞지 않는 알음알이'에 걸리고, 모든 것을 부질없이 어중간하게 받아들여 긍정한다면 '모든 것이 원융하다는 알음알이'에 걸려 모두 '뜻으로 헤아려 아는 알음알이'에 떨어진 것이기에 참마음으로 깨달아 들어가기가 어렵다는 것을 알아야 한다.

만약 긍정과 부정이 자재하여 성性과 상相에 걸림이 없으려면, 모름지기 한마음을 돈오해야 한다.

돈오하려면 부디 '뜻으로 헤아려 아는 알음알이'에 걸리지 말아야 한다.

이 때문에 '뜻으로 헤아려 아는 알음알이'에 걸렸다면 비록 긍정과 부정이 다함께 잘못이더라도, 깨달음의 문에서는 '온갖 방편을 전부 추려내어 부정하는 수행문'이 가장 가까운 법이 되므로, 마음의 바탕에 나아가 바로 '신령스런 앎'을 가리키는 것은 '온갖 방편을 전부 추려내어 부정하는 수행문'에 있다.

그러므로 본분에 눈 밝은 스승들이 단련하는 깨달음의 문에서는 '신령스런 앎'조차 버리는 것이 가장 오묘한 도리인 줄 알아야 한다.

若透脫意解 頓悟一心 則方知此心 包含衆妙 亦超言詞 全
약투탈의해 돈오일심 즉방지차심 포함중묘 역초언사 전

收全揀 自在無礙矣.
수전간 자재무애의

故知所悟靈知之心 卽純眞性海.
고지소오영지지심 즉순진성해

當不可說而能隨緣現起四生六道及妙身淨刹等 染淨諸法
당불가설 이능수연 현기사생육도 급묘신정찰등 염정제법

故名緣起. 起卽無起 名不思議起. 故云 法法 全卽眞心 如影
고명연기 기즉무기 명부사의기 고 운 법법 전즉진심 여영

影皆鏡等. 如是則 悟心之後 建立掃蕩 有何妨礙.
영개경등 여시즉 오심지후 건립소탕 유하방애

如義湘法師[1] 偈云
여의상법사 게운

　　　法性圓融無二相　諸法不動本來寂
　　　법성원융무이상　제법부동본래적

　　　離名離相絶一切　證智所知非餘境
　　　이명이상절일체　증지소지비어경

---

1. 의상義湘(625-720) 스님은 신라 중기의 고승으로서 해동화엄종 초조이다. 661년에 중국 종남산 지엄智儼 스님 문하에서 현수賢首 스님과 함께 화엄을 연구하여 깊은 이치를 깨달았다.

만약 '뜻으로 헤아려 아는 알음알이'를 벗어나 한마음을 돈오하면 비로소 이 마음에 온갖 오묘한 도리를 싸안고 또한 언사를 초월하여 모든 것을 긍정하고 부정함에 자재하여 걸림이 없다.

그러므로 신령스런 앎을 깨달은 마음이 곧 순수한 참성품의 바다인 줄 알아야 한다.

이 마음을 말할 수 있는 것은 아니지만 인연을 따라 사생육도四生六道와 미묘한 몸과 청정국토 및 오염되거나 청정한 모든 법을 나타낼 수 있으므로 연기緣起라 한다. 이 연기는 일어나되 일어난 것이 없으므로 생각할 수 없는 부사의不思議 연기라 한다.

그러므로 "법 하나하나가 전부 참마음이요, 그림자 하나하나가 다 거울과 같다."라고 말한다. 이와 같다면 마음을 깨달은 뒤에, 전부 긍정하여 내세운다거나 전부 부정하여 없애 버리는 것에 무슨 방해 될 것이 있겠는가.

이는 의상 스님이 법성게에서 말한 것과 같다.

> 법의 성품 하나 되어 두 모습 없고
> 모든 법이 부동이어 본디 고요해
> 이름 없고 모습 없어 모든 것 끊겨
> 이는 오직 부처님만 알 수 있는 곳

眞性甚深極微妙　不守自性隨緣成
진성심심극미묘　불수자성수연성

一中一切多中一　一卽一切多卽一 等.
일중일체다중일　일즉일체다즉일 등

此則 先明眞性 離名絶相 次明眞性 緣起無礙.
차즉 선명진성 이명절상 차명진성 연기무애

故 亦是圓敎中 全揀全收義也.
고 역시원교중 전간전수의야

然 但言緣起 卽非全收 緣起卽性起 乃名全收.
연 단언연기 즉비전수 연기즉성기 내명전수

此理至近而難識.
차리지근이난식

是知 全收門極致 亦證智所知.
시지 전수문극치 역증지소지

然 凡言唯心唯識 皆屬全收門.
연 범언유심유식 개속전수문

참성품은 깊고 깊은 지극한 이치
자기 성품 고집 않고 인연 따르네
하나 속에 모두 있어 모두의 하나
하나가 곧 모두이니 모두가 하나

2. 참성품의 연기는 걸림 없는 것

법성게 내용은 먼저 참성품이 개념과 온갖 모습에서 떠나 있는 것을 밝히고, 다음에 참성품의 연기는 걸림 없는 것을 밝혔다.

그러므로 이것 또한 '오롯한 가르침인 원교圓敎'에서 전부 부정하고 전부 긍정하는 이치이다. 그러나 '연기'라고 말하기만 하면 전부 긍정하여 받아들이는 것이 아니니, 연기가 곧 참성품에서 일어나야 '전부를 긍정하여 받아들인다'라고 한다. 이 이치가 참성품에 지극히 가까우나 알기는 어렵다. 이것으로 '온갖 방편을 전부 받아들여 긍정하는 수행문'의 극치 또한 증득한 참지혜로 알 수 있는 곳임을 알아야 한다.

그러나 대개 오직 마음뿐이라는 '유심唯心 유식唯識'도 모두 '온갖 방편을 전부 받아들여 긍정하는 수행문'에 속한다.

壽禪師云 緣起一門 若是頓敎
수선사운 연기일문 약시돈교

不說緣起 卽是事相 令眞理不現 要由相盡 乃是實性
불설연기즉시사상 영진리불현 요유상진 내시실성

若說緣起 如以翳眼 而見空花
약설연기 여이예안 이견공화

若是圓敎 法界起 必一多互攝 有力無力 方得成立
약시원교 법계기 필일다호섭 유력무력 방득성립

一多無礙 攝入同時 名入大緣起.
일다무애 섭입동시 명입대연기

據此所說
거차소설

頓敎 不說緣起 卽闕全收 無全收故 不成全揀 何者.
돈교 불설연기 즉궐전수 무전수고 불성전간 하자

旣毁相泯心故 必取眞性 何成全揀.
기훼상민심고 필취진성 하성전간

禪宗 全揀門者
선종 전간문자

但剋體 直指心性 本來常寂 絶諸待對爾 非爲取捨
단극체 직지심성 본래상적 절제대대이 비위취사

是乃全收中全揀也 不同頓敎 都無全收.
시내전수중전간야 부동돈교 도무전수

영명 선사는 『만선동귀집』에서 "연기의 한 수행문이 돈교頓敎라면, 연기가 곧 현상의 모습이라 설하지 않기에 진리가 드러나지 않게 하고, 현상의 모습이 다 사라져야 참다운 성품이라 한다. 만약 연기를 말하면 안 보이는 눈으로 허공꽃을 보는 것과 같다. 만일 원교의 법계연기라면 반드시 하나와 많은 것이 서로 거두어야 유력有力과 무력無力이 비로소 성립될 수 있다. 하나와 많은 것이 서로 걸림이 없어 거두어들이는 것이 동시인 것, 이를 일러 대연기大緣起에 들어간다."라고 하였다.

여기서 말한 것에 근거하면 돈교는 연기를 설하지 않으므로 '온갖 방편을 전부 받아들여 긍정하는 수행문'이 빠졌고, '온갖 방편을 전부 받아들여 긍정하는 수행문'이 없으므로 '온갖 방편을 전부 추려 내어 부정하는 수행문'이 성립 안 되니 무엇 때문인가?
이미 경계를 없애고 마음을 없애는 까닭으로 반드시 참성품을 성취한다고 하니, 어찌 '온갖 방편을 전부 추려 내어 부정하는 수행문'이 성립되겠는가.

선종의 '온갖 방편을 전부 추려 내어 부정하는 수행문'은 다만 바탕에 나아가 바로 '마음의 성품이 본디 늘 고요하여 모든 상대적 개념을 끊었기에 취하고 버리는 마음이 아닌 것'을 가리키니, 이는 '온갖 방편을 전부 받아들여 긍정하는 수행문' 가운데에 있는 '온갖 방편을 전부 추려 내어 부정하는 수행문'으로서 돈교에서 조금도 '온갖 방편을 전부 받아들여 긍정하는 수행문'이 없는 것과는 다르다.

雖似全揀 亦不成全揀也 不知此意者 徒興禪敎彼我之諍.
수사전간 역불성전간야 부지차의자 도흥선교피아지쟁

時當鬪諍牢固故 不足爲怪.
시당투쟁뇌고고 부족위괴

密禪師云
밀선사운

佛敎爲萬代依憑 理須委示 師訓 在卽時度脫 意使玄通.
불교위만대의빙 이수위시 사훈 재즉시도탈 의사현통

故知禪敎爲門 事體各別 何者.
고지 선교위문 사체각별 하자

佛敎委示者 緣起法門 事事無礙 巧辯多端
불교위시자 연기법문 사사무애 교변다단

故 於全收門 親近而全揀門 且疏.
고 어전수문 친근이전간문 차소

師訓玄通者 對機下語 句能剗意 意能剗句 意句交馳 不留
사훈현통자 대기하어 구능잔의 의능잔구 의구교치 불류

其跡故 於全揀門 親近而全收門 且疏.
기적고 어전간문 친근이전수문 차소

비록 '온갖 방편을 전부 추려 내어 부정하는 수행문'과 비슷하더라도 '온갖 방편을 전부 추려 내어 부정하는 수행문'이 성립되지 않는 것인데, 이 뜻을 모르는 사람이 부질없이 선과 교, 너와 나로 나누어 다투는 논쟁을 일으킨다.

시절인연이 싸우고 다투는 세상이므로 괴이하게 여길 것은 아니다.

규봉 스님은 "부처님의 가르침은 영원토록 의지할 것이므로, 이치로 자세히 가르치는 것이요, 조사의 가르침은 그 자리에서 제도되어 해탈하므로 뜻이 현묘하게 통하도록 하는 것이다."라고 하였다.

그러므로 선과 교에서 수행문을 삼는 현상과 그 바탕이 제각각 다른 줄 알아야 하니, 무엇 때문인가?

부처님의 가르침에서 이치로 자세히 가르친다는 것은 연기 법문에서 사사무애事事無礙로 정교한 언변이 대단히 많기 때문에 '온갖 방편을 전부 받아들여 긍정하는 수행문'에 가깝고 '온갖 방편을 전부 추려 내어 부정하는 수행문'과는 먼 것이다.
조사의 가르침이 현묘하게 통한다는 것은, 근기에 맞추어 주는 말씀이 언구로는 뜻을 깎고 뜻으로는 언구를 깎아내어, 뜻과 언구가 서로 내쳐 그 자취를 남기지 않기 때문에, '온갖 방편을 전부 추려 내어 부정하는 수행문'에 가깝고 '온갖 방편을 전부 받아들여 긍정하는 수행문'에는 먼 것이다.

全揀門親近者 在卽時度脫故.
전간문친근자 재즉시도탈고

全收門親近者 爲萬代依憑故.
전수문친근자 위만대의빙고

雖兩家皆有二門 然 各有所長 不可相非.
수양가개유이문 연 각유소장 불가상비

旣在卽時度脫 撮略爲門故 雖有引敎 皆爲明宗 非純敎也
기재즉시도탈 촬략위문고 수유인교 개위명종 비순교야

不知此意者 但將敎義深淺 度量禪旨 徒興謗讟 所失多矣.
부지차의자 단장교의심천 탁량선지 도흥방독 소실다의

若大量人 放下敎義 但將自心現前一念 參詳禪旨則
약대량인 방하교의 단장자심현전일념 참상선지즉

必有所得 如有信士 傾鑑此言.
필유소득 여유신사 경감차언

今時 或有不窮世出世善惡因果 皆從一念者
금시 혹유불궁세출세선악인과 개종일념자

居常時中 輕御自心 不解省察.
거상시중 경어자심 불해성찰

'온갖 방편을 전부 추려 내어 부정하는 수행문'에 가까운 것은 조사 스님의 뜻이 그 자리에서 중생을 제도하여 해탈시키는 데 있기 때문이다. '온갖 방편을 전부 받아들여 긍정하는 수행문'에 가깝다는 것은 영원토록 의지해야 하기 때문이다.

비록 선종과 교종에 모두 두 가지 문이 있지만 저마다 장점이 있으니 서로 비방할 것은 아니다.

이미 그 자리에서 제도하여 해탈시키는 데 있다는 것은, 요점을 모아 간략하게 하는 것을 수행문으로 삼으므로, 비록 교教를 인용하는 일이 있더라도 모두가 종지를 밝히기 위한 방편일 뿐 순수한 교教가 아닌데, 이 뜻을 모르는 사람들은 다만 깊고 얕은 교학의 이치로 선지를 헤아려 부질없이 비방하니 잃을 것이 크다.

만약 툭 트인 사람이라면 교학의 뜻을 놓아 버리고, 오직 자신의 마음에서 눈앞에 드러나는 한 생각을 가지고 선지를 자세히 참구해야 한다. 그러면 반드시 얻을 바가 있으리니, 믿음이 있는 사람이라면 이 말에 귀를 기울여야 한다.

요즈음 세간과 출세간의 선악과 인과가 모두 한 생각에서 나옴을 알지 못하는 사람들이 간혹 있어, 평상시 살아가면서 자신의 마음을 가벼이 여기며 챙길 줄 모른다.

以故 雖有看經及禪偈 忽然 得意之時
이고 수유간경급선게 홀연 득의지시

但卽時欣幸 後便輕擲 不加決擇.
단즉시흔행 후변경척 불가결택

亦復不生 萬劫難遭之想
역부불생 만겁난조지상

隨逐塵緣 念念流轉 豈有成辨之期.
수축진연 염념유전 기유성변지기

密禪師大有警策之語 如云 學道之人 輕因重果 願諸道者
밀선사대유경책지어 여운 학도지인 경인중과 원제도자

深信自心 硏味此言 可不生悲感歟.
심신자심 연미차언 가불생비감여

嘗試論之 現今凡夫 緣慮分別 皆從眞性中緣起.
상시론지 현금범부 연려분별 개종진성중연기

性本淸淨故 若能虛懷 略借迴光 只在一念 不費多力矣.
성본청정고 약능허회 약차회광 지재일념 불비다력의

雖然般若力大 亦有無明力不思議故
수연반야력대 역유무명력부사익고

後後長養 保任不忘 爲難爾.
후후장양 보임불망 위난이

若返照得意後 信根堅固 發勇猛心 長時保任 有何不成.
약반조득의후 신근견고 발용맹심 장시보임 유하불성

이 때문에 경전과 선의 게송을 보고 홀연 뜻을 얻게 될 때가 있더라도 다만 그 자리서 기쁘고 다행이라 여길 뿐, 그 뒤는 바로 가볍게 생각을 내려놓고 더 공부하려는 마음을 내지 않는다.

또한 이 공부가 만겁의 세월 속에서도 만나기 어렵다는 생각을 전혀 내지 않고, 경계를 좇아가는 인연을 따라 생각마다 육도윤회를 하니, 어찌 생사를 해결할 기약이 있겠는가.

규봉 선사가 크게 경책하여 "도를 배우는 사람들이 공부의 시작을 가볍게 여기고 그 결과만 소중히 여긴다. 바라건대 도 닦는 사람들은 자신의 마음을 깊이 믿어야 한다."라고 하였으니, 이 말을 깊이 맛본다면 어찌 서글프다는 생각을 내지 않을 수 있겠는가.

지금 한번 이야기해 보자면, 오늘날 범부들이 이리저리 분별하는 것은 모두 참성품에서 일어나는 연기법이다. 그 성품은 본디 맑고 깨끗하므로 여러 모로 품은 생각을 비워 편하게 마음의 빛을 돌이켜 한 생각에 놓을 수만 있다면 공부하는 힘이 많이 필요치가 않다. 비록 반야의 힘이 크더라도 무명의 힘 또한 불가사의하므로, 뒷날 공부하는 힘을 잘 키워 잊지 않고 쭉 챙겨나는 것이 어려울 뿐이다. 만약 마음을 돌이켜 뜻을 얻은 뒤, 믿음의 뿌리가 견고하여 용맹심으로 오랜 시간 이 마음을 잘 지켜 나가면, 어찌 공부를 이루지 못할 일이 있겠느냐.

若不秘重得意一念 而別求見性神通道力 則豈有休歇時.
약불비중득의일념 이별구견성신통도력 즉기유휴헐시

所言人人 現前一念者 卽是一法 故 云 所言法者 謂衆生心
소언인인 현전일념자 즉시일법 고 운 소언법자 위중생심

也. 是心 卽是眞如生滅二門三大之源.
야 시심 즉시진여생멸이문삼대지원

是故 此心體性 沖深包博
시고 차심체성 충심포박

摠該萬有 而不動隨緣故
총해만유 이부동수연고

卽體卽用 卽人卽法 卽妄卽眞 卽事卽理 義勢萬差.
즉체즉용 즉인즉법 즉망즉진 즉사즉이 의세만차

而復湛然常寂 勦絶一切故
이부담연상적 초절일체고

非性非相 非理非事 非佛非衆生等.
비성비상 비이비사 비불비중생등

如前所謂 全收全揀 自在無妨是也.
여전소위 전수전간 자재무방 시야

만약 참다운 뜻을 얻는 그 한 생각을 소중히 여기지 않고, 따로 견성하여 신통과 도력을 찾는다면 어찌 그 공부를 마치고 쉴 때가 있겠는가.

사람마다 눈앞에 나타나는 한 생각을 말한 것이 곧 이 한 법이니, 그러므로 『기신론』에서 "법이란 중생의 마음을 말한다."라고 하였다. 이 마음이 곧 진여문과 생멸문이 되고 체상용 3대大의 근원이다.

이 때문에 이 마음 바탕의 성품은 텅 비어 깊고 넓기에, 온갖 존재를 다 싸안으나 움직이지 않은 채로 인연을 따라가므로, 이 마음 바탕 자체가 이 마음의 쓰임새이고, 사람 자체가 법이며, 망妄 자체가 진眞이고, 사事 자체가 이理로서 그 뜻의 확장세가 천차만별이다.

그러나 다시 그 근본은 맑고 맑으면서 항상 고요하여 모든 경계를 다 끊었으므로, 성性도 아니요 상相도 아니며, 이理도 아니요 사事도 아니며, 부처님도 아니요, 중생도 아닌 것들이다.

앞에서 '온갖 방편을 전부 받아들여 긍정하는 수행문'과 '온갖 방편을 전부 추려 내어 부정하는 수행문'이 자재하여 걸림이 없다고 말한 게 바로 이것이다.

以有如是大不思議故
이유여시대부사의고

宗師 直指人人 現前一念 見性成佛耳.
종사 직지인인 현전일념 견성성불이

今言 性者 是一心本法性 非性相相對之性.
금언 성자 시일심본법성 비성상상대지성

故 華嚴疏主 心要牋 云 大道本乎其心 心法本乎無住
고 화엄소주 심요전 운 대도본호기심 심법본호무주

無住心體 靈知不昧 性相寂然 包含德用.
무주심체 영지불매 성상적연 포함덕용

今疑禪法者 見此良證 除疑修心 是吾所望也.
금의선법자 견차양증 제의수심 시오소망야

又永嘉眞覺大師云 一念者 是正覺靈知之念也
우영가진각대사운 일념자 시정각영지지념야

誌公和尙 頌云 大道曉在目前 迷倒愚人 不了 一念之心 卽
지공화상 송운 대도효재목전 미도우인 불요 일념지심 즉

是 何須別處尋討 是也.
시 하수별처심토 시야

3. 눈 밝은 스승들의 말씀

이와 같이 부처님은 부사의不思議한 힘이 있으므로, 눈 밝은 스승들은 바로 사람마다 눈앞에 나타나는 한 생각에서 자기의 참성품을 보고 깨달은 성자 부처님이 될 것을 바로 가리켜 보였다.

지금 말하는 성품은 한마음으로서 본디 법의 성품이요, 성性과 상相으로 상대하는 성性이 아니다.

그러므로 청량 스님이 『심요전心要牋』에서 "큰 도는 본디 그 마음에 있고, 마음의 법은 본래 집착이 없어 머무를 것이 없으니, 집착이 없어 머무름이 없는 마음의 바탕은 신령스런 앎으로서 어둡지 않다. 성性과 상相이 고요하면서도 온갖 공덕의 쓰임새를 품고 있다."라고 하였다.

이제 선법을 의심하는 사람들이 이 확실한 증거를 보고 의심을 없애 마음 닦는 것이 나의 소망일 따름이다.

또 영가 스님이 "한 생각이란 바로 깨닫는 신령스런 앎의 생각이다."라고 하고, 지공 스님이 게송으로 "대도가 분명히 눈앞에 있는데 어리석은 사람들은 알지 못한다. 한 생각 그 마음이 곧 대도인데 어찌 다른 곳에서 찾으려고 하느냐."라고 한 말이 이것이다.

但指一念者 禪偈撮略 在卽時度脫故也.
단지일념자 선게촬략 재즉시도탈고야

是知雖曰衆生心 非局二門三大之一義¹ 明矣.
시지 수왈중생심 비국이문삼대지일의 명의

故 不同下敎中 望理爲一念成佛也.
고 부동하교중 망이위일념성불야

或者見相似語 徒增是非 不能深知妙旨耳.
혹자견상사어 도증시비 불능심지묘지이

又壽禪師 引華嚴經云 三界無別法 唯是一心作
우수선사 인화엄경운 삼계무별법 유시일심작

今謂唯是一念無明取相心 作也
금위 유시일념무명취상심 작야

此則三界生死之病本也.
차즉삼계생사지병본야

若知無明 不起取有 畢故不造新 卽是斷病本也.
약지무명 불기취유 필고부조신 즉시단병본야

---

1. 이문二門은 생멸문과 진여문을 말하고, 삼대三大는 체대體大·상대相大·용대用大를 말한다.

다만 '한 생각'만 가리킨 것은, 선종의 게송에서 모아 놓은 내용을 간략히 추린 것이니, 그 자리에서 바로 중생을 제도하여 해탈시키는 데 있는 것이다.

이것으로 알아야 하니, 중생심을 말할지라도 이문二門과 삼대三大의 한 뜻에 국한된 것이 아님이 분명하다.

그러므로 아래의 가르침에서 "이치로 한 생각에 성불하기를 바란다."라고 하는 내용과는 다르다.

어떤 사람이 비슷한 말을 보고 부질없이 옳고 그름을 논하는 것은 오묘한 뜻을 깊이 모르기 때문이다.

또 영명 선사가 『화엄경』을 인용하여 "삼계는 다른 법이 없이 오직 한마음으로 만들 뿐이다."라고 말한 것은, 지금 오직 한 생각 무명이 어떤 모습을 취하여 만드는 것을 말하니, 이것이 곧 삼계의 생사를 만드는 병의 근본이다.

만약 무명을 알아 취하는 마음을 일으키지 않으면, 이전에 일어났던 무명이 사라지고 다시 새롭게 일어나지 않으니, 이는 곧 병의 근원을 끊는 것이다.

是知 一念之心 旣名病本 亦是道原.
시지 일념지심 기명병본 역시도원

執實成非 了空無過 悟在刹那 更無前後.
집실성비 요공무과 오재찰나 갱무전후

以是 當知 決擇妙密則至理切近.
이시 당지 결택묘밀즉지리절근

故 雖是末世衆生 若心量宏闊者 亦可虛懷自照 信一念緣
고 수시말세중생 약심량굉활자 역가허회자조 신일념연

起無生矣 雖未親證 亦爲入道之基本也.
기무생의 수미친증 역위입도지기본야

圓覺經 云
원각경 운

末世諸衆生 心不生虛妄 佛說如是人 現世卽菩薩.
말세제중생 심불생허망 불설여시인 현세즉보살

若末世 全無信入者 而佛有如是說者 作妄語矣.
약말세 전무신입자 이불유여시설자 작망어의

然佛是眞語者 實語者 故 豈得自生退屈 不觀察耶.
연 불시진어자 실어자 고 기득자생퇴굴 불관찰야

이것으로 알아야 하니, 한 생각 일으킨 마음을 병의 근본이라 말하기도 하고, 또한 도의 근원이라 말하기도 한다.

실제 있다고 집착하면 잘못된 것이요, 공空인 줄 알면 허물이 없다. 깨달음은 찰나에 있어 앞뒤가 없다.

이것으로써 마땅히 오묘하고 비밀스런 도리를 잘 선택하면 지극한 이치에 매우 가까워진다는 것을 알아야 한다.

그러므로 말세중생이더라도 도량이 크고 넓은 사람이라면, 또한 품은 생각을 비워 스스로 비춰 한 생각 일어나는 것에 생멸이 없음을 믿을 수가 있다. 비록 몸소 증득하지 못했더라도 도에 들어가는 기본은 된다.

『원각경』에서도 "말세의 모든 중생이 허망한 마음을 내지 않으면, 부처님께서는 이런 사람을 현세의 보살이라 한다."라고 하였다.

만약 말세에 조금도 믿어 들어가는 사람이 없다면, 부처님의 이와 같은 말씀은 거짓말이 된다. 그러나 부처님은 참다운 말씀을 하시는 분이며, 알찬 말씀을 하시는 분이다. 그러므로 어찌 스스로 공부에서 물러날 마음을 내고 마음을 챙기지 않을 수 있겠느냐.

如宗鏡錄 云
여종경록 운

問 眾生業果 種子現行 積劫所熏 猶如膠漆 云何但了一心
문 중생업과 종자현행 적겁소훈 유여교칠 운하단요일심

頓斷成佛.
돈단성불

答 若執心境是實 人法不空 徒經萬劫修行 終不證於道果.
답 약집심경시실 인법불공 도경만겁수행 종부증어도과

若頓了無我 深達物虛 則能所俱消 有何不證.
약돈료무아 심달물허 즉능소구소 유하부증

猶微塵揚於猛吹 輕舸隨於迅流 祇恐不信一心 自生艱阻.
유 미진양어맹취 경가수어신류 지공불신일심 자생간조

若入宗鏡(擧一心爲宗照萬法如鏡) 何往不從.
약 입종경 거일심위종조만법여경 하왕부종

且如勇施菩薩[1] 因犯婬慾 尚悟無生 性比丘尼[2] 無心修
차여용시보살 인범음욕 상오무생 성비구니 무심수

行 亦證道果 何況信解一乘之法 諦了自心 而無剋證乎.
행 역증도과 하황신해일승지법 체요자심 이무극증호

---

1. 용시 비구는 자신을 사모하는 여인의 유혹에 넘어가 음행을 저지르게 되었다. 여인의 남편이 이 사실을 알게 되자 여인은 남편을 독살하게 된다. 음욕과 살생이 모두 자신의 탓이라고 절규하던 용시 비구는 비국다라 존자를 만나 가르침을 받고 무생의 이치를 깨달아 성불하여 보월여래라 불렸다. 무생의 이치를 깨달으면 텅 빈 마음이 되니, 세간의 법이 없어져 살생·음행·도적질·거짓말이 들어설 자리가 없다. 번뇌 자체가 없어지니 과보가 존재할 수 없다. 용시 비구는 이 이치를 깨달아 인과를 뛰어넘어 바로 열반에 든 것이다.
2. 성 비구니는 『능엄경』에 나오는 마등가 여인이다. 이 여인이 아난에게 반해 아난을 유혹하려다 그 인연으로 부처님 법을 듣게 되고 성불하게 되었다.

이는 『종경록』에서 말한 다음의 문답 내용과 같다.

문: 중생이 지은 업의 결과로 전생에 뿌려 놓은 씨앗이 금생에 나타나는 것은 오랜 세월 훈습되어 마치 아교나 옻칠과도 같아 떨어지지 않는데, 어떻게 한마음만 알면 단번에 번뇌를 끊어 성불한다고 하십니까?

답: 만약 마음과 경계가 실재하고 나와 대상이 공空이 아니라고 집착한다면, 백천만겁 세월의 수행을 하더라도 끝내 그 결과물을 얻지 못한다.
단번에 무아의 이치를 알고 사물의 실체가 비어 있음을 깊이 통달하면 능소能所의 경계가 사라지니 증득하지 못할 게 뭐가 있겠는가.

이는 미세한 먼지가 맹렬한 바람에 휘날리고, 가벼운 배가 빠른 물살을 타고 가는 것과 같으니, 다만 한마음을 믿지 않고 스스로 어려운 일이라 생각할까 걱정이 될 뿐이다. 한마음의 종경에 들어간다면 어디에 간들 따르지 못할 것이 있겠는가.

용시보살은 음욕을 범했어도 생멸이 없는 '무생無生'의 이치를 깨달았고, 성성性 비구니는 무심 수행으로도 도의 결과물을 증득하였다. 그런데 하물며 일승一乘의 법을 믿고 이해하여 자기의 마음을 분명히 알았는데 어찌 도를 증득할 수 없겠는가.

或有疑云 豈不斷煩惱
혹유의운 기부단번뇌

解云 但諦觀殺盜婬妄 從一心上起 當處便寂 何須更斷.
해운 단체관살도음망 종일심상기 당처변적 하수갱단

是以但了一心 自然萬境如幻.
시이 단요일심 자연만경여환

何者 以一切法 皆從心幻生 心旣無形 法何有相.
하자 이일체법 개종심환생 심기무형 법하유상

據此錄所說斷惑之義 性相雙明
거차록소설단혹지의 성상쌍명

是謂無斷之斷 斷而無斷 爲眞斷矣.
시위무단지단 단이무단 위진단의

今禪者 只說本無煩惱 元是菩提.
금선자 지설본무번뇌 원시보리

故 若非頓悟發明者 對殺盜婬妄 猶難曉達矣.
고 약비돈오발명자 대살도음망 유난효달의

혹 의심이 있는 어떤 사람이 "어찌 번뇌를 끊지 않는가?"라고 묻는다면, 이 의심을 풀어주기를 "다만 한마음에서 살殺·도盜·음婬·망妄이 일어나는 것을 제대로 보면 그 자리에서 바로 사라지는데, 어찌 다시 끊어내야 하겠는가."라고 할 것이다.

이 때문에 한마음만 알면 자연스레 온갖 경계가 허깨비와 같다. 왜냐하면 모든 법이 다 마음에서 허깨비처럼 생겨났기 때문이다. 마음에 이미 어떤 형태가 없는데, 거기서 나온 법에 무슨 모습이 있겠는가.

이 『종경록』에서 설한 미혹을 끊는 뜻에 근거하여 성性과 상相을 모두 밝혔으니, 이는 '끊음이 없이 끊으면서, 끊되 끊은 것이 없는 것을 참된 끊음'이라 말한 것이다.

지금 선禪하는 사람들은 다만 "본디 번뇌가 없어 원래 깨달음이다."라고 말할 뿐이다.

그러므로 만약 돈오로 그 뜻을 드러낸 사람이 아니라면, 살殺·도盜·음婬·망妄의 근본에 대하여 환히 알기가 어렵다.

華嚴略策 云
화엄약책 운

惑本無從 迷眞忽起 迷而不返 爛熳無涯.
혹본무종 미진홀기 미이불반 난만무애

若纖雲覆空 其來無所 須臾彌滿 六合闇然.
약섬운부공 기래무소 수유미만 육합암연

長風忽來 倐然雲盡 千里無點 萬像歷然.
장풍홀래 숙연운진 천리무점 만상역연

方便風生 照惑無本 性空顯現 衆德本圓 八萬塵勞 皆波羅密
방편풍생 조혹무본 성공현현 중덕본원 팔만진로 개바라밀

恆沙惑障 盡是眞如 據此所說 豁然可見也.
긍사혹장 진시진여 거차소설 활연가견야

且夫殺盜婬妄 從惑而起 若以方便智 照惑無本 性空顯現
차부살도음망 종혹이기 약이방편지 조혹무본 성공현현

則所謂殺盜婬等 從何而起.
즉소위살도음등 종하이기

然 但言照惑無本者 不如諦觀殺盜婬妄 從一心上起 當處
연 단언조혹무본자 불여체관살도음망 종일심상기 당처

便寂之說矣.
변적지설의

此乃性相雙明 非用心於觀智者 不知其曲折也.
차내성상쌍명 비용심어관지자 부지기곡절야

『화엄약책』에서 말하기를 "미혹이 본디 올 곳이 없는데 참마음을 몰라 홀연히 일어나고, 어리석기에 돌이킬 줄 모르니 그것이 곪아 문드러진 삶이 끝이 없다. 이는 옅은 구름이 하늘을 덮을 때 온 곳이 없는데도 잠깐 사이에 가득 차 하늘과 땅 사방천지가 어두워지는 것과 같다. 그러다 바람이 홀연 불어 갑자기 구름이 다 흩어지면 하늘 천리에 구름 한 점 없어 삼라만상의 모습이 뚜렷이 드러난다. 이렇듯 방편의 바람으로 미혹에 근본이 없음을 비추어 보고 알기에 성품이 공인 것이 드러나 온갖 덕이 본디 오롯해 있으니, 팔만 번뇌가 모두 바라밀이요, 항하사 미혹의 업장이 모두 진여이다."라고 하였으니, 이 말에 근거하여 마음이 툭 트이면 다 볼 수 있다.

또 살殺·도盜·음婬·망妄이 미혹에서 일어나니, 방편지로 미혹의 근본이 없음을 비추어 성품이 공인 것이 드러나면, 살殺·도盜·음婬·망妄이란 것이 어디에서 일어나겠느냐.

그러나 미혹의 근본이 없음을 비춘다고만 말함은, 살殺·도盜·음婬·망妄이 한마음에서 일어나는 것인 줄 자세히 살펴보아, 그 자리에서 바로 마음이 고요하다고 설하는 것만 못하다.

이것이 성性과 상相을 모두 밝히는 것이니, 통찰력으로 보는 지혜에서 쓰는 마음이 아니면, 그 까닭을 알지 못한다.

如一乘法界圖末句 云
여 일 승 법 계 도 말 구 운

窮坐實際中道床 舊來不動名爲佛.
궁 좌 실 제 중 도 상 구 래 부 동 명 위 불

問 具縛有情 未斷煩惱 未成福智
문 구 박 유 정 미 단 번 뇌 미 성 복 지

　以何義故 名爲舊來成佛耶.
　이 하 의 고 명 위 구 래 성 불 야

答 煩惱未斷 不名成佛
답 번 뇌 미 단 불 명 성 불

　煩惱斷盡 福智成竟 自此已去 名爲舊來成佛.
　번 뇌 단 진 복 지 성 경 자 차 이 거 명 위 구 래 성 불

問 斷惑云何. 答 如地論說 非初非中 後前中後取故.
문 단 혹 운 하 답 여 지 론 설 비 초 비 중 후 전 중 후 취 고

問 云何斷. 答 如虛空如是斷故 未斷已還 不名爲斷 旣斷已
문 운 하 단 답 여 허 공 여 시 단 고 미 단 이 환 불 명 위 단 기 단 이

去 名爲舊來斷. 猶如覺夢 睡寤不同故 建立成不成 斷不斷
거 명 위 구 래 단 유 여 각 몽 수 오 부 동 고 건 립 성 불 성 단 부 단

其實道理 諸法實相 不增不減 本來不動爾.[1]
기 실 도 리 제 법 실 상 부 증 불 감 본 래 부 동 이

---

1. 『화엄일승법계도』에서 '궁좌실제중도상窮坐實際中道床 구래부동명위불舊來不動
名爲佛'을 의상 스님께서 해설하신 부분이다.

이는 『화엄일승법계도』 마지막 구절에서 "마지막에 실제 중도 그 자리에 앉아보니까, 옛날부터 움직이지 않는 그 마음을 부처님이라 한다."라고 말한 것과 같다.

4. 예부터 본디 부처님

문: 번뇌 속에 있는 중생들은, 아직 번뇌를 끊지 못하여 복덕과 지혜를 이루지 못했는데, 무슨 뜻으로 '예부터 부처님'이라고 하는 것입니까?
답: 번뇌를 아직 끊지 못했으면 부처님이라 하지 않지만, 번뇌가 다 끊어져 복덕과 지혜를 다 이루면, 그때부터 '예부터 부처님'이라고 한다.

문: 미혹을 끊었다는 것은 무엇을 말합니까?
답: 『십지경론十地經論』에서 설한 것처럼, 앞도 중간도 뒤도 아니지만, 앞도 중간도 뒤도 취하는 것이다.

문: 어떻게 끊습니까?
답: 이는 허공에서 끊는 것처럼 끊는 것이다. 아직 끊지 못한 것은 끊었다고 말하지 않지만, 이미 끊었으면 그 뒤로는 '예부터 끊은 것'이라고 한다. 이는 "꿈을 깨니 꿈과 잠이 다르므로 성불성成不成과 단부단斷不斷이 내세워지지만 그 실도리의 제법실상은 부증불감이어 본래 움직이지 않는 것이다."라고 한 것이다.

此師 所謂 煩惱斷盡 福智成竟者 約住初發心 卽攝五位[1]
차사 소위 번뇌단진 복지성경자 약주초발심 즉섭오위

圓融成佛 一斷一切斷 一成一切成故.
원융성불 일단일체단 일성일체성고

自此已去者 約行布門[2] 望究竟果故也.
자차이거자 약행포문 망구경과고야

然 圓宗所說 性相無礙故 圓融 不礙行布 行布不礙圓融 不
연 원종소설 성상무애고 원융 불애행포 행포불애원융 부

得將情識所見 作異時之解. 非初非中後者 所照之惑本空
득장정식소견 작이시지해 비초비중후자 소조지혹본공

能照之智亦寂 能所性離 俱不可得 三際相亡故.
능조지지역적 능소성리 구불가득 삼제상망고

此乃先須信解稱性 方可修行矣. 前中後取者 以無所得方便
차내선수신해칭성 방가수행의 전중후취자 이무소득방편

隨順觀察 則非無初中後智故. 然 此方便智 以徹底無所得
수순관찰 즉비무초중후지고 연 차방편지 이철저무소득

故 爲而無爲 無爲卽爲. 故 云如虛空 如是斷.
고 위이무위 무위즉위 고 운여허공 여시단

---

1. 오위五位는 유식에서 도를 닦는 다섯 단계를 말하는데 자량위資糧位·가행위加行位·통달위通達位·수습위修習位·구경위究竟位를 말한다.
2. 행포문行布門은 화엄종에서 수행하는 단계를 10주住·10행行·10회향回向·10지地로 나누어 이 차례를 지나서 마지막에 부처님의 마음자리에 도달한다고 보는 수행문이다.

의상 스님이 "번뇌가 다 끊어져 복덕 지혜가 다 이루어졌다."라고 말한 것은 '초발심의 자리에서 곧 오위五位의 원융성불圓融成佛을 거두어들임'을 기준 삼으니, 하나가 끊어지면 모든 것이 끊어지고 하나가 이루어지면 모든 것이 이루어지기 때문이다.
'그때부터'는 '보살행이 펼쳐지는 수행문에서 마지막 수행의 결과물을 바라본 것'을 기준 삼는 것이다.

그러나 원종圓宗이 설한 바는 성性과 상相이 걸림 없으므로, 원융한 것이 '보살행이 펼쳐지는 수행문'에 걸리지 않고, '보살행이 펼쳐지는 수행문'이 원융한 것에 걸리지 않으니, 알음알이 소견으로 시절이 다르다는 알음알이를 내서는 안 된다.
'앞도 중간도 뒤도 아니라는 것'은, 비추어진 미혹이 본래 공이고 비추는 지혜도 고요한지라, 능소能所의 성품에서 떠났기에 조금도 얻을 수 있는 것이 아니니, 과거 현재 미래의 모습도 없어졌기 때문이다.

이것은 먼저 믿고 아는 것이 참성품과 맞아야 수행할 수 있다는 것이다. '앞도 중간도 뒤도 취한다는 것'은, 얻을 바 없는 방편으로 수순하여 관찰하면, 앞도 중간도 뒤도 지혜가 없는 것은 아니기 때문이다. 그러나 이 방편지는 조금도 얻을 것이 없으므로 써도 쓴 바가 없고, 쓰지 않아도 절로 쓰이는 것이다. 그러므로 '허공에서 끊는 것처럼 끊는 것'이라고 말한다.

宗鏡 所謂 但諦觀殺盜婬妄 從一心上起
종경 소위 단체관살도음망 종일심상기

當處便寂 何須更斷正謂是也.
당처변적 하수갱단정위시야

汎學輩 不知性宗 眞修眞斷 猶如虛空 都無所得
범학배 부지성종 진수진단 유여허공 도무소득

自將情見 妄謂實有能斷所斷 明闇對謝之相
자장정견 망위실유능단소단 명암대사지상

徒興口諍 都不返觀 何時 善得煩惱本空之眞斷耶.
도흥구쟁 도불반관 하시 선득번뇌본공지진단야

若得此意 方見 湘法師 舊來成佛 舊來斷義也.
약득차의 방견 상법사 구래성불 구래단의야

亦乃 善能隨順諸法實相 不墮增減之見.
역내 선능수순제법실상 불타증감지견

華嚴宗要[1] 云 趣入法界法門者 無所入故 無所不入 修行
화엄종요 운 취입법계법문자 무소입고 무소불입 수행

無邊行德者 無所得故 無所不得 是也.
무변행덕자 무소득고 무소부득 시야

---

1. 『화엄종요華嚴宗要』는 『대방광불화엄경 강요綱要』의 줄인 말로 청량 국사의 저술이다.

『종경록』에서 "다만 한마음에서 살殺·도盜·음婬·망妄이 일어나는 것을 제대로 보기만 하면 그 자리에서 바로 사라지는데, 어찌 다시 끊어내야 하겠는가."라고 한 것이 바로 이것을 말한다.

두루 배우는 사람들이 성종性宗의 참된 수행으로 번뇌를 끊는 것이 허공 같아 조금도 얻을 바 없음을 알지 못하고, 스스로 알음알이를 가져다 허망하게 "실로 번뇌를 끊는 자와 끊어질 것이 있기에 밝음과 어둠으로 상대되는 모습이 있다."라고 말하면서, 부질없이 논쟁하며 도무지 자신의 마음을 돌이켜 챙기지를 않으니, 번뇌가 본디 공이라는 참된 끊음을 얻을 수 있겠는가.

만일 이 뜻을 얻는다면 비로소 의상 스님의 '예부터 부처님'과 "예부터 번뇌를 끊었다."는 이치를 볼 것이다. 또한 제법실상을 잘 수순할 수 있어 증감의 시비분별에 떨어지지 않는다.

『화엄종요』에서 "법계의 법문에 들어간 사람은 들어간 바가 없으므로 들어가지 않은 곳이 없고, 끝이 없는 보살행의 공덕을 수행하는 사람은 얻는 바가 없으므로 얻지 못한 곳이 없다."라고 한 말이 바로 이것이다.

誌公和尙 大乘讚偈 云
지공화상 대승찬게 운

聲聞 心心斷惑 能斷之心 是賊 賊賊 遞相除遣 何時 了本語
성문 심심단혹 능단지심 시적 적적 체상제견 하시 요본어

黙 不解佛法圓通 徒勞尋行數墨
묵 불해불법원통 도로심항삭묵

又曰 法性 本來常寂 蕩蕩無有邊畔 安心取捨之間 被他二
우왈 법성 본래상적 탕탕무유변반 안심취사지간 피타이

境迴換. 欲容入定坐禪 攝境安心覺觀 機關木人修道 何時
경회환 염용입정좌선 섭경안심각관 기관목인수도 하시

得達彼岸. 諸法本空無着 境似浮雲會散 忽悟本性元空 恰
득달피안 제법본공무착 경사부운회산 홀오본성원공 흡

似熱病得汗. 無智人前莫說 打你色身星散.
사열병득한 무지인전막설 타니색신성산

忠國師¹ 云斷煩惱者 名爲二乘 煩惱不生 名大涅槃.
충국사 운 단번뇌자 명위이승 번뇌불생 명대열반

此上旨趣
차상지취

非斷煩惱得菩提 正是達煩惱爲菩提 乃爲眞修眞斷耳.
비 단번뇌득보리 정시달번뇌위보리 내위진수진단이

---

1. 남양혜충南陽慧忠(?-775) 국사는 육조 스님에게 인가를 받고 남양 백애산 당자곡에 들어가 40여 년을 산에서 나오지 않았다고 한다. 현종·숙종·대종의 귀의를 받고 뒤에 서울로 가 중생교화를 크게 펴니 따르는 학자들이 수없이 많았다. 입적한 뒤에 '대증大證 선사'라는 시호를 받았다.

지공 스님이 대승을 찬탄하는 게송에서 "성문은 마음마다 번뇌를 끊지만, 끊는 마음 이 놈이 도적이다. 도적들이 서로 없애겠다고 하니, 어느 때 본디 말이 침묵인 줄 알겠느냐. 불법이 오롯하게 통하는 줄 알지 못하고 부질없이 글줄이나 찾아다닌다."라고 하고,

또 말하기를 "법성이 본래 늘 고요하여 한없이 넓고 넓어, 그 경계가 끝이 없는 것인데도, 그 편안한 마음을 취하고 버리는 분별심으로 온갖 경계를 만들어 낸다.
몸을 바로 가다듬어 선정에 들고 좌선하면서, 경계를 거둔 편안한 마음으로 마음을 챙기고 있으니, 목각 인형이 도를 닦는 것과 같아, 어느 때 부처님의 세상으로 들어갈 수 있겠느냐.
모든 법이 본래 공이어서 집착할 게 없는지라, 모든 경계가 뜬구름이 모였다가 흩어지는 것 같으니, 홀연 본디 성품이 원래 공인 줄 깨달으면, 마치 열병에서 땀을 흘리는 것과 같으리라. 지혜가 없는 사람 앞에서 설하지 말라. 그대의 몸조차 하늘의 별처럼 산산이 흩어지리라."라고 하였다.

혜충 국사는 "번뇌를 끊은 사람을 이승이라 하고, 번뇌가 생기지 않는 사람을 대열반이라 한다."라고 말하였다.

여기에서 말하고자 하는 뜻은 번뇌를 끊어 깨달음을 얻는 것이 아니라, 바로 번뇌가 깨달음인 줄 통달한다는 것이니, 이것이 참된 수행으로 번뇌를 끊는 것이 된다.

故 先德云
고 선덕운

菩薩 迷時 以菩提 爲煩惱
보살 미시 이보리 위번뇌

菩薩悟時 以煩惱 爲菩提 正謂是也.
보살오시 이번뇌 위보리 정위시야

如有人 問古德 敎中道 眞性中緣起 此理如何. 答曰大德正
여유인 문고덕 교중도 진성중연기 차이여하 답왈대덕 정

興一念問時 是眞性中緣起 其僧 於言下 豁然大悟.
흥일념문시 시진성중연기 기승 어언하 활연대오

故知 今時 修心人 若不深觀 一念緣起無生則 終未免斷惑
고지 금시 수심인 약불심관 일념연기무생즉 종미면단혹

之疑諍. 亦復不知無斷之眞斷意也 對如斯之輩 黙言幸甚.
지의쟁 역부부지무단지진단의야 대여사지배 묵언행심

今言 達煩惱 爲菩提者 爲煩惱性 本空故.
금언 달번뇌 위보리자 위번뇌성 본공고

如圓覺疏 云 得念失念 無非解脫者 以念自本空 元是無念
여원각소 운 득념실념 무비해탈자 이염지본공 원시무념

惑者 以謂煩惱旣本無 達何物爲菩提耶 是謂守詮失旨者也.
혹자 이위번뇌기본무 달하물위보리야 시위수전실지자야

그러므로 옛 어른 스님께서 "보살이 모를 때는 깨달음으로 번뇌를 삼고, 보살이 알 때는 번뇌로 깨달음을 삼는다."라고 한 말이 바로 이것이다.

어떤 스님이 옛 어른 스님께 "스님의 가르침 가운데 '참성품에서 연기한다'는 말씀을 하셨는데, 이 이치가 어떤 것입니까?"라고 묻자, 답변하기를 "그대가 바로 한 생각 일으켜 물을 때, 이것이 참성품에서 연기하는 것이다."라고 하니, 그 스님이 그 말에서 마음이 툭 트여 크게 깨달았다.

그러므로 지금 마음 닦는 사람이 '한 생각 일어나는 마음에 생멸이 없음'을 깊이 챙기지 않는다면, 결코 미혹을 끊는 데 대한 의심과 논쟁을 면치 못함을 알아야 한다. 또한 다시 '끊음이 없는 참된 끊음'의 뜻을 알지 못하리니, 이런 사람들 앞에서는 묵언이 참으로 좋은 일이다.

지금 번뇌로 깨달음을 삼는다고 말한 것은 번뇌의 성품이 본디 공이기 때문이다. 이는 『원각경소』에서 "한 생각 있고 없는 게 모두 해탈 아님이 없다는 것은, 생각이 본래 공이어서 원래 어떤 생각도 없는 것인데, 어리석은 사람들이 이것으로 번뇌가 이미 본래 없는 것이라 한다면 무엇을 통달해 깨달음을 삼는단 말인가."라고 한 것과 같으니, 이는 논리에 집착하면서 뜻을 잃는 것이다.

又 先聖 道
우 선 성 도

菩薩觀衆生起悲心 有三種 一 妄苦本無 得而不覺
보살관중생기비심 유삼종 일 망고본무 득이불각

二 眞樂本有 失而不知 三 於彼二顚倒故.
이 진락본유 실이부지 삼 어피이전도고

故知若衆生 妄若實有 眞樂實無則
고지 약중생 망약실유 진락실무즉

凡入道者 必須分分治斷 如穿井人 除土得空矣.
범입도자 필수분분치단 여천정인 제토득공의

何得古今傳跡 有一念圓頓悟解者 不可勝數耶.
하득고금전적 유일념원돈오해자 불가승수야

故知
고지

但自根性 狹劣 妄加除斷 而自不返思能斷心之所自出耳.
단자근성 협렬 망가제단 이자불반사능단심지소자출이

또 옛 성현께서 "보살이 중생을 보고 자비심을 일으키는 것에 세 종류가 있다. 첫째는 허망한 괴로움이 본래 없는 것인데 괴롭다고 하여 그 내용을 깨닫지 못하는 중생들이요, 둘째는 진정한 즐거움은 본래 있는 것인데 잃고도 알지 못하는 중생들이며, 셋째는 이 두 가지를 거꾸로 생각하는 중생들이다."라고 말씀하셨다.

그러므로 알아야 한다. 만약 중생이 허망한 것을 있다고 하고, 참된 즐거움을 없다고 한다면, 무릇 도에 들어가는 사람은 반드시 단계적으로 번뇌를 다스려 끊어야 할 것이다. 그렇지 않다면 이는 우물을 뚫는 사람이 흙을 퍼내고 허공을 얻으려는 것과 같다.

어찌 고금에 전하는 자취에서, 한 생각에 오롯하게 몰록 깨달아 아는 사람이 많지 않았겠느냐.

그러므로 다만 자기의 근기와 성품이 못나고 옹졸하여 허망하게 번뇌를 제거해 끊으려고만 하고, 스스로 끊을 수 있는 마음이 자기한테 나오는 것임을 돌이켜 생각하지 못했음을 알아야 한다.

如永嘉眞覺大師 歌曰
여 영가 진각 대사 가 왈

獅子吼 無畏說　深嗟懵懂頑皮靼
사자후 무외설　심차몽동완피단

只知犯重障菩提 不見如來開秘訣.
지지범중장보리　불견여래개비결

有二比丘犯淫殺　婆離螢光增罪結
유이비구범음살　바리형광증죄결

維摩大士頓除疑　還同赫日銷霜雪. 又曰
유마대사돈제의　환동혁일소상설　우왈

種性邪 錯知解　不達如來圓頓制[1]
종성사 착지해　부달여래원돈제

二乘精進勿道心　外道聰明無智慧.
이승정진물도심　외도총명무지혜

---

1. '원돈'은 무명이 사라져 조금도 부족함이 없는 부처님 법이 단숨에 완성되는 그 자리를 말한다. '돈'은 단숨에 깨치는 자리이고, '원'은 조금도 부족함이 없는 것이므로 '원돈교'는 최고의 부처님 가르침이다.

이는 영가 스님이 '증도가'에서 말한 것과 같다.

> 두려움이 전혀 없는 사자후 설법
> 슬프도다, 어리석고 어리석은 이
> 중한 죄가 깨달음을 막는 줄 알 뿐
> 깨침 주는 여래 비결 보지 못하네.
>
> 음행 살생 저질렀던 두 비구에게
> 우바리의 좁은 소견 죄만 보탤 뿐
> 유마 거사 순식간에 의심 없앰에
> 붉은 태양 눈서리를 녹이듯 하네.
>
> 삿된 성품 알음알이 잘 모르기에
> 부처님의 '원돈' 방침 알지 못하니
> 이승들은 정진해도 '도심'이 없고
> 외도들은 헛똑똑이 '지혜'가 없다.

以是知 此一念悟解之門 以非捨妄取眞漸次之法.
이시지 차일념오해지문 이비사망취진점차지법

故 名如來秘密 亦名如來圓頓制 豈唯具德華嚴 爲圓頓耶.
고 명여래비밀 역명여래원돈제 기유구덕화엄 위원돈야

彼約所詮義理 無不圓具故 此約得入門 圓悟自心 性相體
피약소전의리 무불원구고 차약득입문 원오자심 성상체

用故.
용고

此圓頓悟解之旨[1] 無別善巧.
차원돈오해지지 무별선교

但一念自信耳 自信不及者 用許多巧力 自生艱阻.
단일념자신이 자신불급자 용허다교력 자생간조

龍門佛眼 禪師 偈曰
용문불안 선사 게왈

    迷者迷悟 悟者悟迷
    미자미오 오자오미

    迷悟同體 悟者方知.
    미오동체 오자방지

---

1. 원돈오해圓頓悟解는 '단숨에 오롯하게 깨달아 아는 것'을 말한다.

이것으로 '한 생각에 깨달아 아는 문'은 망妄을 버리고 진眞을 취하는 점차의 법이 아닌 줄 알 것이다.

그러므로 여래의 비밀이라 하며 또한 여래의 원돈제圓頓制라 하니, 어찌 온갖 공덕을 갖춘 화엄만이 '단숨에 오롯한 깨달음'이 되겠는가?

저 화엄교에서는 드러내고자 하는 이치와 뜻을 오롯하게 갖추지 않은 것이 없음을 기준으로 하고, 이 선문에서는 깨달아 들어가는 문에 오롯하게 자기 마음의 성性과 상相, 체體와 용用을 기준 삼는다.

이 '단숨에 오롯하게 깨달아 아는 뜻'은 달리 좋은 방편이 없다. 다만 한 생각 스스로 믿을 뿐, 자기 자신에 대한 믿음이 없는 사람은 아무리 많은 노력을 해도 제풀에 어렵다는 생각만 낸다.

용문불안 선사가 게송으로 말하였다.

> 어리석은 사람들은 모르겠지만
> 깨달음을 얻은 사람 미혹을 아니
> 깨달음과 어리석음 똑같은 바탕
> 깨달아야 이 사실을 비로소 안다.

迷南爲北 實情取則
미남위북 실정취즉

北本是南 悟無移忒.
북본시남 오무이특

返究迷緣 莫得來處
반구미연 막득래처

忽悟正方 迷復何去.
홀오정방 미부하거

其迷卽迷 妄自高低
기미즉미 망자고저

生死惡覺 枉受膠粘.
생사악각 왕수교리

達迷無妄 歡喜無量
달미무망 환희무량

殺無明賊 祇在一餉.
살무명적 지재일향

어리석어 강남 방향 북으로 삼아
북쪽이라 알음알이 주장하지만
이 북쪽은 본디부터 남쪽인지라
깨달아도 이 사실은 변함이 없다.

어리석은 인연들을 돌이켜 봐도
그 인연이 오는 곳을 알지 못하다
어느 순간 옳은 방향 깨달았을 때
어리석은 인연들은 어디로 가나.

어리석음 그 자체가 어리석기에
허망하게 높고 낮음 스스로 정해
나고 죽는 삶에 대한 잘못된 앎에
그 업보로 윤회 결박 받게 되도다.

어리석음 잘 알기에 망념이 없어
헤아릴 수 없는 기쁨 솟아나오니
무명이란 도적놈을 없애는 길은
다만 오직 한순간에 있을 뿐이다.

一餉之間 冥通大千
일향지간 명통대천

直下了了 三際虛玄.
직하요료 삼제허현

無始時來 摠由今日
무시시래 총유금일

盡未來際 更不尋覓.
진미래제 갱불심멱

當念無念 靈光燄燄
당념무념 영광염염

靈燄騰輝 心知難掩.
영염등휘 심지난엄

靈源蕩碧 森羅普入
영원탕벽 삼라보입

海印發明 非關動息. (云云)
해인발명 비관동식   운운

한순간에 시비분별 놓아 버리면
신기하게 대천세계 통하게 되니
그 자리서 분명하고 분명히 알아
시방삼세 텅 비면서 그윽한 이치.

무시이래 시작 없는 그 모든 시간
오늘 날이 있음으로 있게 되는 것
미래 세상 다하도록 오는 세월도
이 자리를 알게 되면 찾을 일 없네.

한 생각이 있는 자리 망념이 없어
신령스런 빛이 활활 뻗어 나와서
신령스런 불꽃들이 환히 비추니
그 마음이 아는 앎은 숨길 수 없네.

신령스런 그 근원이 넓고 푸르러
삼라만상 빠짐없이 다 들어오니
해인삼매 그 자리서 빛이 나는 것
온갖 분별 거기서는 용납 안 하네. (云云)

請諸修心高士 深細思看.
청제수심고사 심세사간

吾今區區 揀辨先悟後修本末之義者
오금구구 간변선오후수본말지의자

要令初心 不自屈不自高 了然自見其曲折 終不混濫也
요령초심 부자굴부자고 요연자견기곡절 종불혼람야

文云
문운

今頓悟本心常知 如識不變之濕性 心旣無迷 卽非無明 如
금돈오본심상지 여식불변지습성 심기무미 즉비무명 여

風頓止 悟後自然攀緣漸息 如波浪漸停 以戒定慧 資熏身
풍돈지 오후자연반연점식 여파랑점정 이계정혜 자훈신

心 漸漸自在 乃至 神變無礙 普利群生 名之爲佛
심 점점자재 내지 신변무애 보리군생 명지위불

觀其設法功利 博大昭著 明白坦夷 令人易解
관기설법공리 박대소저 명백탄이 영인이해

今時依言信入之者 最爲心鏡矣.
금시의언신입지자 최위심경의

청하건대 마음 닦는 모든 수행자들은 자세히 생각해 보라.

내가 지금 구구하게 먼저 깨달은 뒤 닦는 근본과 곁가지의 뜻을 가려내는 것은, 초심자가 자신을 낮추지도 높이지도 않으면서, 환히 스스로 그 곡절을 보고는 끝내 공부에 혼란스럽지 않게 하려는 것이다.

『법집별행록』에서
"지금 본디 마음이 항상 앎을 돈오하는 것은, 변하지 않는 물의 축축한 성품을 아는 것과 같다.
마음에 어리석음이 없어 무명이 아니라는 것은, 파도치는 바다에 바람이 갑자기 그치는 것과 같다. 깨달은 뒤 자연스럽게 반연이 시나브로 쉬어지는 것은, 파도치는 물결이 점차 멈추는 것과 같다. 계戒·정定·혜慧로 몸과 마음을 챙겨가다 보면 시나브로 자재하며 나아가 신통변화에 걸림이 없어 널리 중생을 이롭게 하는 것, 이를 일러 부처님이라 한다."라고 하였으니,

그 법을 베푸신 공덕과 이익을 살펴보면, 넓고 크고 밝고 분명하며 편안하면서 사람들이 쉽게 알게 하니, 요즘 같은 때 이런 말에 의지하여 참마음을 믿고 들어가는 사람에게는 가장 좋은 마음의 거울이 된다.

問 今時 修心人 所悟空寂靈知 的是佛祖 遞代相傳底心 則
문 금시 수심인 소오공적영지 적시불조 체대상전저심 즉

非上根之者 不無疑惑 如有誠證 請試擧看 令絶餘疑.
비상근지자 불무의혹 여유성증 청시거간 영절여의

答 誠證雖多 特有委悉發明之處 豁然可見.
답 성증수다 특유위실발명지처 활연가견

且如禪源諸詮集都序 云
차여선원제전집도서 운

但以此方迷心執文 以名爲體故 達摩善巧揀文傳心 標擧其
단이차방미심집문 이명위체고 달마선교간문전심 표거기

名(心是名也) 黙示其體.(知是體也)
명 심시명야 묵시기체 지시체야

喩以壁觀 令絶餘緣 絶諸緣時
유이벽관 영절여연 절제연시

問 斷滅否 答 雖絶諸緣 亦不斷滅
문 단멸부 답 수절제연 역부단멸

問 何以證驗 云 不斷滅
문 하이증험 운 부단멸

答 了了自知 言不可及.
답 요료자지 언불가급

5. 공적영지가 바로 부처님의 마음

문: 지금 마음 닦는 사람이 깨달은 공적영지가 분명히 부처님과 조사 스님들이 대대로 전한 마음이라면, 상근기가 아닌 사람은 의혹이 없지 않을 것이니, 진실한 증거가 있다면 한번 드러내어 나머지 의심을 끊게 하여 주시옵소서.

답: 진실한 증거야 많지만 특히 자세히 드러낸 곳이 있으니 마음이 툭 트이면서 볼 수 있다. 또 이는 『선원제전집도서』에서 말한 다음 내용과 같다.

단지 이쪽 지역에서 참마음을 알지 못하고 문자만 집착하여 명名으로 체體를 삼고 있기에, 달마 스님이 방편으로 문자를 추려 마음을 전하게 되니 그 명名을(마음이 명名이다) 표방하여 묵연히 그 체體를(지知가 체體이다) 보여 주었던 것이다.

이는 달마 대사가 제자에게 벽관壁觀의 비유로 모든 반연을 끊게 하여, 모든 반연이 끊어졌을 때, "모든 반연을 끊었는가?"라고 질문하니, 제자가 답변하기를 "비록 모든 망념을 끊었더라도 끊어 멸한 것은 없습니다."라고 하였다.
다시 묻기를 "무엇을 깨달았기에 '끊어 멸한 것이 없다'라고 하는가?" 하니, 답변하기를 "분명히 스스로 알 뿐 말로 언급할 수 있는 경계가 아닙니다."라고 하였다.

師卽印云 只此是自性淸淨心 更勿疑也.
사즉인운 지차시자성청정심 갱물의야

若所答 不契則
약소답 불계즉

但遮其非 更令觀察 畢竟不與他 先言知字.
단차기비 갱영관찰 필경불여타 선언지자

直待他自悟 方驗眞實 是親證其體然後 印之 令絶餘疑.
직대타자오 방험진실 시친증기체연후 인지 영절여의

故 云 黙傳心印.
고 운 묵전심인

所言黙者唯黙知字 非摠不言 六代相傳 皆如此也.
소언묵자 유묵지자 비총불언 육대상전 개여차야

至荷澤時 他宗競播 欲求黙契 不遇機緣
지하택시 타종경파 욕구묵계 불우기연

又思惟達摩 懸絲之記.
우사유달마 현사지기

○ 達摩云我法 第六代後 命如懸絲也.
　달마운 아법 제육대후 명여현사야

그러자 달마 대사는 곧 "다만 이것이 자성청정심일 뿐 다시 의심하지 말라."라고 하시며 제자의 말을 인가하였다.

만약 여기서 대답했던 내용이 '공적영지'에 계합하지 않았다면 다만 모든 잘못을 차단하고 다시 마음을 챙기도록 할 뿐, 끝내 먼저 그에게 '공적영지'를 말하지 않았을 것이다.

바로 그 스스로 깨달아 바야흐로 진실을 경험하여, 몸소 그 바탕을 증득한 때를 기다려서야, 이를 인가하고 다른 의심을 모두 끊도록 한 것이다. 그러므로 "묵연히 심인心印을 전한다."라고 말한다.

'묵연'이란 말은 오직 '묵연히 안다'라는 공적영지로서 '조금도 말을 하지 않는다'는 뜻이 아니니, 육대六代에 걸쳐 전해졌던 법이 모두 이와 같았다.

하택 스님의 시대에 이르러 다른 종파가 다투어 일어나 묵연히 공적영지와 하나가 되려 하였으나 기연을 만나지 못하였고, 또한 달마 스님이 "뒷날 법맥이 전해지는 것이 위태로워질 수 있다."라고 한 예언을 생각하고,

주注 달마 스님은 "나의 법이 제6대六代 이후 그 명命이 가느다란 실에 매달린 것처럼 위태롭다."라고 말하였다.

恐宗旨滅絶 遂言 知之一字 衆妙之門 任學者 悟之深淺.
공종지멸절 수언 지지일자 중묘지문 임학자 오지심천

且務圖宗敎不斷[1] 亦是此國大法 運數所至.
차무도종교부단 역시차국대법 운수소지

一類道俗 合得普聞故 感應如是.
일류도속 합득보문고 감응여시

其黙傳者 餘人 不知故 以袈裟爲信 其顯傳者 學徒易辨 但
기묵전자 여인 부지고 이가사위신 기현전자 학도이변 단

以言說除疑.
이언설제의

此是密師 委示知之一字 是佛祖 代代相傳顯密之源.
차시밀사 위시지지일자 시불조 대대상전현밀지원

任修心之士 於知字上 隨自根堪悟之深淺
임수심지사 어지자상 수자근감오지심천

使宗敎不斷 皎如明鏡 何所疑焉.
사종교부단 교여명경 하소의언

---

1. 여기서 '종교宗敎'는 신과 관계되는 영어 'religion'의 뜻이 아니다. 종교의 '종宗'자는 가장 뛰어나다는 뜻이므로 종교를 '최고의 가르침'이라 번역한다. 종교라는 단어는 『화엄 오교장五敎章』과 『벽암록』 등에서 찾아 볼 수 있다.

종지가 끊어져 사라질까 걱정이 되어 마침내 '앎'이란 한 글자의 온갖 미묘한 문을 말하고, 후학들이 이 수행문으로 깊이 있게 깨닫기를 바랐다.

이 또한 장차 최고의 가르침이 끊어지지 않게 애를 쓰는 것이고, 또한 이 나라 부처님 법의 운수가 여기에 이른 것이다.

세속을 막론하고 일단의 수행자들이 '앎'에 관한 법문을 두루 들으려 했으므로 감응한 것이 이와 같았다.

묵연히 전했던 법은 다른 사람이 알지 못하므로 가사로 믿음의 증표를 삼았지만, 드러내어 전했던 법은 배우는 사람들이 쉽게 분별하니 단지 언설로 의심을 제거했을 뿐이다.

규봉 스님이 자세히 알려준 이 '앎'이란 한 글자는 부처님과 조사 스님이 대대로 전하여 온 것으로 현교와 밀교의 근원이 되었다.
마음 닦는 수행자들이 '앎'이란 한 글자 위에서 자신의 근기에 따라 깨달음의 깊이를 감당하는 데 맡겨, 부처님 최고의 가르침이 끊어지지 않게 하기 위하여 밝은 거울처럼 환하게 일러 주었는데, 어찌 의심할 바가 있겠느냐.

問曰 據此文義 諸大祖師 正傳門中 不與他 先言知字 直待
문왈 거차문의 제대조사 정전문중 불여타 선언지자 직대

他自悟 方驗眞實 是親證其體然後 印之.
타자오 방험진실 시친증기체연후 인지

今見 修心人 先靈知之言 生解分別 觀察自心故 只是顯傳
금견 수심인 선영지지언 생해분별 관찰자심고 지시현전

門言說除疑 非是親證其體 何得名爲 悟心之士耶.
문 언설제의 비시친증기체 하득명위 오심지사야

答 前不云乎.
답 전불운호

若無親切返照之功 徒自點頭道
약무친절반조지공 도자점두도

現今能知 是佛心者 甚非得意
현금능지 시불심자 심비득의

豈可認目前鑑覺 爲空寂靈知 不辨眞妄者 爲悟心之士耶.
기가인목전감각 위공적영지 불변진망자 위오심지사야

當知吾所謂悟心之士者 非但言說除疑 直是將空寂靈知之
당지 오소위오심지사자 비단언설제의 직시장공적영지지

言 有返照之功 因返照功 得離念心體者也.
언 유반조지공 인반조공 득이념심체자야

문: 이 글의 이치에 근거하면 모든 조사 스님들이 올바로 전한 수행문에서는 먼저 공적영지의 '앎'을 말하지 않고, 스스로 깨쳐 비로소 진실을 경험해서 몸소 그 바탕을 증득하기를 기다려서 인가를 했습니다.

지금 마음 닦는 사람을 보니, 먼저 공적영지라는 알음알이 분별로 자신의 마음을 챙기므로, 단지 '진리를 드러내 전하는 수행문'에서 언설로 의심을 제거할 뿐이지, 몸소 그 바탕을 증득하는 게 아닌데, 어찌 마음을 깨달은 수행자라 할 수 있습니까?

답: 앞에서 말하지 않았느냐.

만약 몸소 마음을 반조하는 공력이 없이 부질없이 머리만 끄덕이면서 "현재 알 수 있는 것이 부처님의 마음이다."라고 말한다면 참으로 뜻을 안 게 아니니, 어찌 눈앞에서 보고 아는 것을 공적영지로 인정하여 '진眞'과 '망妄'을 가리지 못하는 사람을, 마음을 깨달은 수행자라 할 수 있겠느냐.

마땅히 알아야 한다. 내가 말하는 마음을 깨달은 수행자란 언설로 의심을 제거할 뿐만 아니라, 바로 이 공적영지라는 말로 마음을 반조하는 공력이 있으니, 반조하는 공력으로 망념을 벗어나 마음의 바탕을 얻은 사람이다.

然 上來所擧法門 並是爲依言生解悟入者 委辨法有隨緣不
연 상래소거법문 병시위의언생해오입자 위변법유수연불

變二義 人有頓悟漸修兩門.
변이의 인유돈오점수양문

以二義 知一藏經論之旨歸 是自心之性相
이이의 지일장경론지지귀 시자심지성상

以兩門 見一切賢聖之軌轍 是自行之始終.
이양문 견일체현성지궤철 시자행지시종

如是揀辨本末了然 令人不迷 遷權就實 速證菩提.
여시간변본말요연 영인불미 천권취실 속증보리

위에서 열거한 법문에서는 모두 '말에 의지해 알고 깨달아 들어가는 사람'을 위하여, 법에는 불변과 수연의 뜻이 있고, 사람에게는 돈오와 점수의 두 수행문이 있음을 자세히 밝혔다.

불변과 수연의 뜻으로 모든 경론의 뜻하는 바가 자기 마음의 성상인 줄 알고, 두 수행문으로 모든 성현의 자취가 자기 수행의 처음과 끝인 것을 보았다.

이렇게 근본과 곁가지를 가려 안 뒤에, 사람들이 어리석지 않아 방편에서 실상으로 나아가 **빠르게** 깨달음을 증득하게 하였다.

然 若一向依言生解 不知轉身之路
연 약일향의언생해 부지전신지로

雖終日觀察 轉爲知解所縛 未有休歇時.
수종일관찰 전위지해소박 미유휴헐시

故 更爲今時衲僧門下 離言得入 頓亡知解之者
고 갱위금시납승문하 이언득입 돈망지해지자

雖非密師所尙
수비밀사소상

略引祖師善知識 以徑截方便¹ 提接學者 所有言句
약인조사선지식 이경절방편 제접학자 소유언구

係於此後 令參禪峻流 知有出身一條活路耳.
계어차후 영참선준류 지유출신일조활로이

---

1. 경절방편徑截方便은 '지름길조차도 끊긴 방편'을 말한다.

8장 지름길조차도 끊긴 방편

그러나 말만 의지하여 알고 몸을 바꾸는 활로를 모른다면, 마음을 종일토록 챙기더라도 챙기면 챙길수록 알음알이에 빠져 망념이 쉬어질 때가 없을 것이다.

그러므로 다시 지금 납승 문하에서 말을 떠나 깨달아 들어가 단숨에 알음알이를 없애려는 사람을 위하여, 규봉 스님이 숭상하는 바가 아니더라도,

간략히 조사 스님과 선지식들이 '지름길조차도 끊긴 방편'으로 학인을 맞이했던 갖가지 언구를 인용하고, 이 글과 연계하여 참선하는 눈 푸른 납자들이 생사의 몸을 벗어나는 한 가닥 활로가 있음을 알게 한다.

大慧禪師 云
대혜선사 운

圭峰 謂之靈知 荷澤 謂之知之一字衆妙之門
규봉 위지영지 하택 위지지지일자중묘지문

黃龍死心叟 云 知之一字衆禍之門
황룡사심수 운 지지일자중화지문

要見圭峰荷澤則易 要見死心則難.
요견규봉하택즉이 요견사심즉난

到這裡 須是具超方眼 說似人不得 傳與人不得也.
도저리 수시구초방안 설사인부득 전여인부득야

是以 雲門云¹ 大凡下語 如當門按劍
시이 운문운 대범하어 여당문안검

一句之下 須有出身之路 若不如是 死在句下.
일구지하 수유출신지로 약불여시 사재구하

---

1. 운문문언雲門文偃(864 949)은 당나라 말기 스님으로 운문종의 초조가 된다. 절강성 사람으로서 법명이 문언文偃이다. 어릴 때부터 출가에 뜻을 두어 열일곱 살 내 가흥 공왕사空王寺에서 출가하여 스무살 때 구족계를 받고 모든 경전을 열람하며 사분율 四分律을 깊이 연구하였다. 목주에 있던 진숙존陳宿尊 스님에게 공부할 때 그가 문언 스님의 멱살을 잡고 물어보면서 "말해 보아라. 말해 보아라." 하는데, 대답을 못하자 문언 스님이 문밖으로 밀려 내쫓기며 문이 닫히는데 발가락이 문틈에 끼어 부러진 데서 깨달음을 얻었다. 그 뒤 설봉의존雪峰義存에게서 인가를 받았다.

1. '앎'이란 한 글자

대혜 선사는 다음과 같이 말했다.

규봉 스님은 신령스런 앎 '영지靈知'라 하고,
하택 스님은 '앎'이란 한 글자가 온갖 미묘한 문이라 하며,
황룡사심黃龍死心 스님은 '앎'이란 한 글자가 온갖 재앙의 문이라 하였다.

여기서 규봉 스님이나 하택 스님의 뜻을 보려는 것은 쉽지만 황룡사심 스님의 뜻을 보려는 것은 어렵다. 여기에 이르러서는 반드시 시방세계를 초월한 안목을 갖추어야 하니, 사람들에게 말해 줄 수도 없고 전해 줄 수도 없다.

이 때문에 운문 스님은 "대개 한마디 던지는 자리는 나가는 문에서 칼을 뽑는 것과 같다. 한마디 떨어지는 자리에 반드시 생사의 몸을 벗어나는 출로가 있으니, 그렇지 못하면 그 자리에서 죽는다."라고 하였다.

六祖 示衆云 有一物 上柱天 下柱地 常在動用中 動用中 收
육조 시중운 유일물 상주천 하주지 상재동용중 동용중 수

不得 汝等諸人 喚作什麽.
부득 여등제인 환작삼마

神會 出衆云 諸佛之本源 神會之佛性.
신회 출중운 제불지본원 신회지불성

祖曰 我 喚作一物 尙自不中 那堪喚作本源佛性.
조왈 아 환작일물 상자부중 나감환작본원불성

汝他後 設有把茅蓋頭 只作得介知解宗徒.
여타후 설유파모개두 지작득개지해종도

2. 여기에 그 무엇이 있어

육조 스님이 대중에게 가르침을 주며 "여기에 그 무엇이 있어 위로는 하늘을 버티고 아래로는 땅을 지탱한다. 항상 생활 속에 쓰이는데도 그 가운데에서 거둘 수 없다. 그대들은 이를 무어라 부를 것인가?"라고 묻자,

하택 스님이 대중 앞에 나와 말하기를 "모든 부처님의 본디 근원이며 하택의 불성입니다."라고 하였다.

육조 스님은 "내가 그 무엇이라 해도 맞지 않는 말인데 그대가 감히 본디 근원이며 불성이라 하는가. 그대가 이런 식이라면 뒷날 설사 죽어라 공부해도 아는 것만 많은 종도만 될 뿐이다."라고 말하였다.

法眞一和尙錄[1] 云
법진일화상록 운

讓和尙[2] 參六祖 祖問曰 甚麼處來
양화상 참육조 조문왈 삼마처래

讓曰 嵩山安國師處來.[3]
양왈 숭산안국사처래

祖曰 稱什麼物 恁麼來 讓罔措. 於是執侍八年 方省前話 乃
조왈 칭삼마물 임마래 양망조 어시집시팔년 방성전화 내

告祖曰 某甲 會得當初來時 和尙接某甲 是甚麼物 恁麼來.
고조왈 모갑 회득 당초래시 화상접모갑 시삼마물 임마래

祖曰 你作麼生會 讓云 說似一物 卽不中.
조왈 니자마생회 양운 설사일물 즉부중

祖曰 還假修證否 讓云 修證卽不無 汚染卽不得.
조왈 환가수증부 양운 수증즉불무 오염즉부득

祖曰 卽此不汚染 是諸佛之所護念 吾亦如是 汝亦如是.
조왈 즉차불오염 시제불지소호념 오역여시 여역여시

1. 법진 스님은 『속전등록』에 의하면 '본각법진수일本覺法眞守一'이라 하였다. 본각本覺은 호이며 수일守一은 법명이다. 서광사에서 원조圓照 스님에게 출가하였다.
2. 남악회양南岳懷讓(677-744) 스님은 섬서성 홍안부에서 태어났다. 열다섯 살에 출가하여 육조 문하에 가서 8년 만에 견성, 그 법을 받은 뒤 15년 동안 모시고 지내다가 남악 반야사 관음대에서 가르침을 폈다. 그 법을 받은 제자는 아홉이었는데, 그 가운데 신라의 본여本如 선사가 있다.
3. 숭산안嵩山安 국사는 전기미상이다.

3. 설사 그 무엇이라 해도

법진수일法眞守一 스님께서 어록에서 말하였다.

회양 스님이 육조 스님께 공부하러 오자 묻기를 "어느 곳에서 왔는가?" 하니, "숭산안 국사 처소에서 왔습니다."라고 말하였다.

"무슨 물건이 이렇게 왔는고?" 재차 묻자 회양 스님이 어찌할 줄 몰랐다. 이에 8년 동안 모시고 나서야 비로소 이야기의 뜻을 깨닫고, "스님, 제가 처음 여기에 왔을 때 스님께서 저에게 물으신 '무슨 물건이 이렇게 왔는고?'의 뜻을 알았습니다."라고 육조 스님께 말하였다. 육조 스님이 "그대는 어떻게 알았느냐?" 하고 묻자, 회양 스님은 "설사 그 무엇이라 해도 맞지 않습니다."라고 답하였다.

육조 스님께서 "그 자리에 닦아 증득하는 것이 있더냐?" 다시 물으니, 회양 스님은 "닦아 증득하는 것이 없지는 않았지만 오염될 수는 없었습니다."라고 말하였다.

육조 스님께서 "이 오염되지 않은 것이 모든 부처님이 지키고자 하는 곳이니, 나 역시 그러하고 그대 또한 그러하리라."

藥山和尚¹ 初參石頭²
약산화상 초참석두

問 三乘十二分敎 某甲 粗亦研窮
문 삼승십이분교 모갑 조역연궁

曾聞南方 有直指人心 見性成佛 實未明了 乞師指示.
증문남방 유직지인심 견성성불 실미명료 걸사지시

石頭云 恁麼也不得 不恁麼也不得 恁麼不恁麼摠不得.
석두운 임마야부득 불임마야부득 임마불임마총부득

藥山不契 石頭云 你往江西 問取馬大師去.
약산불계 석두운 니왕강서 문취마대사거

藥山依敎 到馬大師處 如前問. 馬大師曰 有時 敎伊揚眉瞬
약산의교 도마대사처 여전문 마대사왈 유시 교이양미순

目 有時 不敎伊揚眉瞬目 有時揚眉瞬目者 是 有時 不揚眉
목 유시 불교이양미순목 유시양미순목자 시 유시 불양미

瞬目者 不是 藥山 於言下 大悟 更無伎倆可呈.
순목자 불시 약산 어언하 대오 갱무기량가정

---

1. 약산유엄(745-828) 스님은 석두희천의 제자로서 휘는 유엄, 호는 약산, 시호는 홍도 대사이며 탑호는 화성化城이다.
2. 석두희천石頭希遷(700-790) 스님은 청원행사靑原行思의 제자이다. 성은 진씨로서 휘는 희천이고 호는 석두이며 시호는 무제 대사이다. 참동계參同契와 초암가草庵歌를 지었다. 당시 강서 마조와 함께 선풍을 드날렸고, 그들을 찾아가 공부하는 사람들을 강호객江湖客이라고 불렀다.

4. 사람의 마음을 가리켜

약산 스님이 처음 석두 스님에게 공부하러 가서 물었다.

"팔만대장경 온갖 경론을 제가 대강 공부를 마쳤습니다만, 일찍부터 남방에 바로 사람의 마음을 가리켜 '참성품을 보고 부처님이 된다'는 소리를 들었는데도 실로 분명히 알지 못하오니, 스님께서 가르쳐 주시옵소서."

"그 가르침은 이렇게 해도 얻을 수 없고, 이렇게 하지 않아도 얻을 수 없으며, 이렇게 해도 안 해도 모두 얻을 수 없는 것이다."

약산 스님이 이 소리를 알아듣지 못하자, 석두 스님은 "그대는 강서로 가 마조 대사에게 물으라."라고 일러주었다.

약산 스님은 일러 준대로 마조 대사 처소로 찾아가 똑같이 물었다.

마조 대사가 답변하기를 "어떤 때는 그대가 눈썹을 치켜뜨고 눈을 깜빡이게 하며, 어떤 때는 그대가 눈썹을 치켜뜨고 눈을 깜빡이지 않게 하며, 어떤 때는 눈썹을 치켜뜨고 눈을 깜빡이는 것이 옳고, 어떤 때는 눈썹을 치켜뜨고 눈을 깜빡이는 것이 옳지 않은 것이다."라고 하자, 약산 스님은 그 말에 크게 깨닫고 다시금 드러낼 만한 기량이 없었다.

但低頭禮拜而已
단저두예배이이

馬大師曰 子見介甚麼道理 便禮拜
마대사왈 자견개삼마도리 변예배

山曰某在石頭和尙處 如蚊子上鐵牛相似 馬大師 然之.
산 왈모재석두화상처 여문자상철우상사 마대사 연지

다만 머리 숙여 예배할 뿐인데, 마조 대사께서 "그대는 무슨 도리를 보았기에 예배하는고?"라고 묻자, 약산 스님이 "제가 석두 스님 처소에서는 모기가 무쇠 소에 올라탄 것과 같았습니다."라고 하니,

마조 대사는 "그렇겠구나."라고 하였다.

大慧禪師云[1]
대혜선사운

二祖[2] 初 不識達摩 所示方便 將謂外息諸緣 內心無喘 可
이조 초 불식달마 소시방편 장위외식제연 내심무천 가

以 說心說性 說道說理 引文字證據 欲求印可.
이 설심설성 설도설리 인문자증거 욕구인가

所以 達摩 一一裂下 無處用心 方始退步 思量心如牆壁之
소이 달마 일일렬하 무처용심 방시퇴보 사량심여장벽지

語 非達摩實法.
어 비달마실법

忽然 於牆壁上 頓息諸緣 卽時見月亡指
홀연 어장벽상 돈식제연 즉시견월망지

便道 了了常知故 言之不可及.
변도 요료상지고 언지불가급

此語 亦是臨時 被達摩拶出底消息 亦非二祖實法也.
차어 역시임시 피달마찰출저소식 역비이조실법야

---

1. 이 글은 『서장』에서 대혜 스님이 유보학에게 주는 답장의 일부이다. 이 편지에서 스님은 공부를 잘 지켜 그 힘이 남에게 미치도록 권하고 있다.
2. 혜가(487-593) 스님은 중국 선종의 제2조이다. 이름은 신광神光이고 성姓은 희씨姬氏이며 낙양 무재武宰 사람이다. 40세에 숭산 소림사의 달마를 찾아가 눈 속에 서서 가르침을 구하였지만 허락하지 않으므로 왼팔을 끊어 구법의 의지를 보이고 마침내 크게 깨쳤다. 552년 승찬僧璨에게 법을 전하고 업군鄴郡에서 34년 동안 머무르며 완성현 광구사匡救寺에서 『열반경』을 강의하여 크게 명성을 떨쳤다.

5. 모든 반연을 쉬고 헐떡거리는 마음이 없어야

대혜 선사께서 말씀하셨다.

혜가 스님이 처음 달마 스님께서 일러준 방편을 알지 못해, "밖으로 모든 반연을 쉬고 안으로 헐떡거리는 마음이 없어야 한다."고 말해 준 것을 가지고, 그것으로 마음을 설하고 성품을 설하며 도리를 설할 수 있다고 하여서 문자증거를 끌어다 인가를 받으려고 하였습니다.

그러자 달마 스님께서 혜가 스님의 이런 헛된 소리를 하나하나 타파하여 마음 쓸 곳이 없게 하니, 혜가 스님은 비로소 물러나 '마음이 장벽 같다는 말이 달마의 진실한 법이 아니라는 것'을 생각하고 있었습니다.

그러다 홀연히 장벽 위에서 몰록 모든 반연을 쉬자 곧 달을 보고 손가락을 잊듯 마음의 실체를 알고, 바로 "분명하게 항상 아는 앎이므로 말로 따로 설명할 수가 없다."라고 말하였습니다.

이 말 또한 임시방편으로 달마의 통렬한 가르침에서 나온 소식인지라, 역시 혜가 스님의 진실한 법은 아닙니다.

又云
우운

凡看經敎及古德入道因緣心未明了覺得迷悶沒滋味如咬
범간경교 급고덕입도인연 심미명료 각득미민몰자미 여교

鐵橛相似時 正好看力 第一不得放捨
철궐상사시 정호간력 제일부득방사

乃是意識不行思想不到絶分別滅理路處 尋常可以說得道
내시의식불행 사상부도 절분별멸이로처 심상 가이설득도

理 分別得行處 盡是情識邊事 往往 多認賊爲子 不可不知.
리 분별득행처 진시정식변사 왕왕 다인적위자 불가부지

6. 온갖 선병과 무자 화두

대혜 선사께서 또 말씀하셨다.

경전의 가르침과 옛 어른이 도에 드는 인연을 보고 그 뜻이 아직 분명치 않아, 갑갑하고 답답하며 재미없는 것이 쇠막대기를 씹는 것과 같을 때, 바로 힘을 더 내 반드시 이 시절의 공부를 놓치지 말아야 합니다.

알음알이를 낼 수 없고 생각이 미치질 않아 분별이 끊어지고 이치로 설파할 수 있는 길이 사라진 곳을, 평소 도리로 설하며 분별할 수 있는 곳이라 한다면 모두 중생의 알음알이일 뿐, 대개 도적을 아들로 삼는 일이 되니 이 사실을 알지 않으면 안 됩니다.

又云[1]
우운

今時 有一種剃頭外道[2] 自眼不明
금시 유일종체두외도 자안불명

只管敎人死獺狙地 休去歇去.
지관교인사갈달지 휴거헐거

若如此休歇 到千佛出世 也休歇不得 轉使心頭 迷悶耳.
약여차휴헐 도천불출세 야휴헐부득 전사심두 미민이

又敎人 管帶 忘情黙照 照來照去 帶來帶去 轉加迷悶 無有
우교인 관대 망정묵조 조래조거 대래대거 전가미민 무유

了期 殊失祖師方便 錯指示人
요기 수실조사방편 착지시인

又 敎人 是事莫管 但只恁麽歇去 歇得來 情念 不生 到恁麽
우 교인 시사막관 단지임마헐거 헐득래 정념 불생 도임마

時 不是冥然無知[3] 直是惺惺歷歷.[4]
시 불시명연무지 직시성성역력

遮般底 更是毒害 瞎卻人眼 不是小事
자반저 갱시독해 할각인안 불시소사

---

1. 이 글은 대혜 스님이 증시랑에게 주는 편지로 사견에 떨어지지 말고 활구를 공부하라고 당부하고 있다.『서장』에 실려 있다.
2. 부처님 법을 떠난 외도는 단견이나 상견을 주장한다. 어떠한 모습이 있다는 것에 집착하면 상견常見이고, 어떠한 모습도 없다는 것에 집착하면 단견斷見이다.
3. 명연무지冥然無知는 '흐리멍덩하여 조금도 아는 게 없는 것'을 말한다.
4. 성성역력惺惺歷歷은 '모든 것을 빠짐없이 환하게 아는 것'을 말한다.

대혜 선사께서 또 말씀하셨다.

오늘날 머리 깎은 외도들이 자기 눈을 밝히지도 못하고, 다만 사람들에게 죽은 이리처럼 꼼짝 말고 마음을 쉬고 또 쉬라고만 가르칩니다.

만약 이처럼 쉰다면 많은 부처님이 세상에 나오신다 하더라도 참으로 마음을 쉴 수가 없습니다. 마음만 더욱 답답할 것입니다.

또 사람들에게 인연을 따라서 공부를 챙기되 다른 생각이 없이 말없이 비춰 보라고만 가르칩니다. 하지만 오고 가면서 마음을 비추고 챙겨 보아야 마음만 더욱 답답하여 공부를 마칠 기약이 없습니다. 조사의 방편을 모조리 잃고서 사람들을 잘못 가르치기에, 다시 사람들에게 "생사의 일을 상관하지 말고 오직 이렇게만 쉬어가라. 마음을 쉬면 중생의 알음알이가 생기지 않으리니, 이러한 때에 다다르면 '흐리멍덩하여 조금도 아는 게 없는 것'이 아니라 바로 '모든 것을 빠짐없이 환하게 아는 것'이다."라고 합니다.
그러나 이런 것은 도리어 해를 끼치는 것으로서 사람의 눈을 멀게 하니 작은 일이 아닙니다.

老漢 尋常 不是不敎人 坐禪 向靜處做工夫. 此是應病與藥.
노한 심상 불시불교인 좌선 향정처주공부 차시응병여약

實無恁麼指示人處 不見 黃檗和尚¹ 云
실무임마지시인처 불견 황벽화상 운

我此禪宗 從上相承以來 不曾敎人 求知求解 只云學道
아차선종 종상상승이래 부증교인 구지구해 지운학도

早是接引之詞.
조시접인지사

然 道亦不可學. 情存學道 却成迷道.
연 도역불가학 정존학도 각성미도

道無方所 名大乘心. 此心 不在內外中間 實無方所.
도무방소 명대승심 차심 부재내외중간 실무방소

第一 不得作知解. 只是說汝 如今情量處 爲道.
제일 부득작지해 지시설여 여금정량처 위도

情量若盡 心無方所 此道 天眞 本無名字
정량약진 심무방소 차도 천진 본무명자

---

1. 황벽黃檗(?-850) 스님은 법명이 희운希運으로 복건성 복주부 민현閩縣에서 태어났다. 백장 스님의 법을 잇고 염관사鹽官寺에서 뒷날 황제가 된 선종宣宗이 법을 묻자 답 대신 세 번이나 뺨을 때린 일이 있었다. 선종은 즉위하여 그에게 거칠다는 뜻의 추행사문麤行沙門이라고 법호를 주려 하자, 배휴가 "황벽 선사가 폐하께 세 번 손질한 것은 폐하의 삼제三際 곧 삼세三世의 윤회를 벗어나 해탈하라는 뜻입니다." 하여, 단제斷際란 호를 내리게 되었다. 저서에 『전심법요傳心法要』와 『어록語錄』이 있다. 법을 이은 제자로는 임제의현臨濟義玄이 뛰어나다.

저도 할 수 없이 평소에 사람들에게 좌선을 시키되 고요한 곳에서 공부하도록 가르칩니다. 그러나 이것은 병에 맞춰 약을 지어 주는 것입니다.

실제는 사람들에게 이러이러하게 지시하여 줄 곳은 없습니다. 그대는 보지 못했습니까. 황벽黃檗 스님께서는 다음과 같이 말씀하셨습니다.

"우리 선종에서는 예로부터 법을 전하며 사람들에게 알음알이를 찾도록 가르치지를 않았다. 다만 도를 배우라고 했을 뿐이다."라고 말씀하셨는데, 이 말이 벌써 사람들을 공부시키는 말입니다.

그러나 도 또한 배울 수 없는 것입니다. 도를 배우는 데에 생각을 둔다면 도리어 도를 망칩니다. 도에는 방향과 처소가 없기에 대승의 마음이라고 합니다. 이 마음은 몸 안팎과 중간에도 있지를 않기에 실로 방향과 처소가 없습니다.

무엇보다도 먼저 알음알이를 짓지 말아야 합니다. 다만 지금 그대들이 쓰는 마음을 도라고 할 뿐입니다. 마음 쓸 곳이 사라지면 마음의 방향과 처소가 없으니, 이 도는 천진하여 본디 드러난 이름이 없습니다.

只爲世人 不識 迷在情中 所以 諸佛出世 說破此事 恐你不
지위세인 불식 미재정중 소이 제불출세 설파차사 공니불

了 權立道名 不可守名而生解也.
요 권립도명 불가수명이생해야

前來所說瞎眼漢 錯指示人 皆是認魚目 作明珠 守名而生
전래소설할안한 착지시인 개시인어목 작명주 수명이생

解者.
해자

敎人管帶 此是守目前鑑覺而生解者.
교인관대 차시수목전감각이생해자

敎人硬休去歇去 此是守忘懷空寂而生解者
교인 경휴거헐거 차시수망회공적이생해자

敎人歇到無知 如土木瓦石相似 當恁麼時 不是冥然無知
교인 헐도무지 여토목와석상사 당임마시 불시명연무지

又是錯認方便解縛語而生解者.
우시착인방편해박어이생해자

다만 세상 사람들이 알지 못하여 알음알이 속에 파묻혀 있을 뿐입니다. 그러므로 모든 부처님께서 이 세상에 나와 "너희들이 알지 못할까 걱정이 되어 방편으로 도라는 이름을 세우니, 이 이름에 매달려 알음알이를 내서는 안 된다."고 말씀하시는 것입니다.

앞에서 "눈먼 자가 사람들을 잘못 가르친다."고 말한 것은 모두 썩은 고기의 눈을 밝은 구슬이라고 하며 이름에 매달려서 알음알이 내는 것을 말합니다.

"사람들이 챙기도록 가르친다."는 것은 눈앞의 감각에만 매달려서 알음알이 내는 것을 말합니다.

"사람들이 억지로 마음을 쉬어가도록 가르친다."는 것은 모든 생각을 잊고서 공적空寂한 경계에 매달려 알음알이 내는 것을 말합니다.

"마음을 쉬어가다 무지無知에 이르러서 흙이나 나무 또는 기왓장 같아지나, 이때의 경계는 '흐리멍덩하여 조금도 아는 게 없는 것'이 아니다."라는 것은 또한 방편으로 얽힌 매듭을 푸는 말을 잘못 이해하여 알음알이 내는 것을 말합니다.

敎人 隨緣照顧 莫敎惡覺現前 遮介
교인 수연조고 막교악각현전 자개

又是錯認髑髏情識而生解者.
우시착인촉루정식이생해자

敎人 但放曠 任其自在 莫管生心動念 念起念滅 本無實體
교인 단방광 임기자재 막관생심동념 염기염멸 본무실체

若執爲實則生死心生矣遮介 又是守自然體爲究竟法而生
약집위실즉생사심생의 자개 우시수자연체 위구경법이생

解者.
해자

如上諸病 非干學道人事 皆由瞎眼宗師 錯指示耳.
여상제병 비간학도인사 개유할안종사 착지시이

又云¹ 若要徑截理會 須得遮一念子 曝地一破 方了得生
우운 약요경절이회 수득자일념자 폭지일파 방요득생

死 方名悟入.
사 방명오입

然 切不可存心待破. 若存心在破處 則永劫 無有破時.
연 절불가존심대파 약존심재파처 즉영겁 무유파시

---

1. 여기서부터는 『서장』에서 대혜 스님이 부추밀에게 주는 편지에서 인용하였다. 역시 알음알이에 상관하지 말고 화두를 잘 챙기라는 내용이다.

"사람들이 인연을 따라서 자기 마음을 비추어 보고 나쁜 지견이 나타나지 않도록 가르친다."는 것은, 또 미세한 망상이 남아 있는 알음알이에 집착하여서 알음알이 내는 것을 말합니다.

"사람들에게, 다만 모든 것을 탁 놓아 그 자유로움에 맡길 뿐이고 마음의 흐름을 상관하지 않도록 한다. 생각이 일어났다 사라지는 것이 본디 실체가 없으니, 이를 집착하여 실체를 삼는다면 분별하는 마음이 생긴다."는 것은, 자연의 실체를 고집하여 마지막 최고의 법으로 삼아서 알음알이 내는 것을 말합니다.

위와 같은 모든 병은 도를 배우는 사람의 탓이 아닙니다. 모두가 눈 먼 종사의 잘못된 가르침에서 나온 것입니다.

지름길조차도 끊긴 이치로 참마음을 알고자 한다면, 모름지기 한 생각이 단박에 팍 터져야 비로소 삶과 죽음의 문제를 알 수 있고 깨달아 들어간다고 말할 수 있는 것입니다.

그러나 절대로 깨치길 기대하는 마음을 두어 깨달음을 기다려서는 안 됩니다. 만일 깨달으려는 마음으로 깨친다는 생각을 하면 영원히 깨칠 수 없을 것입니다.

但將妄想顚倒底心 思量分別底心 好生惡死底心 知見解會
단 장 망 상 전 도 저 심 사 량 분 별 저 심 호 생 오 사 저 심 지 견 해 회

底心 欣靜厭鬧底心 一時按下.
저 심 흔 정 염 료 저 심 일 시 안 하

只就按下處 看介話頭
지 취 안 하 처 간 개 화 두

僧問趙州¹ 狗子還有佛性也無 州云無.
승 문 조 주 구 자 환 유 불 성 야 무 주 운 무

此一字者 乃是摧許多惡知惡覺底器仗也.
차 일 자 자 내 시 최 허 다 악 지 악 각 저 기 장 야

不得作有無會 不得作道理會 不得向意根下思量卜度 不得
부 득 작 유 무 회 부 득 작 도 리 회 부 득 향 의 근 하 사 량 복 탁 부 득

向揚眉瞬目處垜根 不得向語路上作活計 不得颺在無事甲
향 양 미 순 목 처 타 근 부 득 향 어 로 상 작 활 계 부 득 양 재 무 사 갑

裡 不得向擧起處承當 不得向文字中引證.
리 부 득 향 거 기 처 승 당 부 득 향 문 자 중 인 증

但向十二時中四威儀內 時時提撕 時時擧覺 狗子還有佛性
단 향 십 이 시 중 사 위 의 내 시 시 제 시 시 시 거 각 구 자 환 유 불 성

也無 云無 不離日用 試如此做工夫.
야 무 운 무 불 리 일 용 시 여 차 주 공 부

---

1. 조주趙州(778-897) 스님은 당나라 선승으로 어려서 출가하여 남전보원南泉普願 선사의 법을 받았다. 조주의 관음원에서 공부하는 사람들을 맞이하여 사십 년 동안 가르치다가 백스무 살에 입적하였다. 저서로는 『진제대사어록』 3권이 남아 있다. 그의 가르침이 참으로 커서 '조주고불趙州古佛'이라고 불렀다.

다만 망상으로 뒤바뀌어진 마음, 헤아려 가려내는 마음, 삶을 좋아하고 죽음을 싫어하는 마음, 지견知見으로 알려는 마음, 고요한 것을 좋아하고 시끄러운 것을 싫어하는 마음을 한꺼번에 눌러야 합니다.

오직 눌러 내리는 곳에서 "어떤 스님이 조주 스님께 '개에게도 부처님 성품이 있습니까?'라고 물으니, 조주 스님께서 '없다.'라고 답했다."는 화두를 보아야만 합니다.

이 '무無'란 한 글자가 숱한 나쁜 지견들을 꺾는 무기입니다.

유有와 무無의 알음알이를 두지 말 것이며, 도리를 알았다 하지 말 것이며, 뜻으로 헤아려 분별하지 말 것이며, 떡 버티고 앉아 자리만 지키지 말 것이며, 말의 논리만 가지고 살아가지 말 것이며, 별일 없는 데서 잘난 척하지 말 것이며, 화두 드는 자리에서 무엇을 얻으려고 하지 말 것이며, 글에서 어떤 내용을 끌어와 깨달음을 증명하지도 말아야 할 것입니다.

다만 오고 가며 앉고 눕는 삶 속에서 꾸준히 화두를 챙겨 들되 "개에게도 부처님 성품이 있느냐 없느냐?"에 "없다."라고 말한 것을 일상생활 속에서도 여의지 않아야 하니, 이렇게 한번 공부해 보아야 합니다.

○ 牧牛子曰 此法語 但彰八種病 若檢前後所說 有眞無之
　목우자왈 차법어 단창팔종병 약검전후소설 유진무지

無^1 將迷待悟等^2 二種 故 合成十種病也.
무　장미대오등 이종 고 합성십종병야

又云 趙州 狗子無佛性話 喜怒靜鬧 亦須提撕 第一 不得用
우운 조주 구자무불성화 희노정료 역수제시 제일 부득용

意等悟.
의등오

若用意等悟則 自謂 我卽今迷.
약용의등오즉 자위 아즉금미

執迷待悟 縱經塵劫 亦不能得.
집미대오 종경진겁 역불능득

但擧話頭時 略抖擻精神 看是箇甚麽道理.
단거화두시 약두수정신 간시개삼마도리

---

1. 진무지무眞無之無는 '정말 아무 것도 없다는 것에 대한 집착'을 말한다.
2. 장미대오將迷待悟는 '어리석은 마음으로 깨달음을 기다리는 집착'을 말한다.

주注 목우자는 말한다. 이 법어는 다만 여덟 종류 병만 드러낸다. 앞뒤로 설한 것을 점검하면 '정말 아무것도 없다는 것에 대한 집착'과 '어리석은 마음으로 깨달음을 기다리는 집착' 두 종류가 더 있기에 모두 열 종류 병이 있다.

또 다음과 같이 말하였다.

조주 스님이 "개에게는 부처님 성품이 없다."라고 말한 것을, 기쁘든 성이 나든, 고요하든 시끄럽든 또한 언제나 마음속에 챙기되, 무엇보다 우선 깨달아야 되겠다는 마음을 내서는 안 됩니다.

깨달아야 되겠다는 마음을 내면, 스스로 "나는 지금 어리석은 놈이다."라고 말하는 것입니다.

미혹한 것에 집착하여 깨닫기를 기다리면, 억천만겁의 세월이 가도 또한 깨달을 수가 없습니다.

다만 화두를 들 때 정신을 차려 이게 무슨 도리인가를 보아야 합니다.

上來所擧言句 雖提接來機 而旨在心識思量之外 能與人去
상래소거언구 수제접래기 이지재심식사량지외 능여인거

釘拔楔脫籠頭卸角馱.
정발설 탈농두사각타

若善能參詳
약선능참상

可以淨盡前來佛法知解之病 到究竟安樂之地也.
가이정진전래불법지해지병 도구경안락지지야

須知 而今末法修道之人
수지 이금말법수도지인

先以如實知解 決擇自心 眞妄生死本末了然.
선이여실지해 결택자심 진망생사본말요연

次以斬釘截鐵之言 密密地仔細參詳 而有出身之處 則可謂
차이참정절철지언 밀밀지자세참상 이유출신지처 즉가위

四稜著地 掀掣不動 出生入死 得大自在者也.
사릉착지 혼랄부동 출생입사 득대자재자야

9장 결론

위에서 예를 든 언구들로 찾아온 근기를 맞이하더라도 그 뜻은 알음알이 인식 밖에 있기에, 사람들의 가슴에 박힌 못과 말뚝을 제거해 주고 굴레를 벗겨 주며 짊어진 짐을 내려준다.

이 언구를 잘 참구할 것 같으면, 이전에 불법에 대한 지견의 병통을 깨끗하게 다 제거하여, 마침내 편안하고 즐거운 부처님의 세상에 도달할 수 있다.

모름지기 알아야 한다. 지금 말법시대 도를 닦는 사람은, 먼저 알찬 지견으로 자기 마음의 진眞과 망妄의 생사와 본말을 분명히 가려 알아야 한다.

다음에는 못과 쇠를 끊는 언구로 마음자리를 놓치지 않고 자세히 참구하여 생사의 몸을 벗어날 곳이 있다면, 사방 모서리 높은 곳에 서 있을 때, 밑에서 이곳을 치켜 흔들어도 조금도 마음이 움직이지 않으니, 생사의 출입에서 자재할 수 있다.

若只以截鐵言句 學脫灑知見爲懷 未有眞正悟處 則行解必
약지이절철언구 학탈쇄지견위회 미유진정오처 즉행해필

然不等 猶於生死界 不得自在 正是古師 所呵
연부등 유어생사계 부득자재 정시고사 소가

只悟得句中玄者 摠無佛法知見在心 是箇灑灑底衲僧.
지오득구중현자 총무불법지견재심 시개쇄쇄저납승

雖然如是 却被此知見 使作 並無實行 又有愛憎嗔喜人我勝
수연여시 각피차지견 사작 병무실행 우유애증진희인아승

負之心 爲不悟體中玄 心外有境 說時似悟 對境還迷者也.
부지심 위불오체중현 심외유경 설시사오 대경환미자야

似此之流 返不如依密師 如實言教 專精觀察 能伏愛憎瞋喜
사차지류 반불여의밀사 여실언교 전정관찰 능복애증진희

人我勝負之心也.
인아승부지심야

但於佛法 如實知見 而有出身之路 則玄中玄 及別置一句 自
단어불법 여실지견 이유출신지로 즉현중현 급별치일구 자

然在其中矣 不可將 三句三玄法門 胡亂穿鑿 而興諍論.
연재기중의 불가장 삼구삼현법문 호란천착 이흥쟁론

다만 못과 쇠를 끊는 언구로 알음알이 지견을 없애야 한다는 생각만 품고 사는 것을 배우기만 하고, 진정 깨달은 곳이 없다면 수행과 앎에 반드시 차이가 있어, 생사의 세계에서 자재하지 못하리니, 바로 옛 조사 스님들이 꾸짖는 곳이다.

다만 '언구의 깊은 도리[句中玄]'를 깨달은 사람은 조금도 불법에 대한 지견이 마음에 없으니, 산뜻한 납승이다.

비록 그렇더라도 이 알음알이에 걸려, 조금도 알찬 수행이 없이 또 사랑과 미움, 기쁨과 성냄, 너와 나로 다투는 마음이 있다면, '마음바탕의 깊은 도리[體中玄]'를 깨닫지 못한 것이기에 마음 밖에 경계가 있으니, 설할 때엔 깨달은 듯 하지만 경계를 맞이하면 혼미해지는 사람이다.

비슷한 이런 무리들은 도리어 규봉 스님의 알찬 언교에 의지하여 집중적으로 오로지 마음을 챙기면서 사랑과 미움, 기쁨과 성냄, 너와 나로 다투는 마음을 다스리는 사람보다 못하다.

다만 불법의 알찬 지견에서 생사의 몸을 벗어날 출로만 있다면, '깊은 도리 가운데 깊은 도리[玄中玄]'와 따로 놓아 둔 한 구가 자연스레 그 가운데 있으리니, 삼구三句 삼현三玄의 법문을 갖고 어지럽게 집착하여 논쟁을 일으켜서는 안 된다.

若眞出世丈夫 不被言說知解使作 卽於十二時中 觸境逢緣
약진출세장부 불피언설지해사작 즉어십이시중 촉경봉연

處 不作世諦流布 亦不作佛法理論
처 부작세제유포 역부작불법이론

而有一條活路 自然見三世諸佛敗闕處 六代祖師敗闕處 天
이유일조활로 자연견삼세제불패궐처 육대조사패궐처 천

下善知識敗闕處 然後運出自家財寶賑濟一切則皇恩佛恩
하선지식패궐처 연후 운출자가재보 진제일체 즉황은불은

一時報畢也.
일시보필야

　　　　　　　　　　　　大安元年己巳夏月 日
　　　　　　　　　海東 曹溪山 牧牛子 知訥 私記

참으로 세간을 벗어난 대장부라면 언설로 인한 알음알이에 걸리지 않고, 평시 일상생활 속에 경계를 맞이하고 인연을 만나는 곳에서, 세간의 논리도 펼치지 않고 또한 불법의 이치도 논하지 않는다.

그러다 한 가닥 활로가 있으면 자연스레 삼세 모든 부처님의 허물과 육조 스님의 허물과 천하 선지식의 허물을 보리니, 그런 뒤에 자신의 보물을 풀어 모든 중생을 구제하면, 곧 국가의 은혜와 부처님의 은혜를 한꺼번에 보답할 것이다.

1209년 무더운 여름날
해동 조계산 목우자 지눌이 이 글을 기록한다

찾아보기

가

경절방편徑截方便 340, 341

공행문功行門 194, 195, 197

규봉 스님 10, 11, 12, 19, 31, 37, 147, 183, 209, 221, 251, 275, 335

『기신론』 245, 279, 295

깊은 도리 가운데 깊은 도리[玄中玄] 371

깨달음을 이해한 것[解悟] 139, 141, 143, 157, 175, 177, 181

깨달음을 증득한 것[證悟] 139, 141, 143, 157, 175, 177, 181

다

단숨에 깨달아 들어가는 수행문[頓悟門] _ 42, 43, 51, 97

단숨에 부처님의 마음으로 들어가는 수행문[頓門] 112, 113, 145, 147, 197

단숨에 온갖 법을 설해 마친 부처님의 교법[化儀頓] 159, 163, 167

달마 스님 18, 24, 331, 333, 353

대혜 스님 343, 353, 355, 357

돈교頓敎 97, 161, 287

돈수頓修 173, 185

돈수점오頓修漸悟 211, 217

돈오頓悟 43, 55, 91, 93, 103, 123, 141, 145, 163, 165, 173

돈오돈수頓悟頓修 111, 141, 155, 179, 181, 211, 217

돈오점수頓悟漸修 9, 11, 12, 101, 139, 145, 147, 159, 189, 211, 213, 217

돈점頓漸 147, 155, 173, 223

돈종頓宗 119, 121, 127, 145, 207

드러난 삶을 잘 꾸려 나가는 수행[辦事] _ 157, 159, 183

마

마음 바탕의 깊은 도리[體中玄] 371

마음조차 잊고 단숨에 증득하는 수행문 [忘心頓證門] 273

마조 스님 8, 50, 51, 349, 351

『만선동귀집萬善同歸集』 186, 211, 287

망념을 쉬어가며 마음을 닦는 종파[北宗] 47, 51

망심돈증문忘心頓證門 272

모든 자취가 사라져 의지할 곳이 없는 종파[牛頭宗] 47, 51

『미타증성게彌陀證性偈』 190, 191

민절무기종泯絶無寄宗 46

믿고 이해한 뒤 실천하는 수행문[信解門] _ 194, 195

밀의의성설상교密意依性說相敎 232

바

바로 마음의 성품을 드러내는 종파[直顯心性宗] 49, 233
배휴 86, 87
번뇌를 떠나서 있는 선정과 지혜[離垢定慧] 118, 119
법상교法相教 161
법성게法性偈 283, 285
법의 성품이 다 갖추어진 수행문[性具門] 155, 156, 157, 183
『법집별행록』 17, 25, 99, 117, 145, 147, 151, 153, 177, 195, 217, 219, 243, 247
보조지눌 스님 7, 8, 10, 17, 43
북종北宗 29, 33, 41, 43, 63
비량比量 86
비밀한 뜻을 참성품에 의지하여 법의 모습을 말해주는 가르침[密意依性說相教] _ 232, 233

사

사구백비四句百非 274
사법계四法界 170, 171
사사무애事事無礙 96, 289
선수후오先修後悟 143, 156
선오후수先悟後修 141, 155, 199, 201
『선원제전집도서』 47, 147, 153, 161, 177, 181, 195, 217, 227, 331
설상교說相教 163, 165
성태聖胎 48

『수능엄경』 251
수오일시修悟一時 106, 143, 157, 183
수증돈점修證頓漸 143, 211
수증문修證門 204
식망수심종息妄修心宗 46
신수 스님 9, 18, 19, 29
『심요전心要牋』 82, 83, 171, 297

아

아함등경阿含等經 160
약산 스님 349, 351
언구의 깊은 도리[句中玄] 371
『열반경』 102, 103, 161
영가 스님 297, 321
영명연수永明延壽 스님 186, 187, 211, 217, 223, 261, 287, 299
오후점수悟後漸修 199, 219, 223, 225
온갖 방편을 전부 받아들여 긍정하는 수행문[全收門] 275, 285, 291
온갖 방편을 전부 추려 내어 부정하는 수행문[全揀門] 275, 287, 289, 291
용문불안 선사 235, 323
우두융牛頭融 스님 9, 179, 197
우두종 39, 41, 43, 45, 69, 75
『원각경』 116, 163, 234, 301
원돈 320, 321
원돈오해圓頓悟解 322
원돈제圓頓制 323
육조 스님 17, 125, 265, 345, 347

이구정혜離垢定慧 118

인지법행因地法行 116

인천교人天敎 60, 61, 161

『임간록』 88, 89

임병任病 234, 235

자

자기의 참마음이 곧 참성품임을 드러내 보여 주는 가르침[顯示眞心卽性敎] 233

전간문全揀門 274

전수문全收門 274

점교漸敎 161, 165, 189, 231

점수돈오漸修頓悟 141, 189, 211, 217

점수漸修 55, 91, 99, 101, 103, 147, 151

점수점오漸修漸悟 141, 211, 217

점종漸宗 119, 123, 125, 147, 201

『정원소』 106, 107, 117, 139, 173, 181

『종경록』 131, 303, 305, 313

중생의 근기에 맞추어 말한 부처님의 교법[逐機頓] 158, 159, 163

중생의 생활에서 드러나는 수행문[現行門] 155

증도가證道歌 321

직현심성종直顯心性宗 48, 232

차·타·파

차츰 닦는다는 것[漸修] 139, 141

차츰차츰 깨달아 들어가는 수행문[漸修門] 43, 53, 185

차츰차츰 부처님의 마음으로 들어가는 수행문[漸門] 113, 145, 185

청량淸凉 스님 82, 83, 117, 129, 139, 143, 171, 183, 297

축기돈逐機頓 158

칠처망연七處茫然 132

텅 빈 고요의 앎[空寂知] 27, 71, 77, 153

파상교破相敎 161, 163

판사辦事 156

하

하택 스님 9, 17, 75, 77, 179, 345

하택종荷澤宗 8, 9, 19, 25, 43, 45, 49, 71, 81, 87, 153

향엄 스님 128, 129

현교顯敎 84, 85, 87

현시진심즉성교顯示眞心卽性敎 232

현행문現行門 156

혜가 스님 133, 352, 353

홍주종洪州宗 31, 37, 39, 41, 43, 45, 53, 67, 75, 83

『화엄경』 107, 109, 163, 165, 167, 175, 189, 213, 245, 279, 299

『화엄론』 98, 99, 175, 177, 225

화의돈化儀頓 158

회양懷讓 스님 346, 347

회통시자會通侍者 196, 197